칵테일 인포그래픽
Cocktail Infographics

200가지 세계 최고 칵테일을 만들기 위한 비주얼 가이드

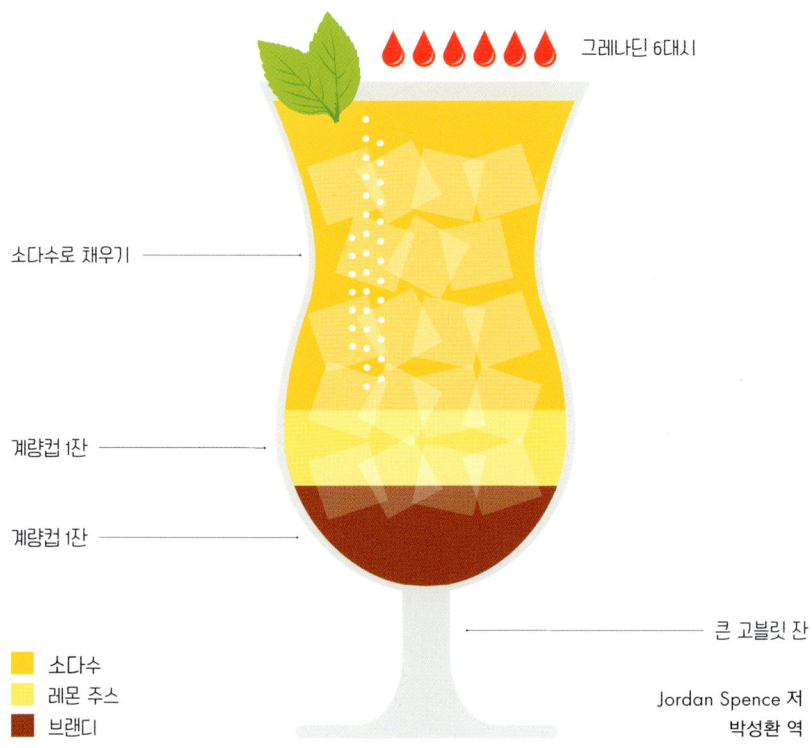

Jordan Spence 저
박성환 역

칵테일 인포그래픽

This edition first published in Great Britain in 2016 by Carlton Books
An imprint of the Carlton Publishing Group

Text and Design © Carlton Books Group 2016
Korean translation © Youngjin Co. Ltd 2018
All rights reserved.

This edition is published by arrangement with Carlton Publishing Group through Kids Mind Agency, Korea.
이 책의 한국어판 저작권은 키즈마인드 에이전시를 통해 Carlton Publishing Group와 독점 계약한 (주)영진닷컴에 있습니다. 신 저작권법에 의해 한국 내에서 보호를 받는 저작물이므로 무단 전재와 복제를 금합니다.

ISBN 978-89-314-5795-7

독자님의 의견을 받습니다.
이 책을 구입한 독자님은 영진닷컴의 가장 중요한 비평가이자 조언가입니다. 저희 책의 장점과 문제점이 무엇인지, 어떤 책이 출판되기를 바라는지, 책을 더욱 알차게 꾸밀 수 있는 아이디어가 있으면 이메일, 또는 우편으로 연락주시기 바랍니다. 의견을 주실 때에는 책 제목 및 독자님의 성함과 연락처(전화번호나 이메일)를 꼭 남겨 주시기 바랍니다. 독자님의 의견에 대해 바로 답변을 드리고, 또 독자님의 의견을 다음 책에 충분히 반영하도록 늘 노력하겠습니다.

이메일 : support@youngjin.com
주   소 : (우)08512 서울특별시 금천구 디지털로9길 32 갑을그레이트밸리 B동 10층 (주)영진닷컴
등   록 : 2007. 4. 27. 제16-4189호

STAFF
저자 Jordan Spence | **역자** 박성환 | **총괄** 김태경 | **진행** 윤지선 | **편집 및 디자인** 강민정
영업 박준용, 임용수, 김도현, 이윤철 | **마케팅** 이승희, 김근주, 조민영, 김민지, 김진희, 이현아
제작 황장협 | **인쇄** 예림인쇄

저자 | 조던 스펜스 Jordan Spence

바, 나이트라이프 Night Life, 칵테일 관련 글을 전문적으로 쓰는 기자이다. 호주 시드니에 거주하고 있다.

역자 | 박성환

미국 조지아대학교 The University of Georgia에서 식품과학을 전공하면서 다양한 음료와 주류 분야에 관심을 가지게 되었다. 대학교 재학 중 두 차례 스터디 어브로드 Study Abroad 프로그램에 참여해 코스타리카에서 커피를 이탈리아에서 와인을 공부했다. 그 후, 미국 커피 회사의 품질관리팀에서 인턴을 했고 와인 자격증인 WSET Wine & Spirit Education Trust Level 2를 취득했다. 세계 여러 나라를 여행하면서 맥주 마시는 것을 좋아했고 맥주 한 잔이 주는 여유로움이 좋아 영국 노팅엄대학교 The University of Nottingham에서 맥주 양조학 석사 과정을 이수했다. 맥주 양조학 석사 학위와 함께 IBD Institute of Brewing & Distilling Diploma in Brewing을 취득했다.

들어가는 글 _ 저자 Jordan Spence

칵테일은 멋진 술이다. '칵테일'이란 말은 우아한 잔의 스템stem, 차가운 온도, 희미하게 반짝이는 옅은 색깔의 술이 담겨 있는 칵테일 잔의 이미지를 연상시킨다. 바텐더의 숙련된 기술로 만든 칵테일은 믹솔로지스트Mixologist, 칵테일 주조 전문가가 만든 칵테일보다 뛰어난 변치 않는 예술 작품이라 할 수 있다.

칵테일은 일상과 동떨어진 세상에서 등장하는 술이다. 상대방을 힐끗 보고, 사교적 대화를 나누며, 칵테일 파티 의상과 함께 미국 드라마 『섹스 앤 더 시티Sex and the City』에 나올 법한 구두를 신고, 디아망떼빛나는 다이아몬드 액세서리 클립과 하얀 재킷을 입은 웨이터가 고급스러운 핑거 푸드를 서빙하며, 부르기만 하면 즉시 웨이터가 달려올 것 같은 세상에서 주로 등장한다. 칵테일은 이러한 모든 환상을 집약해 놓은 술이다.

1950년대 이르러 칵테일은 밀매 문화에서 벗어나 주류 시장으로 이동했다. 1980년대와 1990년대에 꾸준한 인기를 얻었으며, 21세기 들어서도 여전히 수요가 높은 사이드카Sidecar 같은 클래식 칵테일에 변화를 주었다. 마티니Martini는 최근 수년 동안 많이 변화했기 때문에 어떤 사람들은 언제부터 마티니가 그들이 알고 있었던 마티니가 아니었는지 의문을 가지기 시작했다. 어떤 것이 완벽한 드라이 마티니를 만드는지 토론한다면 전 세계 바에는 시가 연기가 가득 찰 것이다.

잘 만든 칵테일은 다양한 범주의 맛을 미각을 통해 느끼게 해 주며, 칵테일이 목으로 넘어갈 때 오래전에 음미했던 풍미를 기억하게 도와준다. 빈티지 샴페인을 오픈할 때 향을 맡으면 다양한 이국적인 향이 코에 퍼진다. 케텔 원Ketel One이나 그레이 구스Grey Goose 같은 부띠크 회사에서 만든 순수한 보드카 한 병을 오픈한다면 여러 풍미가 부드럽게 퍼질 것이다. 좋은 와인처럼 균형감 있는 칵테일은 한 모금 한 모금 마실 때마다 맛, 향, 색깔, 시각의 감각을 만족시킨다.

지혜롭게 마셔라! 그리고 숙취를 해소할 수 있는 것은 그 어디에도 없다는 것을 기억하라. 건배!

> **참고 |** 이 책에서 1계량컵1measure은 1지거Jigger와 같다.
> 지거Jigger에 대한 자세한 내용은 책 28쪽을 참고하면 된다.

목차

들어가는 글 _ 저자 Jordan Spence　　004
들어가는 글 _ 역자 박성환　　006
칵테일 A-Z　　007

기본 재료가 충분한 바

위스키 Whisky　　012
럼 Rum　　013
진 Gin　　014
보드카 Vodka　　015
브랜디 Brandy　　017
테킬라 Tequila　　019
리큐어 Liqueurs　　021
샴페인 Champagne　　022
믹서 & 가니쉬 Mixers & Garnishes　　023
과일 Fruit　　024
쉐이커 Shakers　　025
칵테일 잔 Glasses　　026
기타 칵테일 도구 Other equipment　　028
바텐딩 기법 Bartending Techniques　　029

레시피

클래식 칵테일 Classic Cocktails　　032
보드카 칵테일 Vodka Cocktails　　054
진 칵테일 Gin Cocktails　　078
브랜디 칵테일 Brandy Cocktails　　104
럼 칵테일 Rum Cocktails　　126
위스키 칵테일 Whisky Cocktails　　150
테킬라 칵테일 Tequila Cocktails　　174
샴페인 칵테일 Champagne Cocktails　　198
리큐어 칵테일 Liqueur Cocktails　　220
샷 칵테일 Shots　　240

색인 Index　　252

들어가는 글 _ 역자 박성환

와인을 좋아했고 맥주 양조학을 공부했기 때문에 바에 가면 칵테일보다는 맥주와 와인이 우선순위였다. 영국 유학 시절, 시험이 끝난 기념으로 친구가 바에서 칵테일 한 잔 마시자고 해서 '유자 삼바Yuza Samba'를 주문해서 마셨다. 시험이 끝나 기분이 좋아서 그랬던 건지 아니면 기대치가 낮아서 그런지 그날 마신 '유자 삼바' 칵테일은 인생 칵테일이었다. 아름다운 노란빛 색깔, 산뜻하고 기분 좋은 산미, 유자, 파인애플, 감귤류 풍미가 기분을 좋게 만드는 맛있는 칵테일이었다. 그러다 문득 맥주로는 칵테일을 만들 수 없을까 생각했다. 저녁을 먹으면서 친구들과 맥주로 어떤 칵테일을 만들면 좋을지 얘기하면서 칵테일 만드는 법을 배우고 싶다고 친구들에게 얘기했다. 하지만, 당시 다른 분야를 취미로 해 보기에는 시간적 여유가 없었다. 그 후, 석사를 졸업하고 시간적인 여유가 있어서 칵테일을 공부해 보기로 하고 조주기능사를 준비하게 되었다. 전문 바텐더에게 칵테일 수업을 받으면서 다양한 바텐딩 기술과 여러 칵테일을 조주해 봤다. 각각 다른 특성과 맛을 가진 재료를 사용해 새로운 맛을 창조하는 칵테일이 아주 매력적이었다. 그렇게 칵테일의 매력에 빠지게 되었다.

이 책 번역을 처음 문의 받았을 때 기존에 출판된 칵테일 책들과 다르다고 생각해 번역하기로 했다. 기존에 출판된 칵테일 책들은 대부분 조주기능사 자격증을 대비한 책들로 필기시험에 나오는 이론과 실기시험에 나오는 약 40가지의 칵테일만 다루고 있다. 반면에, 이 책은 서두에 베이스 증류주, 칵테일 도구, 바텐딩 기술 등등 이론적인 내용을 이해하기 쉽게 서술했으며, 칵테일 바에서 쉽게 볼 수 없었던 레시피를 포함해 약 200가지의 다양한 레시피를 인포그래픽과 함께 소개하고 있다. 기본적인 칵테일 키트를 사서 맛있는 칵테일을 만들어 보고 나만의 창작 레시피를 만드는 데 독자에게 많은 도움을 줄 수 있는 책이라고 생각한다. 독자도 이 책을 읽고 칵테일에 대한 지식을 더 많이 쌓고 다양한 칵테일을 조주해 맛있는 칵테일을 즐겼으면 좋겠다. 더 나아가 자신만의 칵테일을 만들어 보기를 바란다.

> **참고 |** 칵테일이 낯선 독자 분들께서 더욱 쉽게 이해하도록 몇몇 칵테일 레시피의 만드는 법에 옮긴이의 팁을 추가하였습니다.

칵테일 A-Z

A

아카풀코 Acapulco	176
아담과 이브 Adam and Eve	106
애프터 에잇 After Eight	222
애프터눈 딜라이트 Afternoon Delight	128
알라바마 슬래머 Alabama Slammer	242
알래스카 Alaska	80
알곤퀸 Algonquin	152
올 나잇 All Night	177
아마레토 컴포트 Amaretto Comfort	223
아메리칸 뷰티 American Beauty	107
앤젤 윙 슈터 Angel Wing Shooter	244
앤젤스 키스 Angel's Kiss	243
앤젤릭 Angelic	153
아폴로 13 Apollo 13	129
에이프릴 샤워 April Shower	108
아리스토크랫 Aristocrat	224
아스토리아 Astoria	81
에비에이션 2 Aviation 2	56

B

비-52 B-52	245
비앤비 B&B	109
배드 걸 Bad girl	227
바이아 Bahia	130
발렌타인 Ballantine's	154
밴시 Banshee	225
바라쿠다 Barrachuda	131
바스틸 Bastile	200
비 스팅거 Bee Stinger	226
비스 키스 Bee's Kiss	132
벨라 도나 Bella Donna	133
벨리니 Bellini	34
비트윈 더 시츠 Between the Sheets	110
비키니 Bikini	57
블랙 앤 탠 Black and Tan	228
블랙 잭 슈터 Black Jack Shooter	246
블랙 매직 Black Magic	58
블랙 러시안 Black Russian	59
블랙 벨벳 Black Velvet	201
블랙잭 Blackjack	229
블러드 앤 샌드 Blood and Sand	155
블러디 메리 Bloody Mary	35
블루 하와이안 Blue Hawaiian	134
블루 먼데이 Blue Monday	82
봄바디어 Bombardier	83
브랜디 알렉산더 Brandy Alexander	36
브랜디 칵테일 Brandy Cocktail	111
브랜디 데이지 Bradny Daisy	112
브랜디 키스 Brandy Kiss	113
브라이튼 록 Brighton Rock	230
브로드웨이 Broadway	84
브루클린 Brooklyn	156
불샷 Bullshot	60

C

캐딜락 레이디 Cadillac Lady	85
카이피리냐 Caipirinha	37
캐나디안 셔벗 Canadian sherbet	157
케이프 코더 Cape Codder	61
카사블랑카 Casablanca	135
카사노바 Casanova	202
샴페인 코블러 Champagne Cobbler	203
샴페인 칵테일 Champagne Cocktail	204
샴페인 쿨러 Champange Cooler	205
차팔라 Chapala	178
채플 힐 Chapel Hill	158
채스터티 벨트 슈터 Chastity Belt Shooter	247
체리 피커 Cherry Picker	114
시카고 Chicago	115
클램 디거 Clam Digger	179
코코로코 Cocoloco	136
콜로넬 피즈 Colonel Fizz	159
쿨 큐컴버 Cool Cucumber	206
쿨 골드 Cool Gold	180
콥스 리바이버 Corpse Reviver	116
코스모폴리탄 Cosmopolitan	38
쿠바 리브레 Cuba Libre	137

D

다이퀴리 Daiquiri	39
데스 바이 초콜릿 Death by Chocolate	231
데스 인 더 애프터눈 Death in the Afternoon	207
딥 스로트 슈터 Deep Throat Shooter	248
더티 마티니 Dirty Maritini	86
디지 데임 Dizzy Dame	117
디지 길레스피 Dizzy Gillespie	138

E

에그노그 Eggnog	118
엘 디아블로 El Diablo	181
엘 프레지덴테 El Presidente	139
엘두라도 Eldorado	182

F

플로리디타 Floridita　　140

플러피 덕 인터내셔널
Fluffy Duck International　　87

프렌치 75 French 75　　88

프렌치 키스 French Kiss　　62

프렌치 마티니 French Martini　　63

프렌치 셔벗 French Sherbet　　208

프렌치 Frenchie　　119

프리스코 Frisco　　160

프로스트바이트 Frostbite　　183

퍼지 네이블 Fuzzy Navel　　232

G

김렛 Gimlet　　40

갓파더 Godfather　　161

그래스호퍼 Grasshopper　　233

검드랍 Gumdrop　　162

H

해리스 칵테일 Harry's Cocktail　　89

하비 웰뱅거 Harvey Wallbanger　　64

허니문 파라다이스
Honeymoon Paradise　　209

허리케인 Hurricane　　141

I

임페리얼 Imperial　　90

아이언 레이디 Iron Lady　　234

J

잭 로즈 Jack Rose　　120

자쿠지 Jacuzzi　　91

제임스 본드 James Bond　　210

자스민 Jasmine　　92

조 콜린스 Joe Collins　　65

정글 주스 Jungle Juice　　142

쥬니퍼 로얄 Juniper Royale　　93

K

카이저 Kaiser　　94

켄터키 선셋 Kentucky Sunset　　163

키르 로얄 Kir Royal　　211

L

라 붐바 La Bomba　　184

라 돌체 비타 La Dolce Vita　　212

레이저 빔 Laser Beam　　185

라스트 엠퍼러 Last Emperor　　164

립 이어 Leap Year　　95

리버티 벨 Liberty Bell　　165

루테넌트 Lieutenant　　121

롱 아일랜드 아이스티
Long Island Iced Tea　　42

러브 포 세일 Love for Sale　　66

리치 마티니 Lychee Martini　　67

M

마돈나 Madonna　　143

마이 타이 Mai Tai　　43

맨해튼 Manhattan　　41

마가리타 Margarita　　44

마티니 Martini　　45

마타도르 Matador　　186

메트로폴리스 Metropolis　　68

멕시칸 뮬 Mexican Mule　　187

멕시카나 Mexicana　　188

미카도 Mikado　　122

밀크 펀치 Milk Punch　　166

미모사 Mimosa　　213

민트 줄렙 Mint Julep　　46

모히토 Mojito　　144

물랑 루즈 Moulin Rogue　　96

머드슬라이드 Mudslide　　69

N

네이키드 레이디 Naked Lady　　145

네그로니 Negroni　　47

니키 핀 Nicky Finn　　123

O

올드 버무스 Old Vermouth　　97

올드 패션드 Old-Fashioned　　48

P

페인킬러 Painkiller　　146

피나 콜라다 Pina Colada　　147

핑크 캐딜락 Pink Cadillac　　235

피스코 사워 Pisco Sour　　49

포인세티아 Poinsettia　　214

포이즌 애로우 Poison Arrow　　70

푸시 풋 Pussy Foot　　148

R

라자 Raja　　124

라즈베리 십 Raspberry Sip　　215

레드 데스 Red Death　　236

레드 데저트 Red Desert　　189

레드 스내퍼 Red Snapper　　98

리츠 피즈 Ritz Fizz　　216

로브 로이 Rob Roy　　167

로잘리타 Rosalita　　190

러스티 네일 Rusty Nail　　168

S

솔티 독 Salty Dog　　71

사제락 Sazerac　　169

스크리밍 멀티플 오르가즘 Screaming Multiple Orgasm 237	**T**	**W**
스크류드라이버 Scredriver 72	테킬라 선라이즈 Tequila Sunrise 194	위스키 사워 Whiskey Sour 53
씨 브리즈 Sea Breeze 73	티후아나 택시 Tijuana Taxi 195	위스키 맥 Whisky Mac 172
씨 홀스 Sea Horse 74	톰 콜린스 Tom Collins 52	화이트 러시안 White Russian 76
섹스 온 더 비치 Sex on the Beach 249	톰 피즈 Tom Fizz 100	화이트 벨벳 White Velvet 102
샴록 Shamrock 170	토마호크 Tomahawk 196	위즈 두들 Whizz Doodle 173
슈팅 스타 Shooting Star 238	트래픽 라이트 Traffic Light 251	우 우 Woo Woo 77
쇼트 퓨즈 Short Fuse 191	튤립 Tulip 125	우드스탁 Woodstock 103
사이드카 Sidecar 50	타이푼 Typhoon 219	
실크 스타킹 Silk Stocking 192		**Z**
싱가포르 슬링 Singapore Sling 51	**U**	좀비 Zombie 149
슬리퍼리 니플 Slippery Nipple 250	유니온 잭 Union Jack 101	
수아샹트-네프 Soixnate-Neuf 217		
사우스 오브 더 보더 South of the Border 193	**V**	
스완 송 Swan Song 239	뱀피로 Vampiro 197	
스윗 서렌더 Sweet Surrender 218	베스퍼 Vesper 75	
스윙어 Swinger 99	브이아이피 VIP 171	

기본 재료가 충분한 바

모든 전문적인 칵테일 바와 홈 바home bar는 흥미로운 혼성주와 칵테일을 만들기 전에 기본적인 증류주가 필요하다. 순수한 맛을 최대화하기 위해 항상 최고 품질의 브랜드를 구매해야 한다. 대부분 좋은 품질의 증류주들은 합리적인 가격에 구입할 수 있다.

얼음

얼음은 증류주를 차갑게 한다. 모든 얼음은 신선해야 한다. 오직 정제수나 병입한 생수를 사용해서 만든 얼음이어야 한다. 칵테일을 만들 때 사용하는 얼음은 잘게 부순 얼음crushed ice, 가루 얼음shaved ice, 잔 얼음cracked ice, 큐브 얼음cubed ice 4종류이다. 블렌더, 쉐이커, 믹싱 글라스, 칵테일 잔에 얼음을 바로 사용할 수 있지만 칵테일 잔에 큐브 얼음을 넣고 서빙하지 않는다. 잔 얼음이나 가루 얼음은 큐브 얼음보다 물기가 많아서 증류주를 더 빠르게 희석한다. 쉐이커를 사용할 때는 큐브 얼음을 사용하고 블렌더를 사용할 때는 잘게 부순 얼음을 사용한다. 블렌더에 사용했던 얼음은 잔에 넣지 않는다.

바 필수품

증류주 Spirits
버번 Bourbon

브랜디 Brandy

진 Gin

핌스 No.1 컵 Pimm's No.1 cup

라이트 럼과 다크 럼
Rum light and dark

화이트(실버)와 골드 테킬라
Tequila, white(silver and gold)

보드카 Vodka

위스키 Whisky

엑스트라 Extra
☐ 코코넛 크림 Coconut cream

☐ 더블 크림 cream double

달걀흰자 파우더*
Egg-white powder

타바스코 소스 Tabasco sauce

우스터 소스
Worcestershire sauce

후추 Pepper

소금 Salt

캐스터 슈가
sugar, caster

리큐어 Liqueurs
아마레토 Amaretto

베일리스 아이리쉬 크림
Baileys Irish Cream

쿠앵트로 Cointreau

크렘 드 망트(화이트와 그린)
Crème de menthe(white and green)

크렘 드 카카오(화이트와 브라운)
Crème de cacao(white and brown)

블루 큐라소 Curaçao, blue

그랑 마니에르 Grand Marnier

시럽 Syrups
 검 시럽 Gomme syrup

 그레나딘 Grenadine

비터스 Bitters
 앙고스투라 Angostura

와인 Wines
샴페인(또는 스파클링 와인)
Champagne(or sparkling wine)

드라이 버무스와 스위트 버무스
Vermouths, dry and sweet

레드 와인과 화이트 와인
Wine, red and white

원하는 대로
칵테일 메뉴를 선정해라!

집에서 칵테일 메뉴를 구상한다면 원하는 대로 독특하고 새로운 칵테일 메뉴를 선정하거나, 아니면 클래식한 칵테일 메뉴를 선정할 수 있다.

* 원한다면 달걀흰자 파우더 대신에 신선한 달걀흰자를 사용해도 된다.

위스키

당신은 위스키를 좋아하는가? 그렇다면 스카치, 아메리칸, 캐나디안, 또는 아이리쉬 위스키 중에서는 어떤 위스키인가? 이 중에서도 몇몇 종류의 위스키가 있지만 쉽게 선택하는 방법은 블렌디드 위스키와 몰트 위스키 중에서 고르는 것이다. 각각의 증류 방법은 위스키 맛이 달라지는 데 영향을 줄 정도로 완전히 다르다.

스카치 위스키 Scotch Whisky는 스코틀랜드의 북쪽, 동쪽, 서쪽, 하이랜드 중앙 부분, 스페이사이드 Speyside, 프리미어 몰트 위스키가 생산되는 곳, 본토에서 떨어진 아일레이 Isaly, 물 Mull, 주라 Jurs, 오크니 Orkenys 섬에서 생산한다. 로우랜드 Lowlands와 캠벨타운 Campbeltown에서도 위스키를 생산한다. 미국에서는 남부 지역의 켄터키 Kentucky주와 테네시 Tennessee주에서 주로 위스키를 생산한다.

위스키는 곡물, 물, 효모로 만들어진다. 맛과 색깔의 차이는 위스키 생산자가 선택한 증류 방법에 영향을 받는다. 위스키에 영향을 주는 몇몇 요인은 증류 방법 단식 증류 또는 연속식 증류, 효모의 종류, 숙성에 사용되는 나무 종류, 배럴의 사이즈, 배럴에서 숙성 기간, 물의 수원지, 사용되는 곡물의 종류 보리, 옥수수, 밀, 호밀, 귀리이다. 위스키의 풍미와 호박색은 위스키가 나무통 대부분 오크통이나 캐스크에서 숙성될 때 생긴다.

스카치 위스키는 최소 3년간 숙성해야 한다. 미국 연방법에서는 버번은 최소 2년간 숙성을 해야 한다고 명시하고 있다.

위스키에서 어떤 특징을 찾고 있는가? 순도. 위스키는 옅은 호박색부터 꿀이나 짙은 밤갈색까지 다양한 색을 띤다. 몰트 위스키는 옅은 색인 반면에, 버번은 더 어둡고 적색 계열이다. 켄터키 버번과 테네시 위스키는 일반적으로 스카치 위스키보다 더 달다. 아이리쉬 위스키는 라이트한 스카치 위스키 같으며, 캐나다 오타와 Ottawa와 몬트리올 Montreal에서 생산되는 캐나디안 위스키는 마시기 편한, 아마도 주 곡물 원료가 옥수수이기 때문일 것이다. 일본 또한 큰 규모의 위스키 생산국이지만 주로 내수용으로 소비한다.

> **독자들에게 :**
> 글렌피딕 Glenfiddich 상표에 있는 사슴은 가장 잘 알려진 스카치 위스키 상표 중 하나이다.

럼 Rum

라이트 럼 Light rum 산업은 보드카 산업과 규모가 거의 비슷할 만큼 상당하다. 럼은 좋은 믹서이며 신선한 과일 주스가 사용된 칵테일의 뒤에 맛이 느껴진다. 럼이 없었다면 다이퀴리 Daiquiri, 피나 콜라다 Pina Colada, 럼 펀치 Rum Punch를 마시지 못했을 것이고, 그렇다면 세상은 지금보다 더 우울한 곳이 되었을 것이다.

럼은 관광산업과 더불어 카리브해 Caribbean 지역의 주요 산업 중 하나이다. 전통적인 럼은 사탕수수를 사용하여 만들며 수세기 동안 항해사들이 사랑한 술이었다. 카리브해 지역의 여러 섬들에는 럼 증류소의 수요를 충족시키기 위해 사탕수수를 재배하는 대규모 농장들이 흩어져 있다. 럼은 당밀을 이용해서 만들어지며 사탕수수에서 나온 천연 설탕의 부산물이기도 하다. 당밀은 발효 과정을 거쳐 알코올로 변하게 된다. 이 알코올은 증류 과정을 거쳐 맑고 투명한 증류주가 된다.

화이트 럼 White rum을 생산하든, 다크 럼 Dark rum을 생산하든, 럼은 작은 오크 배럴 통에서 숙성된다. 숙성에 사용되는 나무는 다공성 특징을 가지고 있는데 이러한 특징은 럼을 숨쉬게 하며, 숨을 쉴 때마다 산화가 일어나게 된다. 라이트 럼은 물푸레나무 ash-wood로 만든 옅은 색깔의 배럴에서 단 1년만 숙성한 뒤, 스테인리스 통으로 옮겨 더 숙성한다. 다크 럼 종류는 배럴에서 3년 또는 그 이상 숙성하는데몇몇은 최대 20년까지 숙성함, 럼 생산자들은 그 이상 숙성을 하면 풍미를 잃는다고

럼의 종류

화이트 럼 White Rum
실버 Silver 또는 라이트 Light 럼으로도 불리며 맑고, 라이트하며, 드라이한 풍미가 특징적이다.

골드 럼 Gold Rum
오레 Ore 또는 엠버 Amber 럼으로도 불리며, 더 달고, 오크 캐스크로부터 색을 얻거나 때때로 캐러멜을 첨가하여 색을 낸다.

다크 럼 Dark Rum
블랙 Black 럼으로 불리며, 새까맣게 탄 배럴에서 숙성된다.

프리미엄 에이지드 Premium Aged / 아녜호 Anejo / 럼 비유 Rhum Vieux
감정가가 가치를 평가하며 최상의 품질로 숙성된 럼들이다.

향이 첨가된 럼과 스파이스 럼 Flavored and Spiced
이러한 종류의 럼은 과일 주스나 믹서와 함께 서빙된다.

오버프루프 Overproof
화이트 럼 종류를 블렌딩 할 때 사용된다.

싱글 마크 Single Mark
희귀한 종류이며, 각각의 증류소에서 생산한 블렌딩 하지 않은 럼이다. 자주 볼 수 있는 럼은 아니다.

여긴다.

대부분의 럼은 다른 종류의 럼과 숙성된 럼을 선별하여 블렌딩 한다. 어느 정도 양의 캐러멜과 향을 첨가할지, 어떤 향신료를 추가할지는 블렌더가 결정한다. 블렌딩에 사용할 럼이 정해지면, 병입 도수를 맞추기 위해 물로 희석한다.

럼은 전 세계 모든 곳에서 만들어진다. 그러나 카샤사cachaça와 헷갈려서는 안 된다. 카샤사는 브라질에서 생산하는 증류주로 당밀, 사탕수수 즙, 또는 둘을 혼합해서 만든다. 카샤사는 카이피리냐Caipirinha 칵테일에 사용되는 증류주로 잘 알려져 있다(37쪽 참조).

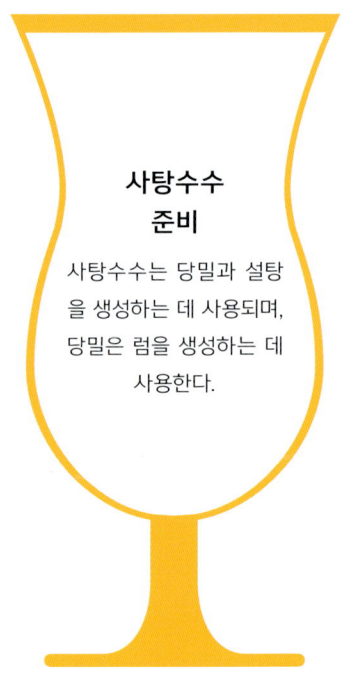

사탕수수 준비

사탕수수는 당밀과 설탕을 생성하는 데 사용되며, 당밀은 럼을 생성하는 데 사용한다.

진 Gin

진은 영국에서 '엄마의 타락Mother's Ruin'이라고 알려져 있으며, 네덜란드인이 처음으로 풍미가 가득한 진을 생산하기 시작한 1600년대부터 생산이 이루어진 증류주이다. 그 이후 향을 첨가하기 위해 쥬니퍼 베리Juniper Berry와 함께 증류하였는데, 이 증류주는 신장과 방광에 아주 효능이 좋다고 알려져 있었다.

올드 톰Old Tom과 같은 초기 진은 달달한 코디얼Cordial 종류의 증류주 같았다. 그러나 수세기 동안 시간이 지나면서 진은 영국에서 당분이 없는 런던 드라이 진London dry gin 스타일로 변했다. 유럽의 여러 전쟁에 참전했던 영국 병사들이 본국으로 돌아오면서 유럽의 진을 소개했기 때문이다.

17세기와 18세기의 진은 무척 인기 있는 술이어서 정부가 법적으로 생산량을 조절하려고 했다. 거리와 술집은 진에 흠뻑 취한 사람들로 가득찼다. 1736년에 이르러서는 증류소에 세금을 부과하였고, 증류소는 가격을 올려 소비자는 더 많은 돈을 내야 했다. 20년 후, 진을 생산할 때 법적으로 옥수수를 사용할 수 없게 되자 여러 폭동이 뒤따르게 되었다. 폭동은 법이 바뀌었던 1760년까지 계속되었다. 상류층의 사랑을 받는 술은 아니었지만, 수세기 시간이 흐르는 동안 진은 상류사회에서도 사랑을 받는 술이 되었다. 요즘과는 완전히 다른 얘기이다.

곡물가급적이면 옥수수로 만든, 불순물 매우 적은 진을 최고의 진으로 친다. 당밀을 사용한 증류주로 만들어

진 진은 좀 더 단맛이 난다는 특징이 있다. 대부분의 진은 알코올 도수 96%ABV까지 생산하기 위해 연속식 증류 방법을 사용한다. 알코올 도수가 96%가 되면 진을 재증류한다. 재증류할 때 천연 식물성 재료를 함께 넣어 섬세한 프리미엄 진을 생산한다.

한 잔 따르면 진의 향기를 즉시 맡을 수 있다. 진은 중립적 성향의 곡물 베이스 증류주이며, 식물성 재료가 첨가되면 진의 특징을 더 잘 살려 준다. 현대의 진 브랜드는 개성 있고 독특한 맛을 생산하기 위해 블렌드 한다.

세련된 미각을 가졌다면 아니시드Aniseed, 안젤리카Angelica, 고수 씨앗Coriander Seeds, 주니퍼 베리, 생강, 아몬드, 오렌지 껍질, 카더몬Cardamom, 계피, 감초 뿌리와 같은 허브를 진에서 느낄 수 있다. 예를 들어, 엑스트라 드라이 진extra dry gin은 보통 안젤리카와 감초를 포함하고 있으며, 반면에 주요 풍미가 감귤류 향인 진은 좀 더 많은 오렌지나 레몬 껍질을 함유하고 있다. 이후 진을 병입 적정 도수로 낮춘다. 미국에서는 75프루프proof로 유럽권에서는 알코올 도수 35%ABV로 도수를 낮춘다.

진을 사용하여 만든 클래식 칵테일 중 가장 잘 알려진 건 마티니Martini, 깁슨Gibson, 핑크 진Pink Gin, 싱가포르 슬링Singapore Sling, 화이트 레이디White Lady이다.

기본적으로 진은 4가지 종류가 있다. 드라이 진Dry Gin, 달지 않은, 런던 드라이 진London Dry Gin, 달지 않은, 올드 톰 진Old Tom Gin, 약간 단, 폴리머스 진Plymouth Gin, 약간 단이다. 올드 톰 진을 사려면 주류 판매점을 가야 하지만, 다른 종류 진은 일반적으로 쉽게 구할 수 있다.

무너진 명성
진 고유의 특징은 바뀌었을지도 모르지만, 여전히 진은 클래식 칵테일의 베이스 증류주이다.

보드카Vodka

1950년에 파블로 피카소Pablo Picasso는 '지난 반 세기 동안 가장 뛰어났던 세 가지는 블루Blue, 큐비즘Cubism, 폴란드 보드카다.'라고 말했다. 피카소가 한 말이 맞을지도 모른다. 보드카는 무색, 무미, 무취의 특징을 가지고 있어서 어떠한 보드카가 사용되든 칵테일을 만들 때 아주 완벽한 베이스 증류주이다.

누군가에게 오렌지 색깔의 칵테일을 건넨다면 아름다운 외관에 속아 세상에서 가장 많이 마시는 증류주인 보드카가 사용됐다는 것을 모를 것이다. 술을 마실 수 있는 전 세계 거의 모든 사람은 아마 보드카를 최소한 모금이라도 마셔봤을 것이다. 보드카 애호가들은 특정 브랜드에 관한 충성도가 높고, 그 브랜드 보드카의 풍미와 스타일을 다른 어떤 보드카보다 더 선호한다.

제2차 세계 대전 이후 주류회사 휴블레인Heublein에서 스미노프Smirnoff 보드카를 유통하기 시작하면서 보드카가 미국에 상륙하였다. 보드카 광고는 보드카의 무미한 특징을 강조했고, 클래식 마티니는 진 대신에 보드카를 사용하는 보드카 베이스 칵테일이 되었다. 이언 플레밍Ian Fleming의 카리스마가 넘치는 제임스 본드James Bond 캐릭터에 감사해야 한다. 그러나 하비 웰뱅거Harvey Wallbanger와 스크류드라이버Scredriver 같은 칵테일처럼 블러디 메리Bloody Mary, 셀러리 스틱 추가는 선택사항는 처음부터 보드카를 베이스로 사용하는 칵테일로 만들어졌다.

보드카는 물을 의미하는 러시아어 '보다Voda'에서 유래되었다. 러시아에서 처음 만들었다고 주장하는 보드카는 아주 긴 역사를 가지고 있다. 그렇다면 러시아에서 보드카를 처음 만들었을까? 스칸디나비아 반도나 폴란드 사람들은 러시아 사람들이 주장한 14세기부터 보드카를 제조했거나, 아니면 더 이른 시기에 보드카를 만들기 시작했다고 주장한다.

일반적으로 증류주는 전분 물질감자와 호밀, 밀, 보리, 메밀, 옥수수 같은 곡물이나 당분 물질당밀, 설탕 비트, 과일을 사용

> **참고**
>
> 보드카는 섭씨 2도에서 6도 사이의 차가운 상태로 서빙되어야 하며, 10도 이상 온도에서 서빙하지 않는다. 보드카는 차가우면 향이 감지되지 않기 때문에 보드카 생산자들은 주로 맛에 더욱 신경 써서 보드카를 생산한다.

하여 생산한다. 그러나 미국에서 생산하는 보드카는 순수 곡물을 사용한 중립적 성향의 보드카로 옥수수, 호밀, 또는 밀을 사용하며 연속식 증류 방법으로 증류한 것이다. 숯 여과는 보드카를 맑게 하고 깔끔한 맛을 내도록 한다. 유럽에서는 호밀이 전통적인 보드카 주재료이다.

아르마냑, 코냑, 위스키처럼 감정사들을 위한 새로운 보드카 제품은 최대 세 번까지 증류하며 특징을 더 살리기 위해 소량으로 따로 증류한 낮은 도수의 증류주를 추가하기도 한다. 이러한 보드카 종류는 샷 글라스에 따라서 마시는 게 좋다.

향이 첨가된 보드카는 흥미롭다. 보드카에 첨가되는

대표적인 향은 블랙커런트, 체리, 파인애플, 레몬, 오렌지, 복숭아, 후추이다. 보드카에 향을 첨가하는 방법은 아주 간단한 과정일 수 있으나 보드카 생산자들은 그들이 사용하는 첨가 방법을 비밀스럽게 유지하고 있다. 폴란드에서는 과일이나 허브를 사용해 향을 첨가할 때 일반적으로 클래식 침용 방법Classic Maceration Method이나 순환 방법Circulation Method을 사용한다. 클래식 침용 방법은 재료의 종류와 숙성도에 따라 도수가 다른 보드카주로 알코올 도수는 40-60%ABV에 재료를 넣고 침용하는 방법이다.

처음 4주 후에는 보드카를 따라내고 그리고 저장하며, 또 다른 배치의 보드카를 추가해서 3주 동안 침용한다. 이 두 가지 보드카와 침용에 사용된 재료에 남아 있던 보드카를 함께 블렌딩한다. 세 가지 보드카는 병입하기 전에 적정 알코올 도수로 맞춰 준다.

순환 방법은 바이슨 그라스Bison Grass같은 재료를 스테인리스 스틸 통 안에 있는 체에 넣어 이용하는 방법이다. 보드카는 통 안에서 계속 회전하며 매 8시간 마다 체를 두 번씩 통과한다. 이는 재료의 종류와 숙성도에 따라 다르지만 보통 4-7일 정도 소요된다.

보드카 생산자들은 폴란드의 코잔 자이카Korzen Zyica와 같이 건강적인 측면을 신경 쓴 제품에 관심을 갖기 시작했다. 란컷 증류소Lancut Distillery는 독자적인 생산과정과 진품 홍삼을 사용할 수 있는 권리를 얻어 세상에 처음 선보이는 홍삼 보드카를 만들었다. 란컷 증류소는 아시아 지역 외에서 유일하게 홍삼 보드카를 만드는 곳이다. 홍삼 추추물과 홍삼 뿌리를 병에 넣고 전통적인 한국 방식으로 병입한다.

브랜디Brandy

브랜디는 아마도 증류주 세계에서 가장 많은 종류를 포함하는 범주일 것이다. 풍미, 질감, 아로마, 외관의 선택은 증류주 세계에서 아주 독특하다. 최고급의 브랜디 중에서는 코냑Cognac보다 더 고급 술은 없을 것이다.

아르마냑Armagnac과 코냑을 포함한 프랑스 브랜디와 다른 프랑스 지방에서 생산한 브랜디가 있다. 스페인 브랜디인 브랜디 드 헤레스Brandy de Jerez가 있다. 그라파Grappa 같은 이탈리아 브랜디도 있다. 남아프리카 공화국, 멕시코, 미국에서 생산한 브랜디도 있으며, 남미의 피스코pisco도 있다. 또한, 오드비eaux-de-vie와 리큐어 브랜디도 있다. 통계상 미국 시장 브랜디의 ⅔는 미국 와인 산업의 중심지인 캘리포니아California에서 생산된다.

술을 한 잔 마신다면 어떤 술을 살 것인가? 브랜디는 과일에서 추출한 과즙을 발효시킨 것을 증류한 술을 의미하는 일반적인 용어이다. 브랜디의 어원은 '탄 와인Burnt Wine'을 의미하는 네덜란드어 인 '브란데빈brandewijn'에서 유래되었다. 역사적인 측면에서 브랜디의 탄생은 프랑스와 스페인 연안 항구 쪽에서 장사를 했던 네덜란드 무역 상인들이 선원들을 위한 와인을 찾기 시작하면서 만들어졌다.

네덜란드 무역 상인들의 요구는 프랑스인이 와인을 이용해서 브랜드를 만들게 했고 네덜란드에 와인 대신에 와인을 증류한 브랜드를 수출하게 되었다. 브랜드는 와인보다 부피가 상대적으로 작아 수송 비용이 더 저렴했으며, 특히 샤랑트Charente 지역 프랑스인들은 네덜란드 사람들이 소개한 증류 기술과 장비를 사용하기 시작했다.

현대에는 알람빅Alembic으로 불리는 작은 구리 단식 증류기나 연속 증류기를 사용해 브랜디를 생산하며, 오크 배럴로 이동해 숙성을 한다. 숙성 후 유리병으로 이동한 후 더 숙성한다.

남미 브랜디를 피스코Pisco라고 부르며 페루와 칠레에서는 브랜디를 헤일스Hails라고 부른다. 머스캇Muscat 포도 품종을 사용하고 증류 과정을 거쳐 오크나 점토 항아리에서 숙성한다. 피스코는 피스코 사워Pisco Sour 칵테일의 베이스 증류주이다.

코냑Cognac

코냑은 프랑스 샤랑트-마리팀Charente-Maritim 지역 포도밭에서 수확한 포도를 사용해 생산한다. 위니 블랑Ugni Blanc, 포레 블랑슈Folle Blacnhe, 콜로마도colomard 포도 종류를 사용하여 증류한 후 리무쟁Limousin이나 트롱쉐Troncais 숲에서 생산된 오크에서 숙성한다.

대부분의 위스키처럼 모든 코냑은 다른 생산자가 생산한 코냑과 빈티지가 다른 코냑을 블렌딩 한다. 병 상표에 있는 등급은 블렌딩에 사용된 가장 어린 코냑의 숙성 기간을 나타낸다. Three star와 V.S.는 블렌딩에 사용된 가장 숙성이 짧은 코냑이 3년간 캐스크에서 숙성된 것이다. V.S.O.P., V.O.Very Old, Very Specialor Superi Old Pale은 블렌딩에 사용된 가장 숙성이 짧은 코냑이 4년 반 동안 숙성된 것이다. XO, Extra, 나폴레옹Napoleon, 비엘 리저브Vieille Reserve는 블렌드에 사용된 가장 숙성이 짧은 코냑이 6년 동안 캐스크에서 숙성된 것을 의미한다. 일반적으로 실제 숙성 기간은 이것보다 더 길다. 40년에서 60년 정도 숙성된 코냑은 가장 훌륭한 품질로 인정된다.

아르마냑은 브랜디를 얘기할 때 두 번째로 떠오르는 프랑스 지역이다. 코냑에 비해 상대적으로 작은 지역이지만 두 지역간의 경쟁의식은 좋은 쪽으로 영향을

브랜디는 어떤 맛일까?

브랜디를 마시면 단맛, 우디Woody, 과일과 같은 여러 풍미를 혀에서 느낄 수 있다. 목이 타는 느낌이 든다면 다른 종류의 브랜디를 한 번 마셔보라. 브랜디는 목을 따뜻하게 해주며 거칠거나 숙성이 덜 된 느낌이 들어서는 안된다.

끼쳐, 각 지역은 각각의 브랜디 스타일의 이점을 부각시켰다. 아르마냑 생산자는 단일 증류소에서 브랜디를 생산하는 특징이 경쟁력있다고 주장하는 반면, 코냑 생산자는 코냑 제조과정에 사용되는 와인의 빈티지를 얘기하는 것을 꺼려한다.

코냑 생산 이전 시기에는 안달루시아Andalucis에서 7세기 동안 스페인을 점령했던 무어Moors인에게 증류를 배운 스페인 사람이 포도를 사용하여 브랜디를 만들었다. 보통 이러한 브랜디는 풍미가 강하고, 좀 더 달고셰리(sherry)를 숙성했던 캐스크에서 숙성됨, 특징이 단순한 브랜디이다. 지금은 스페인보다 더 많은 브랜디를 생산하는 나라는 없다.

테킬라Tequila

테킬라에 대해 글을 쓰는 것은 진정한 멕시코 정신에 대해 쓰는 것이며, 소금을 먹고 테킬라 샷을 마시고 레몬을 먹었기 때문에 달빛이 더 밝게 느껴졌던 밤을 생각나게 한다. 달빛은 테킬라를 마신 후에 더 밝아 보인다. 그런데, 이미 알고 있겠지만 테킬라는 마가리타Margarita 칵테일의 베이스 증류주이다.

테킬라는 멕시코 전역에 자라는 식물인 블루 아가베blue agave의 줄기가 함유하고 있는 당분을 발효하고 증류해서 만든 독특한 증류주이다. 테킬라는 특별한 메즈칼mezcal이며, 벌레와 같이 마시는 술과 헷갈리기도 하는데 그것은 다른 종류의 아가베로 만든 메즈칼이다.

법적으로 테킬라는 오직 멕시코에서만 생산하며 지정된 지역에서만 생산한다코냑이 코냑 지역에서 생산하는 것과 같은 맥락이다. 주로 할리스코Jalisco 지역에서 생산되며, 과나후아토Guanakuato, 나야릿Nayarit, 따마울리빠스 Tamaulipas주의 지정된 마을에서도 생산한다.

테킬라 종류Types of Tequila

기본적인 테킬라는 두 가지 종류가 있으며, 100% 아가베를 사용한 테킬라와 당분을 넣은 믹스토Mixto이다. 테킬라 상표를 읽어 봐라. 100% 아가베라고 쓰여 있지 않다면 그 테킬라는 믹스토이다.

테킬라와 칵테일은 화려한 밤문화와 대도시처럼 잘 어울린다. 잘 알려진 테킬라 칵테일은 마가리타Margarita, 테킬라 선라이즈Tequila Sunrise, 테킬라 모킹버드Tequila Mockingbird가 있다. 이와 같은 이국적인 느낌의 테킬라 칵테일 이름은 휴가 때 태양 아래에서 나른한 오후를 즐기며 저녁을 기다리면서 마시는 술을 생각나게 한다.

술을 오랫동안 꾸준히 마셔 온 사람들은 믹스토보다 100% 아가베 테킬라가 숙취가 덜하다고 한다. 이는 100% 아가베 테킬라가 순도가 더 높기 때문이다. 저녁

테킬라의 종류

블랑코Blanco 또는 **플라타**Plata, 화이트 또는 실버
투명한 색깔이며 증류 후 바로 병입한다. 병입 전 스테인리스 스틸에서 60일 이상 있을 수 없다. 100% 아가베 또는 믹스토이다.

레포사도(레스티드) Reposado(Rested)
나무통이나 오크 배럴에서 적어도 2개월 정도 숙성한 것. 100% 아가베 또는 믹스토이다.

아녜호(에이지드) Anejo(Aged)
100% 아가베로 생산하며, 1년 또는 그 이상 나무 배럴에서 숙성한다. 100% 아가베 또는 믹스토이다. 우수한 제품은 거의 배럴에 4년 이상 숙성하지 않는다.

호벤 아보카도 Joven Abocado, 종종 골드라 불린다
숙성되지 않은 테킬라인데, 숙성된 테킬라의 특징을 가지고 있다. 그러나 황금빛 색깔은 캐러멜 같은 첨가물을 넣으면 나타난다. 믹스토 종류로 믹스토보다 더 맛이 부드럽다.

에 바에서 테킬라를 마신다면 무엇을 섞든 순수한 아가베 테킬라인 블랑코Blanco를 요청하는 게 좋을 것이다. 최소한 테킬라에는 어떠한 화학약품도 추가하지 않는다.

멕시코는 1521년 스페인이 정복하기 전까지는 고대 아메리칸 문화의 고향이었으며, 아가베는 다양한 용도로 쓰여서 '신의 선물Gift of the Gods'이라고 여겨졌다(아즈텍은 아가베를 사용하여 만든 섬유에 많은 그림을 그렸다). '북 오브 테킬라The Book of Tequila'의 저자인 밥 에몬스Bob Emmons의 흥미로운 설명에 따르면, 아가베 식물의 알코올 특징은 아즈텍 문명이 나오기 전에 발견되었다고 한다. 풀케Pulque, 용설란 술라고 알려진 액체의 발견은 완화제로서 쓰였다. 아즈텍인들은 인간을 제물로 바치는 의식을 행할 때 마약이나 환각제 용도로 사용했다.

1792년 페르디난도 6세Ferdinand IV는 멕시코에서 증류주 생산 금지령을 해제하였으며, 그는 1795년에 멕시코 테킬라 지역에 증류소를 설립한 스페인 사람 호세 마리아 구다르프 큐레보Jose Maria Guadalup Cuervo에게 야생 아가베 대신 수확한 아가베를 사용해 증류주를 만들 수 있게 허가증을 주었다. 지금은 총 65개의 증류소에서 내수용과 해외 수출을 위해 테킬라를 생산하고 있다. 흥미롭게도 미국은 미국을 제외한 전 세계를 합친 것보다 더 많은 양의 테킬라를 마시는 국가이다.

테킬라는 어떤 맛인가? 감정가들은 좋은 테킬라를 평가할 때 마치 코냑이나 좋은 와인을 좋아하는 사람들처럼 얘기하곤 한다. 예를 들어, 어떤 한 전문가는 에라두라 블랑코 테킬라Tequila Herradura Blanco는 '드라이한 복합성이 꽃향기와 함께 코를 지배하고 좋은 허브 향과 부드러운 알코올 느낌을 가지고 있다.'라고 표현한다.

리큐어 Liqueurs

당분과 크림은 리큐어 산업의 모든 것이다. 커피, 바나나, 초콜릿, 딸기, 라즈베리의 풍미가 넘치며, 매력적인 모습으로 유리잔에 흘러내리는 리큐어가 많다. 색깔은 미술가의 팔레트처럼 선명하거나 따스한 여름 저녁처럼 단조롭다.

한 가지 확실히 짚고 넘어가자. 리큐어는 코디얼 Cordial 이 아니다. 여기서 말하는 리큐어는 증류된 리큐어를 얘기하고 있는 것이다. 리큐어의 어원은 '녹인다'라는 의미의 라틴어 '리케파세르 liquefacere'에서 유래되었다. 수 세기 전, 리큐어는 주로 질병을 치료하는 수도승이나 약제사들의 레시피로 증류하였다.

현대 리큐어 산업은 16세기에 네덜란드인 루카스 볼스 Lucas Bols에 의해 시작되었다고 할 수 있다. 그는 캐러웨이 Caraway가 소화에 좋다는 것을 알고 큐멜 Kummel을 만들었다. 배네딕틴 Benedictine은 1510년부터 만들기 시작했으며 샤르퇴르즈 Chartreuse는 1848년에 시장에 출시되기 전까지 프랑스 수도원에 있는 수도승들을 위해 만들었다.

브랜디, 코냑, 위스키, 럼과 같은 증류주는 리큐어를 생산할 때 기본 베이스로 사용된다. 과일, 식물, 과일 껍질, 또는 뿌리를 증류주와 함께 증류기에 넣고 열을 가해 증기를 만든 후 증기를 응축시켜 증류주를 생산한다. 오직 라즈베리와 블랙 커런트 같은 으깬 과일 과육을 이용할 때와 차와 같은 향이 좋은 식물을 사용할 때 침윤 Maceration 방법을 사용한다. 선택한 과일을 증류주와 함께 통에 넣으면 침출 Infusion이 시작된다.

크렘 드 망트 Crème de menthe와 같은 크렘은 달고 28%의 당분을 함유한 아주 점도가 높은 리큐어이다. 베일리스 아이리쉬 크림 Baileys Irish Cream은 알코올과 유제품 크림의 조화로 만들어진 리큐어이다.

리큐어를 스트레이트로 서빙한다면 실온에서 작은 리큐어 잔에 서빙한다. 샷처럼 한 번에 마시는 것보다 한 모금씩 음미하면서 마시는 게 좋다. 리큐어의 온전한 풍미를 즐기기 위해서 주로 식사 후에 얼음을 넣지 않고 서빙한다.

기다림은 미덕이다
수도사들은 샤르퇴르즈 Chartreuse를 수 세기 동안 만들어왔다. 레시피는 여전히 비밀로 남아 있다.

샴페인 Champagne

샴페인 생산자에게 언제가 샴페인을 마시기에 가장 좋은 시기냐고 묻는다면 '낮과 밤이든 언제나'라고 답할 것이다. 점심 전에 마시는 샴페인은 늦은 오후나 저녁에 마시는 것보다 마법 같은 효과가 있다. 또한 샴페인은 아마도 최고의 식전주이다.

영국의 전쟁 시기 유명한 지도자였고 샴페인을 좋아했던 윈스턴 처칠Whinston Churchill은 미국으로 가는 클리퍼 비행기 좌석에 앉자마자 샴페인을 요구해서 참모진들을 놀라게 했다. 윈스턴 처칠은 주로 폴 로저Pol Roger 샴페인을 마셨다.

샴페인 애호가들은 샴페인이 주로 적포도 품종의 과즙으로 만들어진다는 사실을 모른다. 백포도의 과즙 비율은 보통 ⅓ 정도이다. 또 다른 흥미로운 사실 중 하나는 최고의 샴페인 한 병에 15개의 포도밭에서 나온 과즙이 사용될 수 있으며, 몇몇 최상급 품질의 샴페인은 30개 이상 포도밭에서 나온 과즙을 사용한다.

샴페인은 프랑스 아펠라시옹 콩트롤레Appeallation Controlle 지역에서 생산한다. 오직 이 지역에서 생산되는 와인만 샴페인이라고 할 수 있다. 메토드 샹프느아즈Methode Champenoise는 샴페인 외 지역에서 샴페인과 비슷한 제조과정을 통해 만들어진 것을 가리킨다.

샴페인 스타일

샴페인에 첨가되는 당분의 양에 따라 Brut Nature, Extra Brut, Brut, Extra Dry (Extra Sec), Dry (Sec), Demi- Sec, Doux으로 구분한다.

브륏Brut 0-12g/L의 당분을 함유한 드라이한 샴페인

드미 섹Demi-sec 32-50g/L의 당분을 함유한 스위트한 샴페인

엑스트라 섹Extra-sec 12-17g/L의 당분을 함유했으며 브륏보다는 상대적으로 더 스위트한 샴페인

논 빈티지Non-vintage 포도 수확 연도가 다른 포도로 만들어진 샴페인. 논 빈티지 샴페인이라고 해서 품질이 떨어지는 샴페인은 아니다.

로제Rose 샴페인 지방의 일부 레드 와인과 화이트 와인을 함께 사용하여 만든 와인

섹Sec 17-32g/L의 당분을 함유한 중간 당도 샴페인

빈티지Vintage 빈티지는 기후가 아주 좋았을 때 부여되며, 빈티지 샴페인 한 병에 사용된 모든 포도는 같은 해에 수확된 포도이다.

믹서Mixers와 가니쉬Garnishes

칵테일에 사용되는 모든 재료가 알코올을 포함하고 있는 것은 아니다. 실제로 신선한 오렌지 주스와 비터 레몬을 사용해 만든 세인트 클레멘트 St. Clemet's보다 더 상쾌한 칵테일은 없을 것이다. 자몽 주스나 크랜베리 주스가 없다면 씨 브리즈 Sea Breeze 칵테일은 단순히 보드카만 담긴 칵테일이 될 것이다.

믹서Mixers

진저 에일편치 조주 시, Ginger ale(punches)
레몬 라임 소다Lemon-lime soda
소다수 Soda water
생수와 탄산수 Spring water, still and sparkling
토닉 워터Tonic water

주스Juices

크랜베리 주스Cranberry
화이트 자몽 주스, 핑크 자몽 주스Grapefruit, white and pink
오렌지 주스Orange
파인애플 주스Pineapple
토마토 주스Tomato

가니쉬Garnishes

가니쉬는 마지막에 칵테일을 장식을 하는 역할을 한다. 적절한 가니쉬를 고르기 위해서는 칵테일의 주요한 풍미와 색깔을 고려해서 칵테일과 어울리는 과일이나 잎을 고른다. 유리잔에 어울릴 적당한 과일 한 조각을 추가한다. 너무 요란하게 장식하지 않는다.

딸기는 칵테일에 추가할 수 있는 다용도 가니쉬로 특히 샴페인 칵테일에 주로 사용되거나 칵테일 잔 림 `옮긴이` 입 닿는 부분 부분에 장식한다. 초록색 꼭지를 자르고 밑부분을 좁고 길게 칼집을 내 림 위에 장식한다.

가니쉬 재료 손질 Bar craft

감귤류 과일 껍질Citrus fruit spiral
제스터Zester를 이용하여 감귤류 과일레몬, 라임, 오렌지의 껍질을 위에서부터 벗긴다. 나선형 모양으로 껍질을 벗긴 후 칵테일에 넣어 준다.

트위스트Twist
레몬 또는 오렌지 껍질의 폭이 1-2인치2.5-5cm 정도 되도록 잘라 준다. 오렌지 껍질의 하얀 부분이 아래쪽을 향하도록 도마에 올려놓는다. 날카로운 칼로 2인치5cm 정도 길이로 껍질을 다듬어 준다. 칵테일 잔에 올려놓고 과즙이 칵테일에 들어갈 수 있도록 양 끝을 비틀어 준다.

과일 Fruit

블랙베리 무알콜 칵테일 조주 시

신선한 민트

셀러리 스틱 블러디 메리 칵테일 조주 시 선택사항

그린 올리브 마티니 칵테일 조주 시

마라스키노 체리 칵테일 체리

파인애플

라즈베리

오이 껍질 펀치, 핌스 조주 시

딸기 샴페인 칵테일과 펀치 조주 시

오렌지

레몬

라임

쉐이커 Shakers

쉐이커는 칵테일을 만들 때 가장 중요한 도구이다. 보통 증류주, 주스, 크림이 사용되는 칵테일은 재료가 잘 섞이도록 쉐이커를 사용해 흔들어 준다. 대부분의 바에서 쓰는 쉐이커는 평범한 마트에서 살 수 있는 쉐이커와 다르다. 전문적인 보스턴 쉐이커는 금속metal과 투명한 잔 두 부분으로 구성된 쉐이커다.

투명한 잔 부분에 재료와 얼음을 넣는다. 금속 부분을 잔 위에 놓고 두 부분을 결합한다. 쉐이커를 거꾸로 뒤집는다. 쉐이커를 흔들고 분리하기 전에 가라앉도록 놓아둔다. 칵테일을 서빙 전 스트레이너Strainer를 사용해 얼음을 걸러 주고 칵테일을 잔에 따라 준다.

대중적으로 이용 가능한 쉐이커는 베이스, 스트레이너가 달린 작은 뚜껑, 단단한 캡으로 구성되어 있다. 쉐이커를 흔들 때 뚜껑을 아래쪽으로 꽉 잡아 준다. 만약 낀다면, 진공 부분을 풀어 주기 위해 두 엄지손가락으로 뚜껑을 느슨하게 한다. 최악의 상황은 뚜껑이 느슨해 귀중한 칵테일을 흘리는 것이다.

칵테일 쉐이커는 수집가들의 아이템이며, 경매에서 상당한 액수로 팔 수 있다. 가장 인기 있는 골동품 쉐이커 중 하나는 약 1936년에 만들어진 펭귄Penguin 쉐이커다. 부리 모양을 들어올리면 분출구가 나와 칵테일을 따를 수 있다.

미국 특허청에서의 서류 조사 1870년대에 '술을 섞기 위한 도구의 적용Applications for an apparatus to mix drinks'이라는 문서가 쓰였다는 것이 밝혀졌다. 19세기 후반에도 다양하고 참신한 칵테일 쉐이커가 존재했음을 알 수 있다. 등대 모양의 칵테일 쉐이커, 부표 모양의 칵테일 쉐이커, 고층 건물 모양의 칵테일 쉐이커, 골프 가방 모양의 칵테일 쉐이커, 심지어 찻주전자 모양의 칵테일 쉐이커도 쓰였다.

초기 쉐이커는 은을 사용해 만들었는데, 기술이 발달함에 따라 크롬 도금한 스테인리스 스틸을 사용해 만들었다. 오늘날 대부분의 쉐이커는 도금이나 상대적으로 덜 비싼 재료를 사용해 만들지만, 크리스털 유리 회사인 윌리엄 예워드William Yeoward는 한 번 보면 가장 아름다운 칵테일을 만들도록 유혹하는 매우 비싸고 다채로운 색상을 가진 루루Lulu를 선보였다.

제임스 본드는
저어서 만든 마티니보다는 쉐이커를 사용해 만든 마티니를 인정할 것이다.

칵테일 잔

투명한 유리잔은 칵테일 잔으로 이상적이다. 칵테일 열풍이 시작된 이후 각각의 칵테일은 칵테일 특징이 잘 드러나는 형태의 칵테일 잔을 가지게 되었다. 예를 들어 마티니는 마티니 잔에 서빙한다. 일반적으로 리큐어는 달기 때문에 작은 잔에 따라서 조금씩 마신다.

주요 칵테일 잔 종류와 크기 Main Glass Types and Sizes

대부분 칵테일 잔은 업계 표준 크기로 출시한다. 특히 더블 칵테일 잔처럼 몇몇 칵테일 잔은 다른 모양과 크기로 출시한다. 아래 표는 칵테일 잔에 대한 유용한 정보를 담고 있다. 파티를 할 때 어느 정도 술이 필요한지 파악할 수 있다. 손님이 목말라하지 않는 이상 작은 유리잔에는 적은 양의 술이 담긴다.

칵테일 잔 세척 Glass cleaning

칵테일을 따르기 전에 칵테일 잔을 보푸라기가 없는 타올로 닦아야 한다 유리잔에 잔여물이 남을 수 있기 때문에 비눗물로 닦아서는 안된다.

칵테일 잔 종류	용량	특징
칵테일 잔 Cocktail	4 oz.(12 cl)	얼음 없이 서빙되는 모든 칵테일에 어울림
플루트 잔 Flute	6-8 oz.(18-24 cl)	샴페인이나 샴페인 칵테일에 어울림
하이볼 잔 Highbal	10 oz.(30 cl)	큐브 얼음이 들어간 롱드링크에 어울림
리큐어 잔 Liqueu	2-3 oz.(6-9 cl)	저녁 식사 후 마시는 칵테일이나 스트레이트 리큐어에 어울리는 작은 잔
올드 패션드 잔 Old-Fashioned	5-6 oz.(15-18 cl)	도수가 높은 증류주를 넣는 짧은 잔
소서 잔 Saucer	5-7 oz.(15-21 cl)	전설에 따르면 잔 모양은 여황제였던 조세핀Josephine의 흉상을 모델로 해서 만들었다고 한다. 소서 잔에 샴페인을 따를 때 플루트잔보다 더 빨리 플랫해짐
샷 잔 Shot	2-3 oz.(6-9 cl)	한 번에 원샷할 수 있을 만큼 적은 양의 증류주를 담는 잔
와인 잔 Wine	4-9 oz.(12-27 cl)	칵테일 잔에 담기 어려운 칵테일 잔이나 하이볼 잔에 담기에는 적은 양의 칵테일을 담는 잔

기타 칵테일 도구 Other Equipment

기본 칵테일 도구 키트는 다음에 나열된 몇 개의 작지만 중요한 물품들로 구성되어 있다. 대부분은 주방, 가정용품을 파는 상점, 또는 대형상점의 바 액세서리를 파는 부서에서 찾아볼 수 있다. 모든 것이 그렇듯이 가격이 싼 도구는 최고의 도구가 될 수 없으며, 호화스러운 것보다 기능적인 것이 더 중요하다.

- **바 나이프** Bar Knife 는 과일을 자르기 위해서 매우 날카로워야 한다.
- **바스푼** Barspoon 은 믹싱 글라스와 쉐이커에 담겨 있는 칵테일 재료를 섞고 휘젓는 용도이다.
- **블렌더**는 프로즌 칵테일 Frozen Cocktails 을 만들 때 증류주, 주스, 과일, 잘게 부순 얼음을 갈아 줄 때 사용한다.
- **샴페인 스토퍼** Stopper 는 한 번 개봉한 샴페인의 기포가 날아가지 않도록 도와준다.
- **도마**는 단단하고 평평한 표면을 가지고 있어서 민트를 잘게 썰거나, 가니쉬를 정리하고, 과일을 자를 때 사용한다.
- **칵테일 스틱** Cocktail Stick 은 가니쉬로 쓰이는 과일과 체리를 꽂을 때 이용한다.
- **코르크 스크류** Cork Screw 는 와인병을 오픈할 때 사용된다. 가장 좋은 코르크 스크류는 웨이터스 프렌드 Waiter's Friend 이다.
- **대시 포어러** Dash Pourer 는 몇방울 추가를 할 때 사용하며 증류주와 리큐어를 몇 방울 추가할 때 사용한다. 대략 3ml이다.
- **아이스 버킷** Ice Bucket 은 냉동고로 가는 과정을 줄여 준다.
- **아이스 크러쉬** Ice Crusher 는 큐브 얼음을 부순다.
- **아이스 스쿱** Ice Scoop 은 쉐이커나 블렌더에 얼음을 넣을 때 사용한다.
- **아이스 텅** Ice Tong 은 큐브 얼음을 집을 때 사용하며 녹는 과정을 지연시킨다.
- **지거** Jigger 는 칵테일을 만들 때 정확한 양의 증류주와 리큐어를 측정하기 위해 사용한다. 미국에서는 1계량컵 1 measure 은 1온스 1 oz 이다. 싱글이나 더블을 측정을 할 수 있는 지거는 ¼, ⅓, ½, ¾과 같은 일반적인 비율을 측정할 때 눈금을 매겨 사용할 수 있다. 영국에서는 법적으로 싱글이나 더블을 측정할 수 있게 눈금이 매겨진 지거의 1계량컵은 25ml 또는 35ml이다. 주류 판매점에서 여러 종류의 25ml나 35ml 용량의 지거를 팔겠지만 둘 다 팔지는 않는다.
- **주서** Juicer 는 레몬과 라임 주스를 만들 때 사용한다.
- **믹싱 글라스** Mixing glass 는 2개나 2개 이상의 재료를 섞을 때 사용한다.
- **머들러** Muddler 는 민트나 과일을 으깰 때 사용한다.
- **쉐이커** Shaker 는 칵테일을 흔들기 위해서 사용된다.
- **휘젓개** Stirrer 와 **빨대**. 롱드링크는 빨대를 사용해서 마신다.
- **티 타올**은 엎질러진 것들을 닦는 데 사용한다.
- **제스터** Zester 는 레몬, 오렌지, 라임 껍질을 가니쉬로 만들 때 과일 껍질을 벗기는 도구이다.

바텐딩 기법Bartending Techniques

클럽이나 펍과는 다르게 칵테일은 1980년대 후반과 1990년대 바에서 다시 유행을 타기 시작했으며 옛 명성을 다시 찾았다. 꽤 오랫동안 바텐더는 가장 화려한 직업 중 하나로 분류되었다. 그러나 칵테일을 만드는 일련의 예술적 행위를 가볍게 여겨서는 안 된다.

쉐이킹Shaking

바텐더가 바 뒤에서 칵테일 만들 때는 꽤 쉬워 보인다. 하지만 쉐이킹을 한 번도 안 해 본 초보자에게는 그렇지 않다. 처음에 매우 차갑고, 축축하고, 겉은 매우 미끄러워서 잡기가 힘들다. 두 손으로 쉐이커를 꽉 잡아야 하는데, 한 손은 베이스 밑 부분을 바치고 다른 한 손은 윗부분을, 손가락으로 옆을 잡아 준다.

여기 좀 더 멋진 부분이 있다. 팔과 어깨는 움직이지 말고 오직 손목만 움직여라. 성의없게 하지 말고 활력 있고 강하게 움직여라! 쉐이커 안에 들어간 재료를 섞고 재료들이 얼음 위로 왔다갔다 하면서 차갑게 하는 게 목표이다. 약 20번 정도 쉐이킹을 해 보면 자신만의 쉐이킹 스타일을 개발할 수 있다. 좋은 바텐더는 자신만의 리듬으로 쉐이킹하며, 이것은 모든 초보자들이 열망하는 것이다.

믹싱 글라스 사용하기Using a mixing glass

재료를 섞어야 하고 차갑게 서빙해야 하는 칵테일은 믹싱 글라스를 이용해 섞는다. 그 후 스트레이너를 사용해서 올드 패션드 잔이나 칵테일 잔에 따른다. 큐브 얼음을 믹싱 글라스에 넣고 얼음 주변을 바스푼으로 잘 저어 주면 잔을 차갑게 만들 수 있다. 증류주를 넣고 저어 준 후 잔에 따라 준다. 믹싱 글라스가 없다면 밑부분이 단단하고 길쭉한 글라스를 사용하거나 큰 의약용 비커를 사용해도 된다.

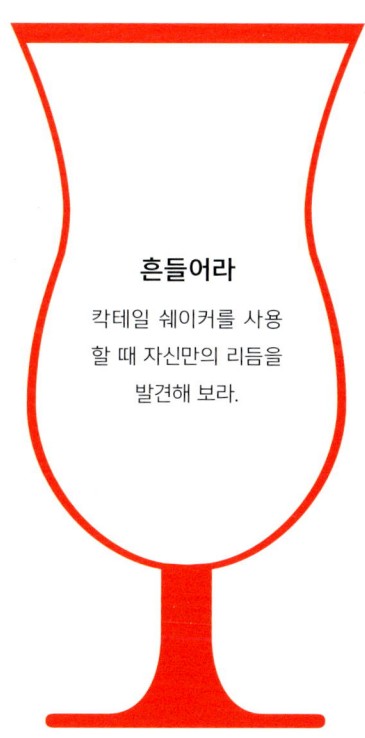

흔들어라
칵테일 쉐이커를 사용할 때 자신만의 리듬을 발견해 보라.

머들링 Muddling

머들링은 손목 힘을 필요로 하는 기술이며, 머들러 muddler를 사용한다. 몇몇 바스푼은 끝부분을 머들러로 사용할 수 있다. 대부분 머들러는 좋은 나무나 대리석으로 만들어졌다 막자와 막자사발 같이.

많은 젊은 바텐더들이 새로운 칵테일에 좋은 효과를 주기 위해 머들링 기법을 사용한다. 재료를 쉐이커, 올드 패션드 잔, 믹싱 글라스, 하이볼 잔 밑부분에 놓는다. 색깔, 즙, 풍미를 내기 위해 으깬다. 민트 줄렙 Mint Julep은 잔 밑부분에 으깨진 민트를 사용해 만든다. 반드시 밑부분이 무거운 잔을 사용해야 한다.

레이어링 Layering / 플로팅 Floating

층이 나누어진 음료는 보기에 아주 좋다. 이 매우 인상적인 칵테일은 모두가 어떻게 만들었을까 궁금해한다. 실제로는 매우 쉬운 기법이다. 레시피에 있는 각각의 증류주는 다른 것들보다 무게가 덜 나가거나 무게가 더 나간다. 가장 무거운 비중을 가진 재료를 먼저 따르고, 두 번째로 무거운 비중을 가진 재료를 따라 주고, 가장 가벼운 재료가 위에 뜰 때까지 따라 준다.

대부분, 층이 나뉜 음료들은 샷이나 리큐어처럼 작은 잔에 조주한다. 바스푼이나 작은 티스푼이 액체를 띄우기 위해 사용되지만 떨지 않는 손이 필요하다.

5가지의 재료가 사용되는 경우 레시피에 있는 첫 번째 재료부터 사용한다. 왜냐하면 첫 번째 재료는 가장 무거운 재료이기 때문이다. 재료를 따르기 위해서 바스푼 뒷면을 향하게 하고 잔의 첫 번째 층의 가장자리에 위치한다. 스푼 위에 두 번째 증류주를 천천히 부어준 후 두 번째 층이 생기는것을 본다. 레시피에 있는 각각의 재료가 다 사용되기 전까지 반복한다.

블렌딩 Blending

블렌드 옮긴이 블렌더로 갈아 주는 것을 말한다. 한 칵테일은 부드럽고 과일 같은 질감을 가지고 있으며, 맛있는 여름용 칵테일이다. 명시되지 않은 규칙이지만 크림, 과일, 잘게 부순 얼음을 사용하는 칵테일은 블렌드한다. 블렌드한 칵테일은 한 번에 두 세 잔을 만들 수 있어서 어느 정도 규모가 있는 풀 파티 때 유용한 칵테일이다.

블렌더에 넣기 전에 과일을 꼭 씻는다. 과일을 자를 때 설명사항을 잘 따른다. 과일을 블렌더에 넣었을 경우 물 양이 적다면 1티스푼만큼의 물을 추가하면 잘 갈린다. 부드러운 질감을 위해서 섞인 믹스처를 스트레이너를 사용해서 걸러 준 후, 액체가 잔 밑으로 모이게끔 하고 잘 으깨 준다.

이러한 종류의 칵테일을 즉시 만든 후 와인 고블릿 잔, 콜라다 잔, 또는 마가리타 잔과 같은 적절한 잔에 따라 서빙한다. 팁을 하나 준다면, 칵테일을 차갑게 만들기 위해서 얼음을 마지막에 넣고 블렌드한다.

유리잔 차갑게 하기 Chilling a glass

전문 바텐더는 항상 칵테일을 따르기 전에 칵테일 잔과 샴페인 플루트 잔을 차갑게 한다. 잔의 흐릿한 효과는 칵테일을 더욱더 신비롭게 하며 흐릿한 효과가 사라지면서 손님은 칵테일이 모습을 드러내는 것을 볼 수 있다. 아니면, 잔 몇 개를 손님이 오기 30분 전에 냉동고에 넣어 둔다. 비효율적이라고 생각한다면 칵테일을 섞거나 흔들 때 잔에 잘게 부순 얼음을 넣으면 같은 효과를 얻을 수 있다. 칵테일을 따르기 전에 얼음을 제거한다.

크러스팅 림 Crusting a rim

대부분 사람들은 마가리타를 마시기 전에 림을 핥는 것이 칵테일을 마실 때 가장 좋은 부분이라고 한다. 많은 클래식 칵테일은 크러스팅을 포함한 채로 만들어졌으며 여전히 크러스팅을 포함해서 만들고 있다. 잔에 크러스팅을 하는 것은 아주 간단한 일이다.

칵테일 잔 림 주변에 라임 웨지를 문질러 준다. 유리잔을 거꾸로 들고 잔의 스템 부분을 잡고 소금이 든 접시에 림을 흔들어 준다. 림에 소금이 묻도록 잘 흔든다. 크러스트 효과가 더 필요하다면 약간 으깬 바다 소금을 쓰면 된다. 칵테일 잔의 림 반쪽에만 소금을 묻히면 특별한 효과를 줄 수 있다.

림에 설탕을 묻힐 때도 똑같은 방법으로 하면 된다. 초콜릿이나 코코아 파우더를 사용해서 색다르고 좀 더 색감에 효과를 줄 수 있으며, 색을 추가한 설탕을 사용하면 이국적인 효과를 줄 수 있다.

클래식 classics

벨리니 Bellini

TIP 복숭아 퓨레를 만들기 어렵다면 복숭아 주스를 사용해도 된다.

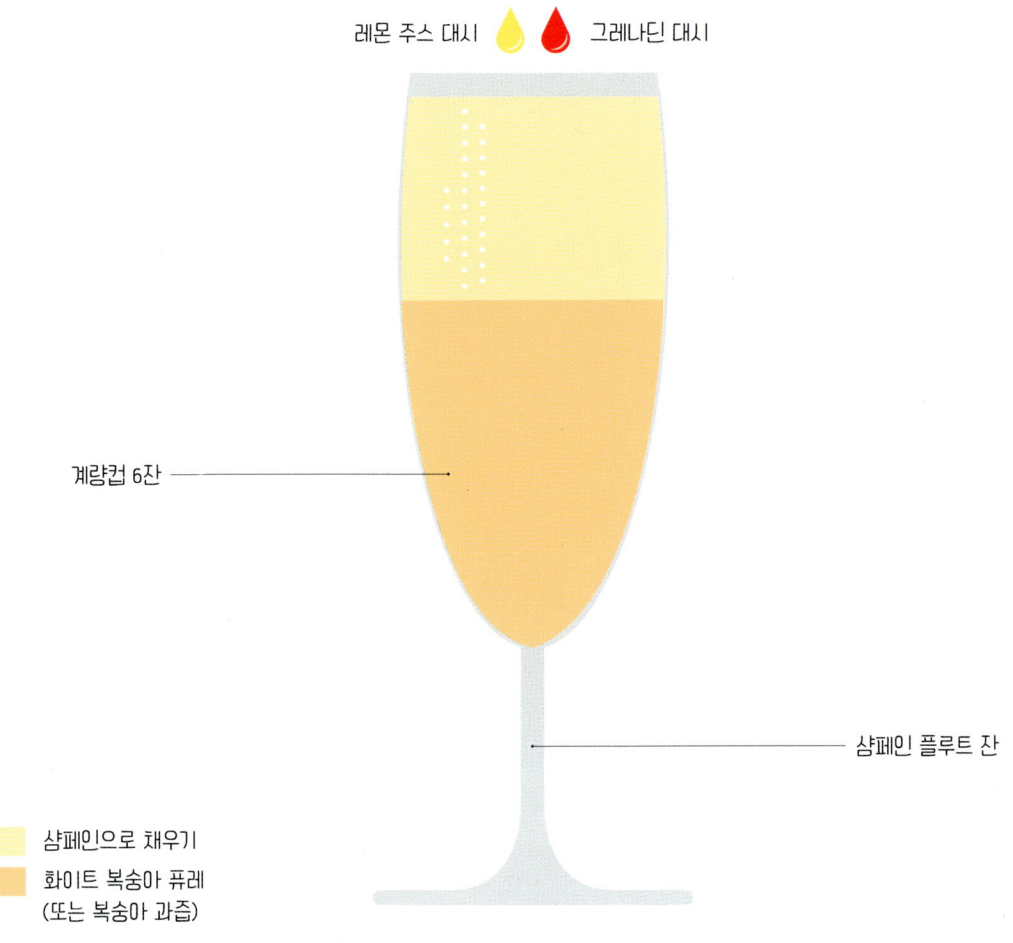

레몬 주스 대시   그레나딘 대시

계량컵 6잔

샴페인 플루트 잔

■ 샴페인으로 채우기
■ 화이트 복숭아 퓨레
　(또는 복숭아 과즙)

만드는 법

❶ 복숭아 퓨레, 그레나딘, 레몬 주스를 샴페인 플루트 잔에 넣어 함께 섞는다. ❷ 샴페인을 그 위에 넣은 후 서빙한다.

블러디 메리 Bloody Mary

TIP 타바스코 소스가 없다면 매운 페퍼 소스를 사용한다. 허브를 사용해 장식해도 된다.

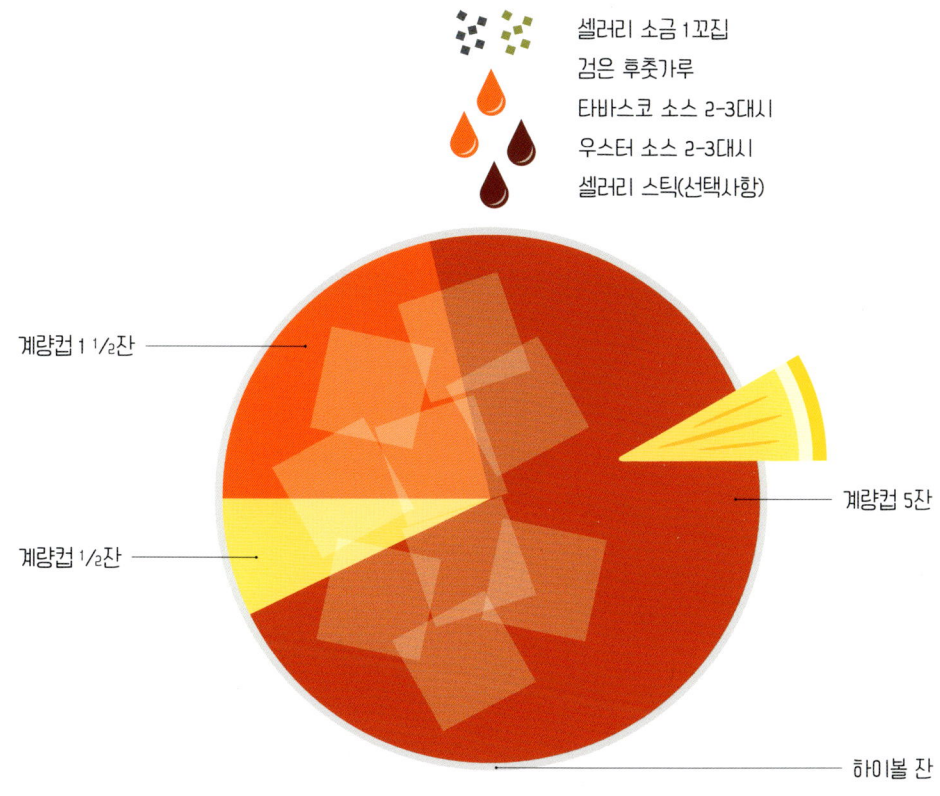

셀러리 소금 1꼬집
검은 후춧가루
타바스코 소스 2-3대시
우스터 소스 2-3대시
셀러리 스틱(선택사항)

계량컵 1 1/2잔
계량컵 5잔
계량컵 1/2잔
하이볼 잔

■ 신선한 레몬 주스
■ 토마토 주스
■ 보드카

만드는 법

1 하이볼 잔에 얼음을 넣은 후 토마토 주스와 레몬 주스를 넣는다. **2** 보드카를 넣는다. **3** 타바스코 소스와 우스터 소스를 넣은 후 잘 저어 준다. **4** 검은 후추를 넣는다. **5** 레몬 웨지와 휘젓개로 장식한다. 손님이 원한다면 셀러리 스틱과 함께 장식한다.

브랜디 알렉산더 Brandy Alexander

TIP 넛멕 Nutmeg 파우더를 칵테일 위에 뿌려도 된다.

계량컵 1잔
계량컵 1잔
계량컵 1잔

칵테일 잔

☐ 더블 크림
■ 브라운 크렘 드 카카오
■ 코냑

만드는 법

1 모든 재료를 쉐이커에 넣고 잘 흔들어 준다. 칵테일 잔에 따르고 서빙한다.

카이피리냐 Caipirinha

TIP 브라질 대표 칵테일이며, 브라질에서 가장 흔한 증류주인 카샤사를 사용해 만드는 칵테일이다. 라임 반 개 정도를 웨지 형태로 4등분한다.

캐스터 슈가 1티스푼

계량컵 2잔

올드 패션드 잔

카샤사

만드는 법

1 라임을 4등분하고 차가운 올드 패션드 잔 밑 부분에 넣는다. 2 설탕을 넣은 후 녹을 때까지 라임을 으깬다. 3 카샤사를 부은 후 큐브 얼음을 넣고 저어 준다.

코스모폴리탄 Cosmopolitan

TIP 크랜베리 주스를 계량컵으로 ½잔 정도 넣어도 된다.

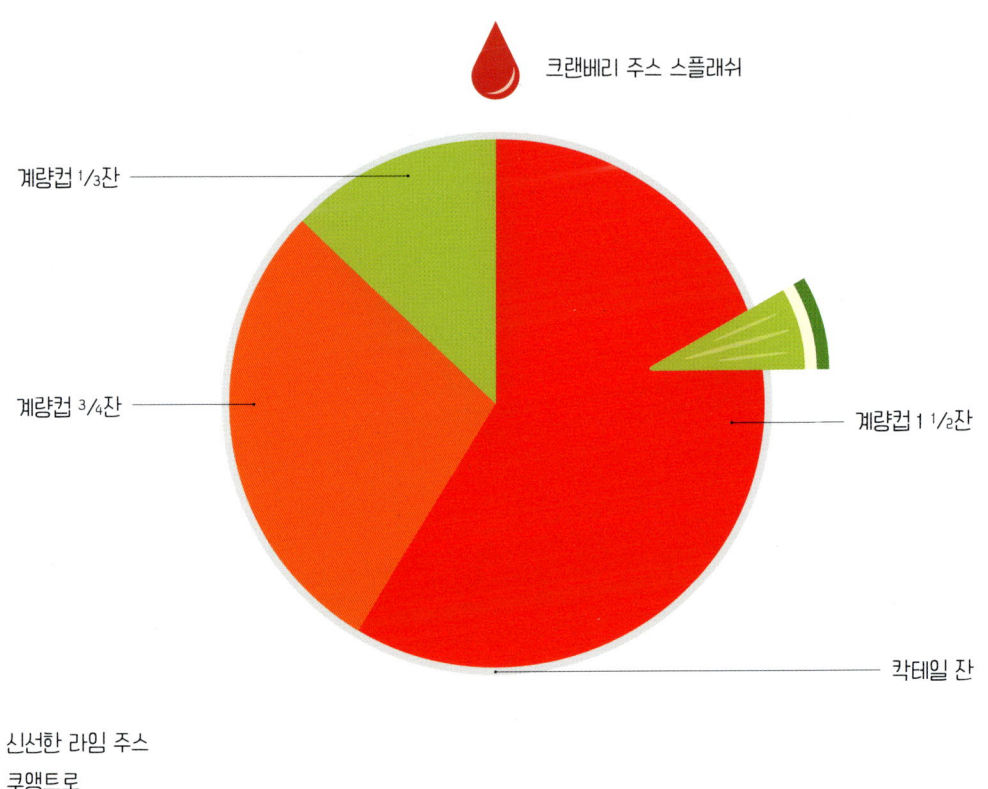

크랜베리 주스 스플래쉬
계량컵 1/3잔
계량컵 3/4잔
계량컵 1 1/2잔
칵테일 잔

- 신선한 라임 주스
- 쿠앵트로
- 보드카

만드는 법

1 모든 재료를 얼음과 함께 쉐이커에 넣은 후 흔들어 준다. 2 얼음을 걸러서 칵테일 잔에 따라 준다. 3 라임 웨지로 장식한다.

다이키리 Daiquiri

TIP 잔 얼음이 없다면 쉐이커에 큐브 얼음 4조각을 넣는다. 검 시럽이 없다면 설탕 1티스푼을 대신 넣어 준다.

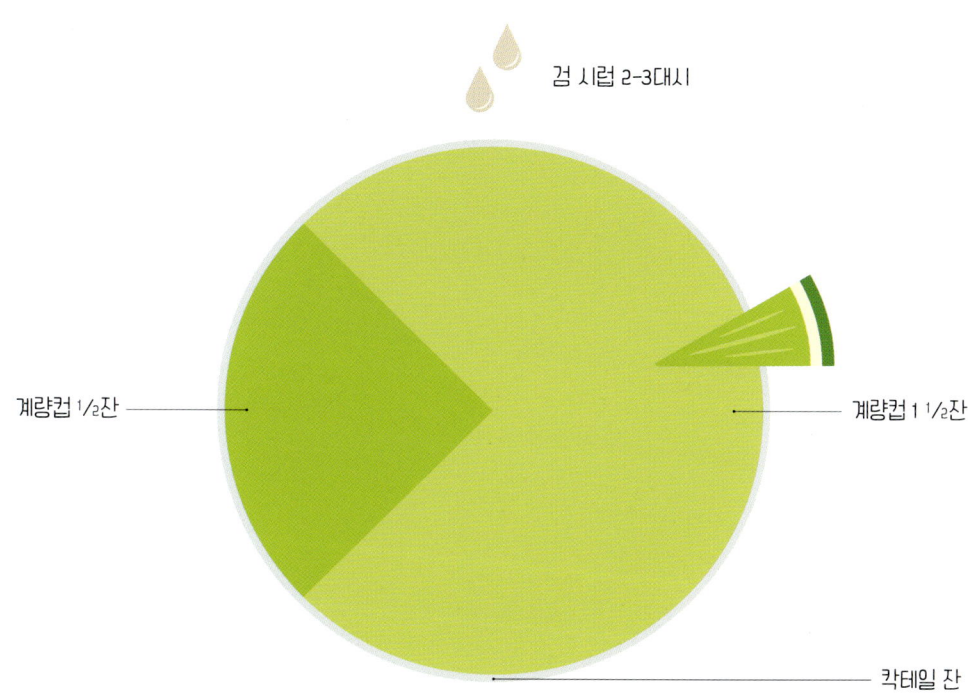

검 시럽 2-3대시

계량컵 1/2잔

계량컵 1 1/2잔

칵테일 잔

■ 라임 주스
■ 화이트 럼

만드는 법

1 쉐이커에 잔 얼음과 재료를 넣고 흔들어 준다. **2** 얼음을 잘 걸러서 차가운 칵테일 잔에 따른 후 라임 웨지로 장식한다.

김렛 Gimlet

TIP 진 대신에 보드카를 넣으면 보드카 김렛Vodka Gimlet 칵테일이다.

계량컵 1잔

계량컵 2잔

칵테일 잔

■ 라임 코디얼
■ 진 또는 보드카

만드는 법

1 얼음 위에 진(또는 보드카), 라임 코디얼을 칵테일 잔에 따른 후 라임 웨지와 함께 서빙한다.

맨해튼 Manhattan

TIP 호밀 위스키 대신에 캐나디안 위스키를 넣어도 된다.

만드는 법

1️⃣ 믹싱 글라스에 모든 재료를 넣은 후 저어 준다. 2️⃣ 칵테일 잔에 따른다. 3️⃣ 마라스키노 체리를 잔에 넣고 잔에 가라앉는 모습을 감상한다.

롱 아일랜드 아이스티 Long Island Iced Tea

TIP 콜라를 넣지 않고 파인애플 주스를 계량컵 1잔 정도 넣으면 하와이안 아이스티 Hawaiian Iced Tea 칵테일을 만들 수 있다.

갓 짜낸 라임 과즙(라임 1/2개)
콜라 대시

계량컵 3/4잔
계량컵 1/4잔
계량컵 3/4잔
계량컵 3/4잔
계량컵 3/4잔
계량컵 3/4잔
콜린스 잔

- 오렌지 주스
- 트리플 섹
- 테킬라
- 진
- 보드카
- 라이트 럼

만드는 법

1 라임을 짜서 콜린스 잔에 넣은 후 큐브 얼음, 증류주, 트리플 섹, 오렌지 주스를 넣어 준다. **2** 잘 저은 후 그 위에 콜라를 넣어 준다.

마이 타이 넘버 원 Mai Tai No.1

TIP 다크 럼을 계량컵 ½잔 정도 칵테일에 넣을 수 있다.

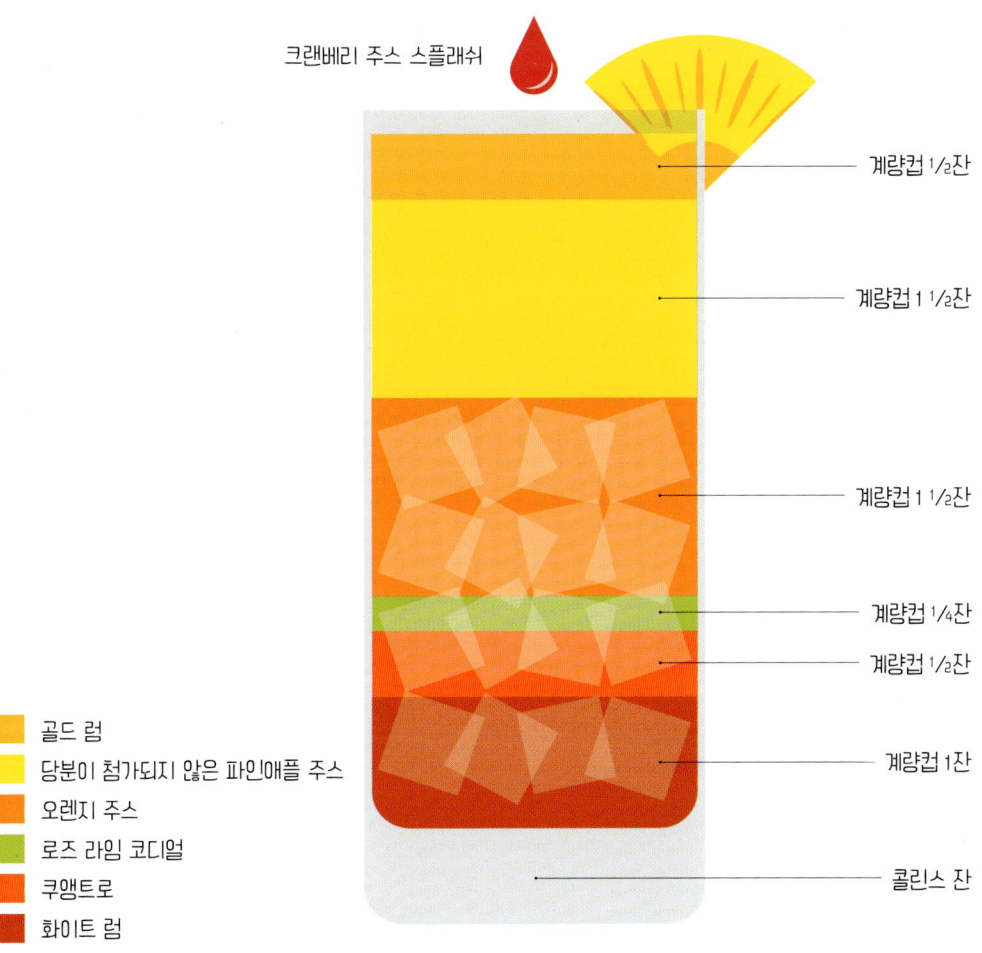

만드는 법

1 화이트 럼, 쿠앵트로, 라임 코디얼, 주스를 쉐이커에 넣고 흔들어 준다. 얼음이 반 정도 찬 콜린스 잔에 따라 준다. **2** 그레나딘과 골드 럼을 넣고 파인애플 웨지로 장식한다.

마가리타 Margarita

TIP 잔 얼음이 없다면 쉐이커에 큐브 얼음 4조각을 넣으면 된다.

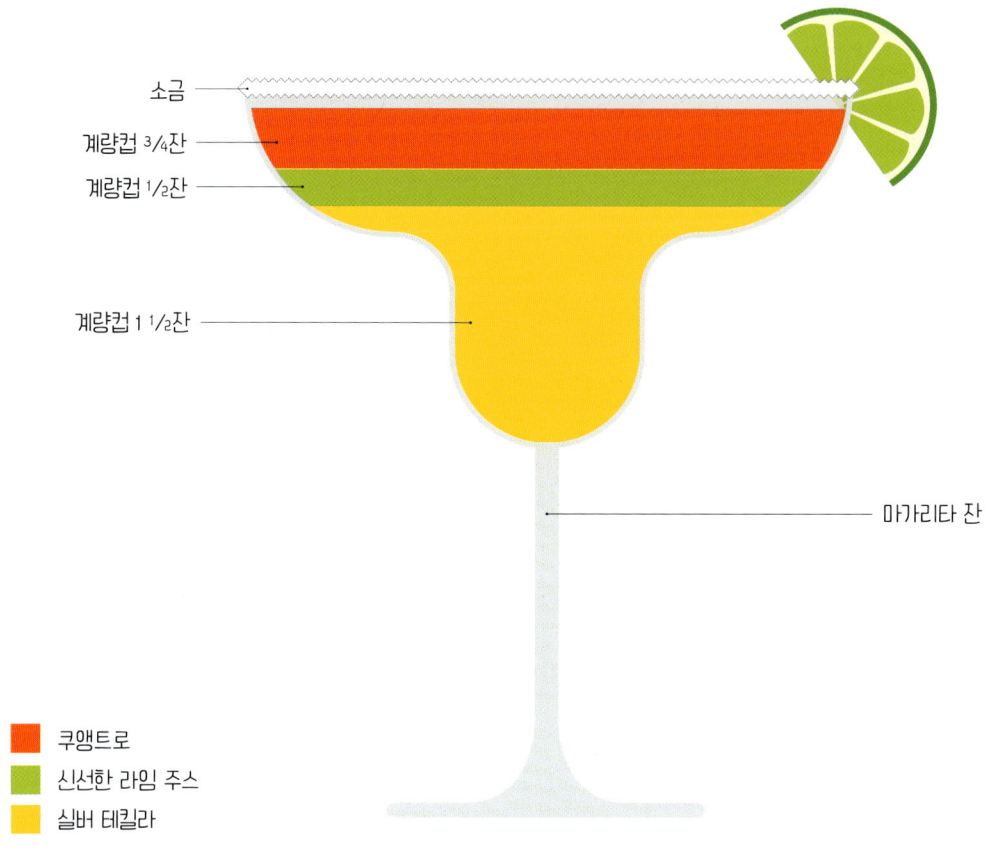

소금
계량컵 3/4잔
계량컵 1/2잔
계량컵 1 1/2잔
마가리타 잔

- 쿠앵트로
- 신선한 라임 주스
- 실버 테킬라

만드는 법

1 라임 웨지를 마가리타 잔 림 주변에 문지르고 소금이 담겨 있는 접시에 담가 소금을 묻힌다. **2** 잔 얼음과 모든 재료를 함께 쉐이커에 넣은 후 흔들어 준다. **3** 얼음을 걸러서 따라 준다. **4** 라임 슬라이스로 장식한다.

마티니 Martini

TIP 진과 드라이 버무스의 혼합 비율에 따라 드라이 마티니, 엑스트라 등 여러 종류로 나뉜다.

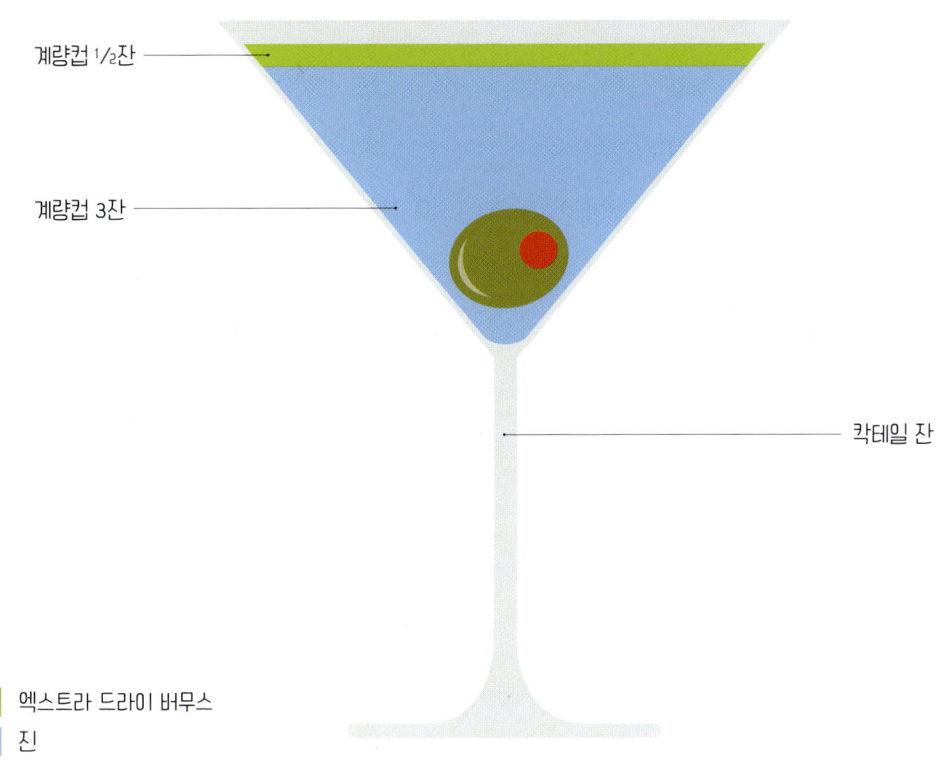

계량컵 1/2잔

계량컵 3잔

칵테일 잔

■ 엑스트라 드라이 버무스
■ 진

만드는 법

1 가장 차가운 얼음이 들어 있는 믹싱 글라스에 드라이 버무스를 넣어 준다. **2** 얼음 밑으로 흘러가게 한 후 따라 준다. **3** 차가운 진을 넣고 바스푼으로 빠르게 저어 준다. **4** 차가운 칵테일 잔에 따라 준다. **5** 서빙하기 전에 얇은 레몬 트위스트나 올리브를 넣는다.

민트 줄렙 Mint Julep

TIP 상쾌한 민트 향이 나는 줄렙 스타일의 롱 드링크이다.

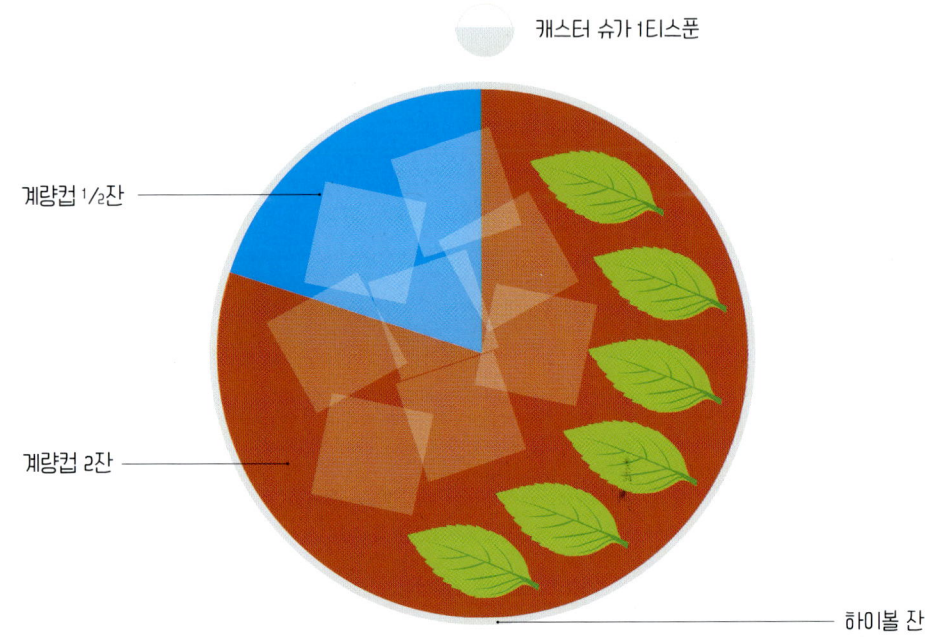

캐스터 슈가 1티스푼
계량컵 1/2잔
계량컵 2잔
하이볼 잔

■ 차가운 생수
■ 버번

만드는 법

1 하이볼 잔에 민트를 넣은 후 설탕과 물을 넣는다. **2** 약 1분간 민트를 으깬다. **3** 버번을 넣는다. **4** 잘게 부순 얼음을 넣은 후 저어 준다. **5** 민트로 장식한다. **6** 빨대와 휘젓개를 같이 서빙한다.

네그로니 Negroni

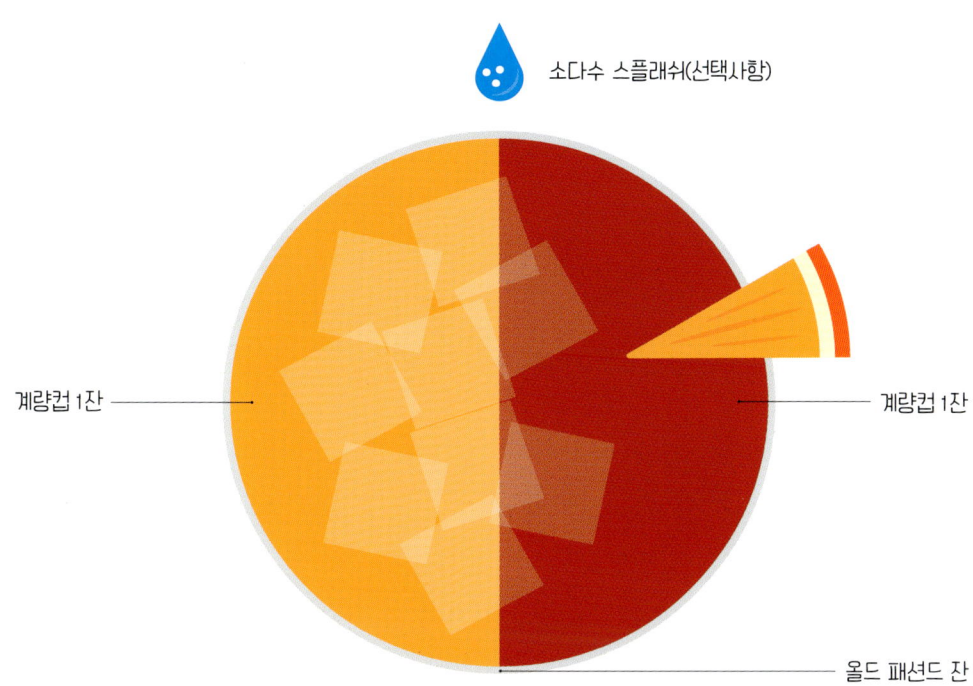

- 스위트 버무스
- 캄파리

만드는 법

1 캄파리와 스위트 버무스를 얼음을 넣은 올드 패션드 잔에 넣은 후 저어 준다. **2** 소다수를 넣는다(선택사항). 오렌지 슬라이스로 장식한 후 서빙한다.

올드 패션드 Old-Fashioned

TIP 조주 시 각설탕 1개를 먼저 넣은 후 앙고스트라 비터스와 버번을 넣고 머들러로 으깨 준다. 머들러가 없다면, 바스푼으로 설탕을 반으로 으깨면 좀 더 빨리 설탕을 녹일 수 있다.

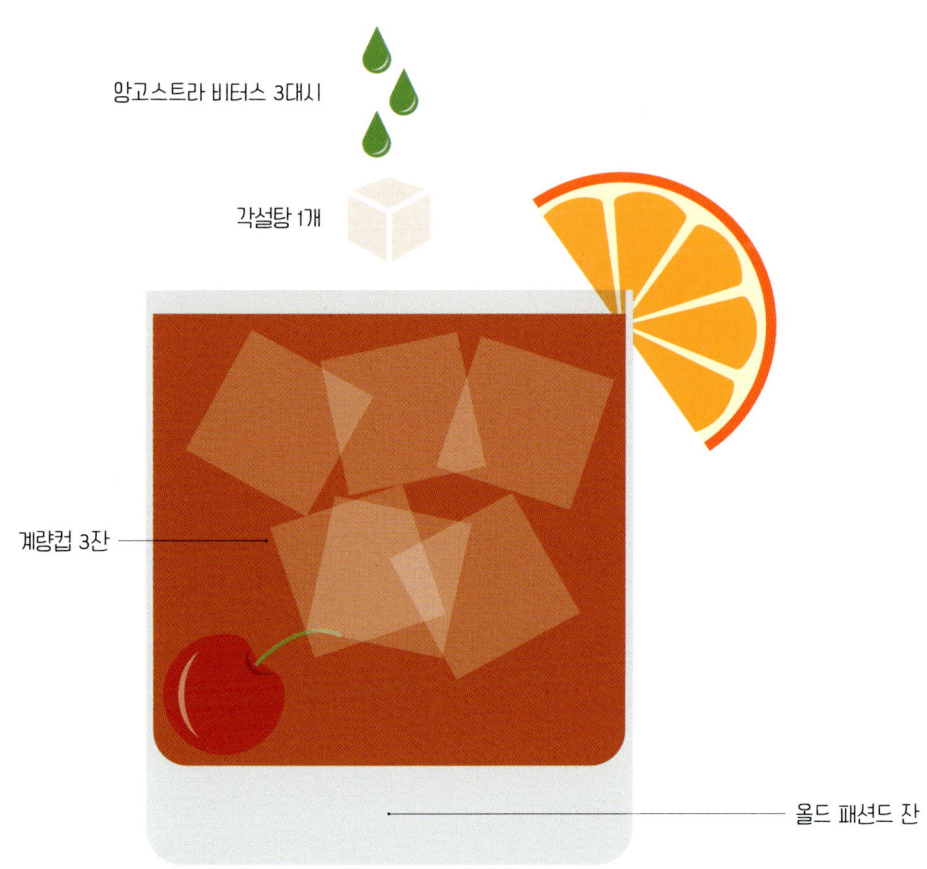

앙고스트라 비터스 3대시
각설탕 1개
계량컵 3잔
올드 패션드 잔
버번

만드는 법

1 앙고스트라 비터스, 각설탕, 버번 대시를 올드 패션드 잔에 넣은 후 으깬다. **2** 큐브 얼음 2개와 버번(계량컵 1잔)을 넣은 후 저어 준다. **3** 오렌지를 짜서 과즙을 잔에 넣는다. 큐브 얼음 2개와 버번(계량컵 1잔)을 넣은 후 저어 준다. **4** 큐브 얼음 2개, 버번(계량컵 1잔), 오렌지 슬라이스, 체리를 넣은 후 서빙한다.

피스코 사워 Pisco Sour

TIP 달걀흰자를 사용하기 때문에 흔들(쉐이킹) 때 잘 섞이도록 더 많이 흔든다(40회 이상 또는 20초 정도).

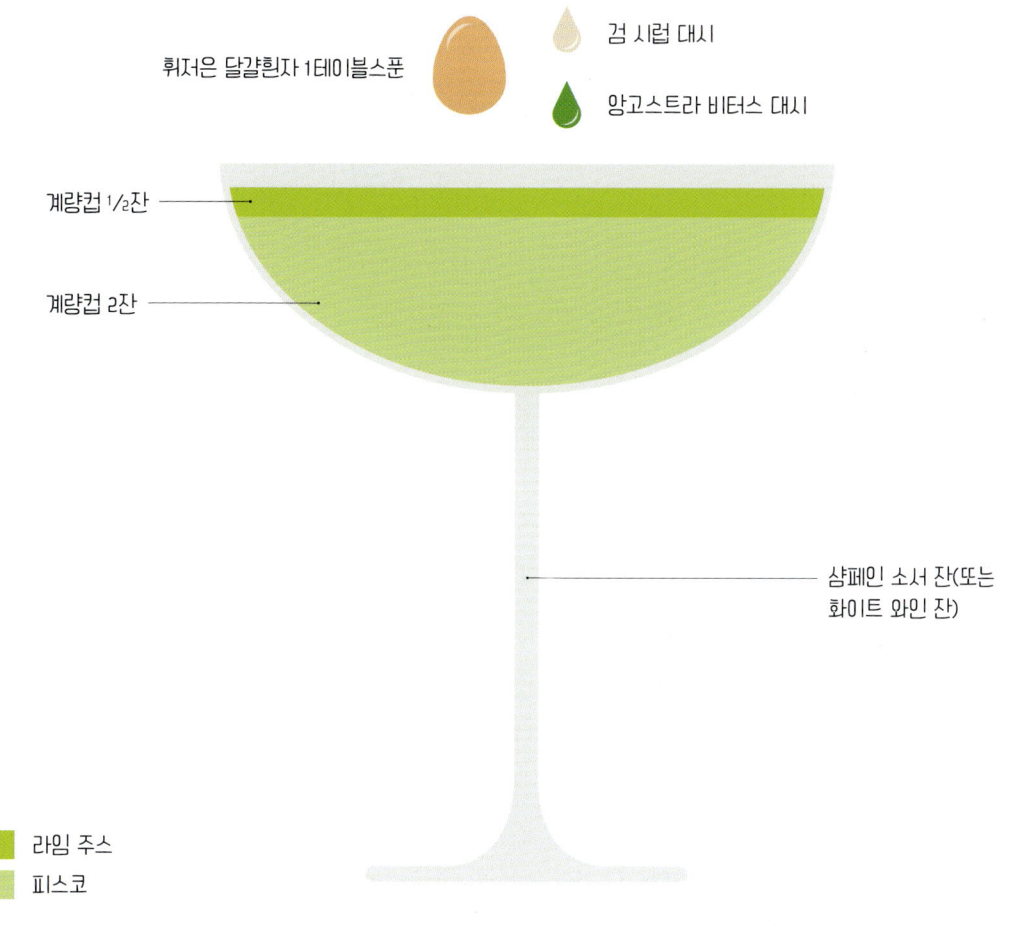

휘저은 달걀흰자 1테이블스푼
검 시럽 대시
앙고스트라 비터스 대시
계량컵 1/2잔
계량컵 2잔
샴페인 소서 잔(또는 화이트 와인 잔)

■ 라임 주스
■ 피스코

만드는 법

1 모든 재료를 얼음과 함께 쉐이커에 넣고 흔들어 준다. **2** 얼음을 걸러서 화이트 와인 잔 또는 샴페인 소서 잔에 따른다.

사이드카 Sidecar

TIP 잔 얼음이 없다면 쉐이커에 큐브 얼음 4조각을 넣으면 된다.

- 계량컵 2/3잔
- 계량컵 2/3잔
- 계량컵 1잔

- 신선한 레몬 주스
- 쿠앵트로
- 브랜디

칵테일 잔

만드는 법

1 잔 얼음과 재료를 쉐이커에 넣는다. **2** 흔들어 주고 얼음을 걸러서 차가운 칵테일 잔에 따라 준다. **3** 레몬 웨지로 장식한다.

싱가포르 슬링 Singapore Sling

TIP 앙고스트라 비터스 대시를 넣어도 된다.

- 파인애플 주스
- 오렌지 주스
- 라임 주스
- 베네딕틴
- 쿠앵트로
- 체리 브랜디
- 진

- 계량컵 2잔
- 계량컵 2잔
- 계량컵 1/4잔
- 계량컵 1/4잔
- 계량컵 1/4잔
- 계량컵 1/2잔
- 계량컵 1/2잔
- 하이볼 잔

만드는 법

1 얼음과 함께 재료를 쉐이커에 넣는다. **2** 흔들어 섞은 후 얼음을 걸러서 얼음이 담긴 하이볼 잔에 따라 준다. **3** 파인애플 슬라이스와 마라스키노 체리로 장식한다. 빨대와 휘젓개와 함께 서빙한다.

톰 콜린스 Tom Collins

TIP 원래 톰 콜린스 칵테일은 올드 톰 진Old Tom Gin을 사용해서 만들었다.

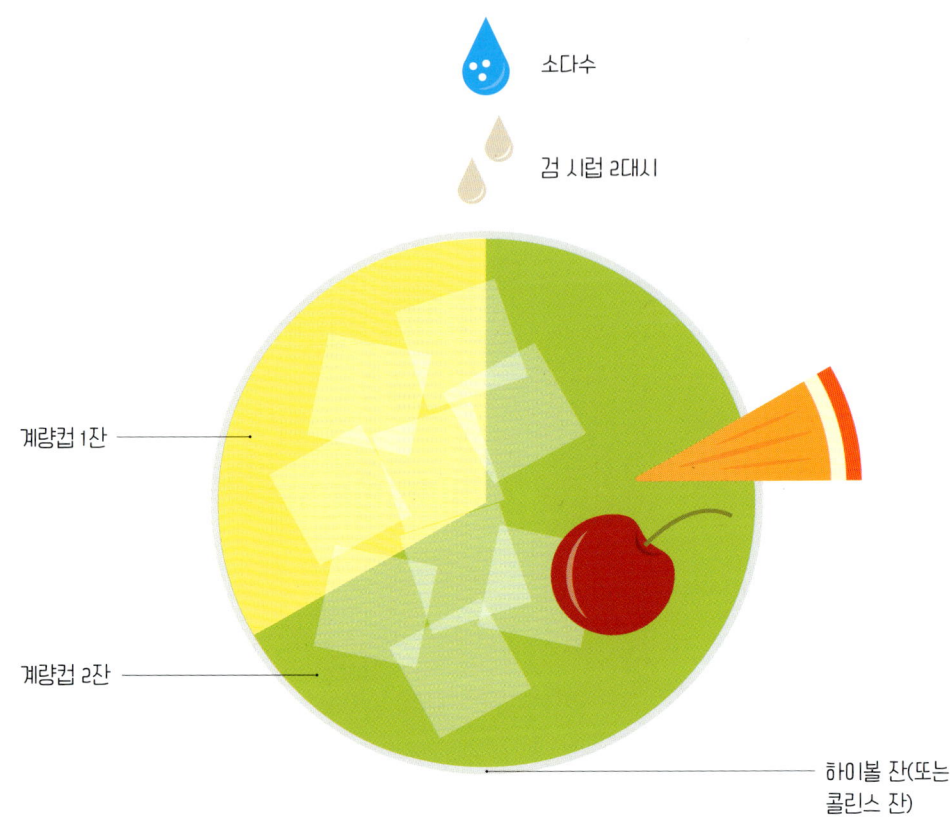

- 소다수
- 검 시럽 2대시
- 계량컵 1잔
- 계량컵 2잔
- 하이볼 잔(또는 콜린스 잔)
- 신선한 레몬 주스
- 런던 드라이 진

만드는 법

1 진, 레몬 주스, 시럽을 얼음이 가득 담긴 콜린스 잔(또는 하이볼 잔)에 넣는다. **2** 그 위를 소다수로 채워 준다. **3** 오렌지 슬라이스와 마라스키노 체리를 넣는다. 또는, 체리와 라임 슬라이스를 넣는다. 휘젓개와 함께 서빙한다.

위스키 사워 Whisky Sour

TIP 달걀흰자를 사용하기 때문에 더 많이 흔들어 준디(40회 이상 또는 20초 정도). 풀 바디인 레드 와인을 칵테일 위에 띄우면 뉴욕 사워New York Sour 칵테일이 된다.

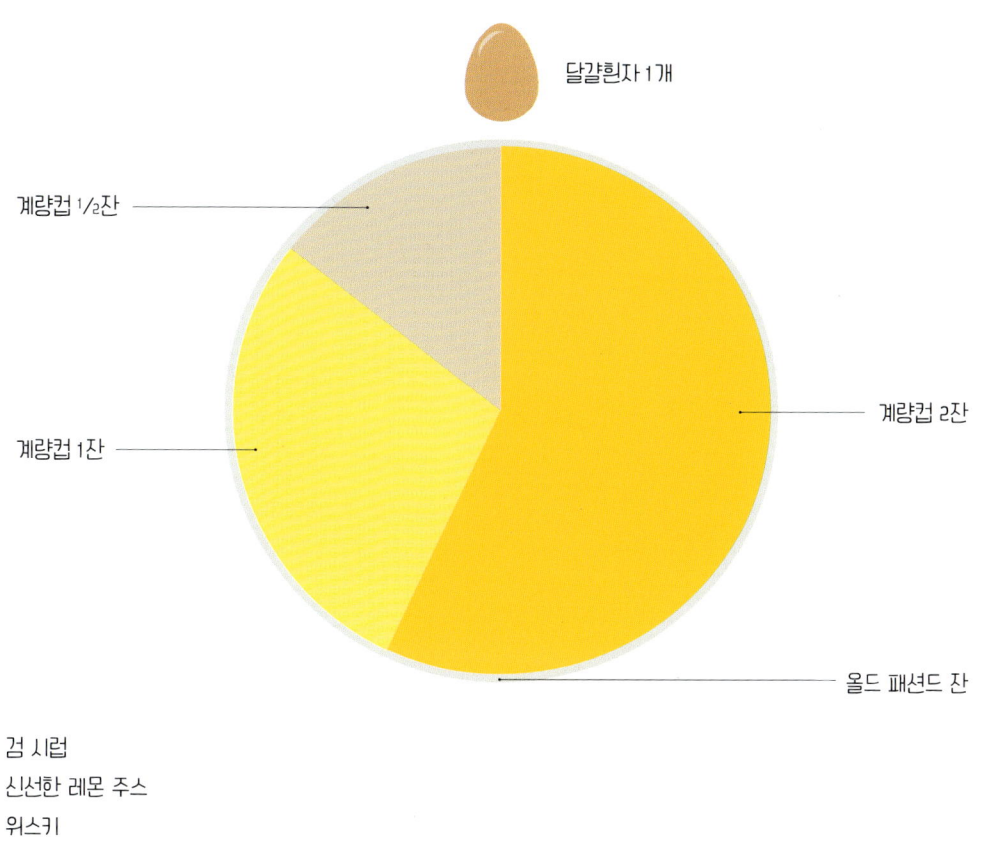

만드는 법

1. 위스키, 레몬 주스, 검 시럽을 쉐이커에 넣어 잘 섞는다. 올드 패션드 잔에 따르고 서빙한다.

보드카 Vodka

에비에이션 2 Aviation 2

TIP 오리지널 에비에이션 칵테일과 다르게, 에비에이션 2 칵테일은 크렘 드 바이올렛Crème de Violette을 사용하지 않는다. 보드카 대신에 진을 사용해도 된다.

- 계량컵 2/3잔 — 갓 짜낸 레몬 과즙
- 계량컵 1잔 — 마라스키노 리큐어
- 계량컵 2잔 — 보드카
- 칵테일 잔

만드는 법

1 모든 재료를 쉐이커에 넣고 흔들어 준다. 칵테일 잔에 따라 준다. **2** 마라스키노 체리와 레몬 트위스트로 장식한다.

비키니 Bikini

TIP 레몬 주스를 계량컵 ½잔 정도 넣어도 된다.

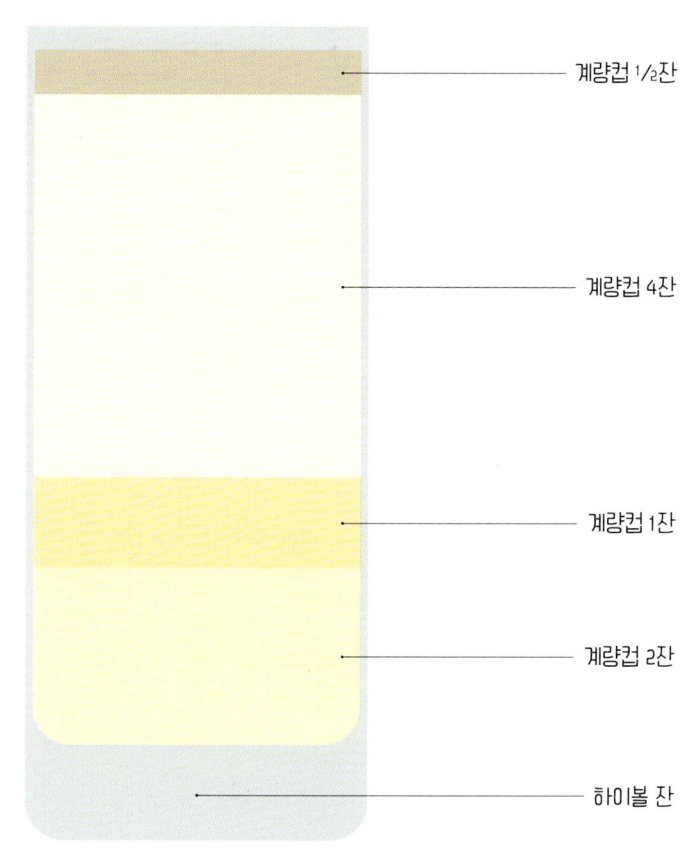

- 검 시럽 — 계량컵 ½잔
- 우유 또는 싱글 크림 — 계량컵 4잔
- 화이트 럼 — 계량컵 1잔
- 보드카 — 계량컵 2잔
- 하이볼 잔

만드는 법

1. 모든 재료를 쉐이커에 넣은 후 흔들어 준다. 하이볼 잔에 따라 서빙한다.

블랙 매직 Black Magic

TIP 칼루아 대신 커피를 넣어도 된다.

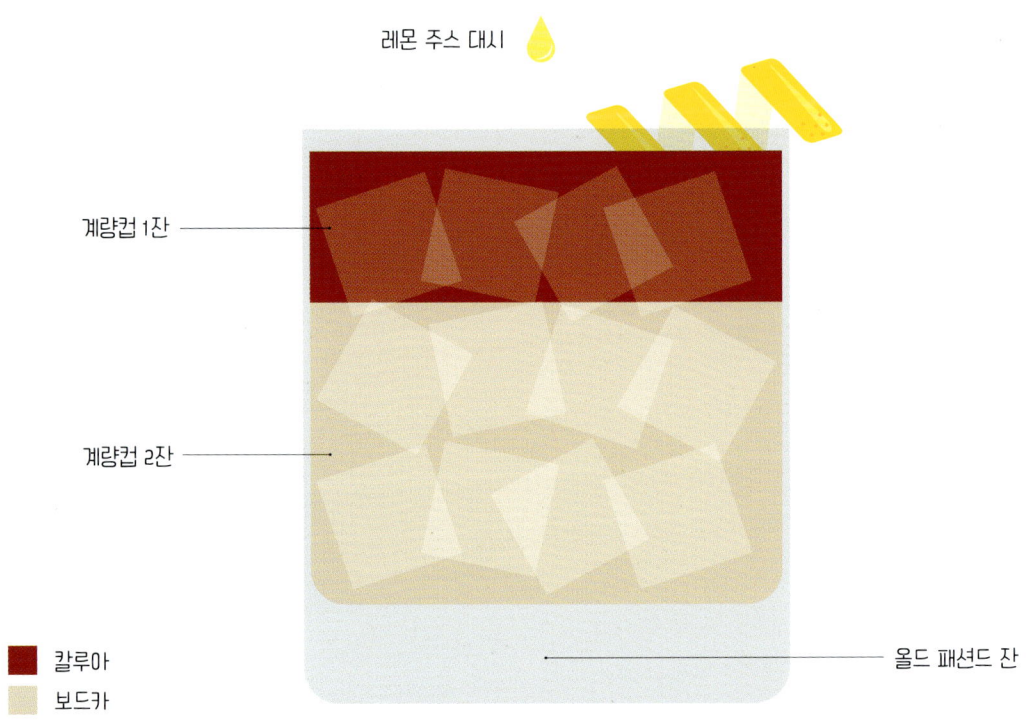

- 계량컵 1잔
- 계량컵 2잔
- 레몬 주스 대시
- 올드 패션드 잔
- 칼루아
- 보드카

만드는 법

1 모든 재료를 넣고 저은 후 얼음이 담긴 올드 패션드 잔에 따라 준다. 2 레몬 트위스트와 함께 서빙한다.

블랙 러시안 Black Russian

TIP 잘게 부순 얼음이 없다면 큐브 얼음 4조각을 넣어 준다.

계량컵 ²/₃잔

계량컵 1잔

올드 패션드 잔

■ 칼루아
■ 보드카

만드는 법

1 보드카를 부은 후 칼루아를 올드 패션드 잔에 넣고 서빙하거나 잘게 부순 얼음을 추가로 넣는다.

불샷 Bullshot

TIP 하이볼 잔 림 주변에 소금을 묻혀도 된다.

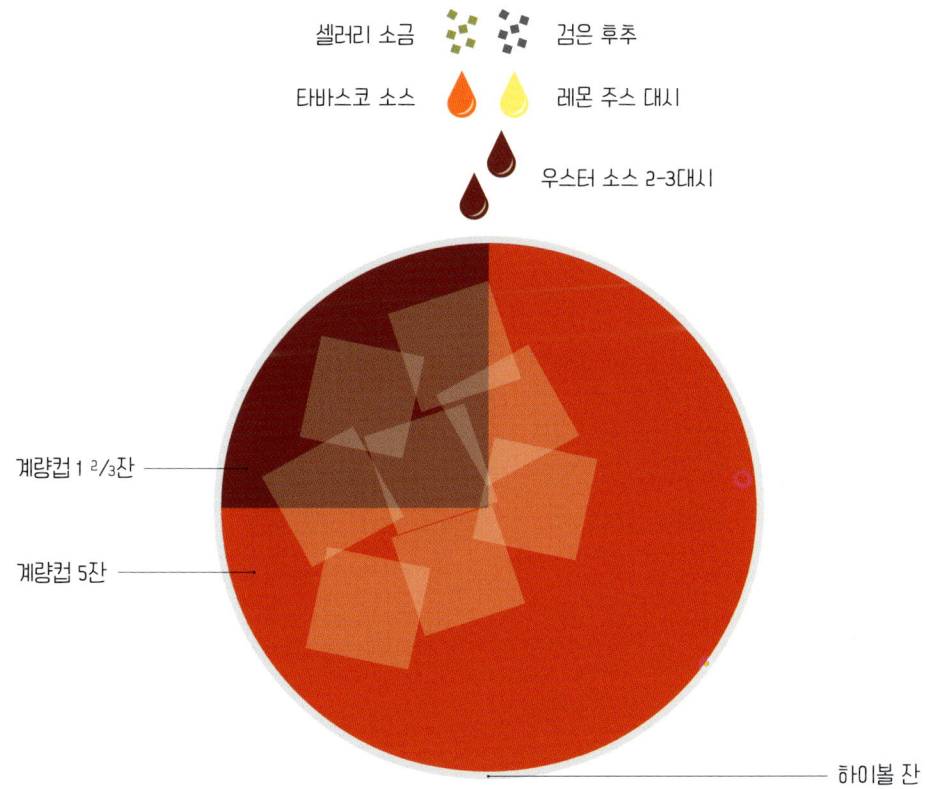

- 셀러리 소금
- 검은 후추
- 타바스코 소스
- 레몬 주스 대시
- 우스터 소스 2-3대시
- 계량컵 1 ²/₃잔
- 계량컵 5잔
- 하이볼 잔

■ 보드카
■ 비프 부용

만드는 법

1 비프 부용, 레몬 주스, 타바스코 소스, 우스터 소스, 보드카를 쉐이커에 넣은 후 흔들어 준다. **2** 큐브 얼음이 가득 담긴 하이볼 잔에 따른다. **3** 검은 후추를 넣는다. **4** 휘젓개와 함께 서빙한다.

케이프 코더 Cape Codder

TIP 오이를 추가적으로 넣으면 오이 케이프 코더가 된다.

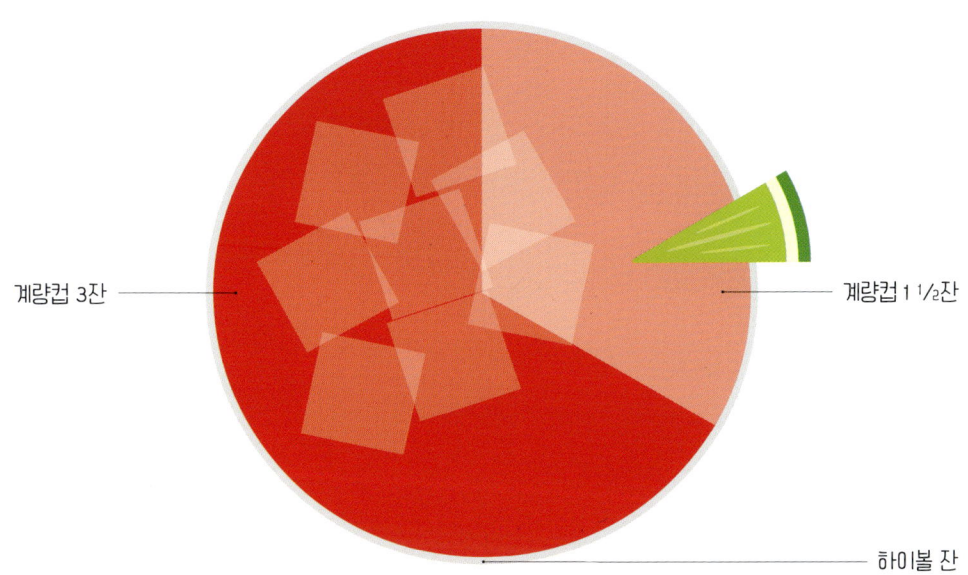

계량컵 3잔
계량컵 1 1/2잔
하이볼 잔

■ 크랜베리 주스
■ 보드카

만드는 법

1 보드카와 크랜베리 주스를 얼음이 담긴 하이볼 잔에 따라 준다. **2** 잘 저어 준 후 라임을 추가해 서빙한다.

프렌치 키스 French Kiss

TIP 라즈베리를 넣어 장식할 수 있다.

- 계량컵 1잔
- 계량컵 1/2잔
- 계량컵 1잔
- 계량컵 1잔
- 칵테일 잔

- 더블 크림
- 화이트 크렘 드 카카오
- 크렘 드 뮈르
- 보드카

만드는 법

1 모든 재료를 쉐이커에 넣고 잘 섞은 뒤 칵테일 잔에 따라 준다.

프렌치 마티니 French Martini

TIP 파인애플 웨지나 라즈베리를 넣어서 장식할 수 있다.

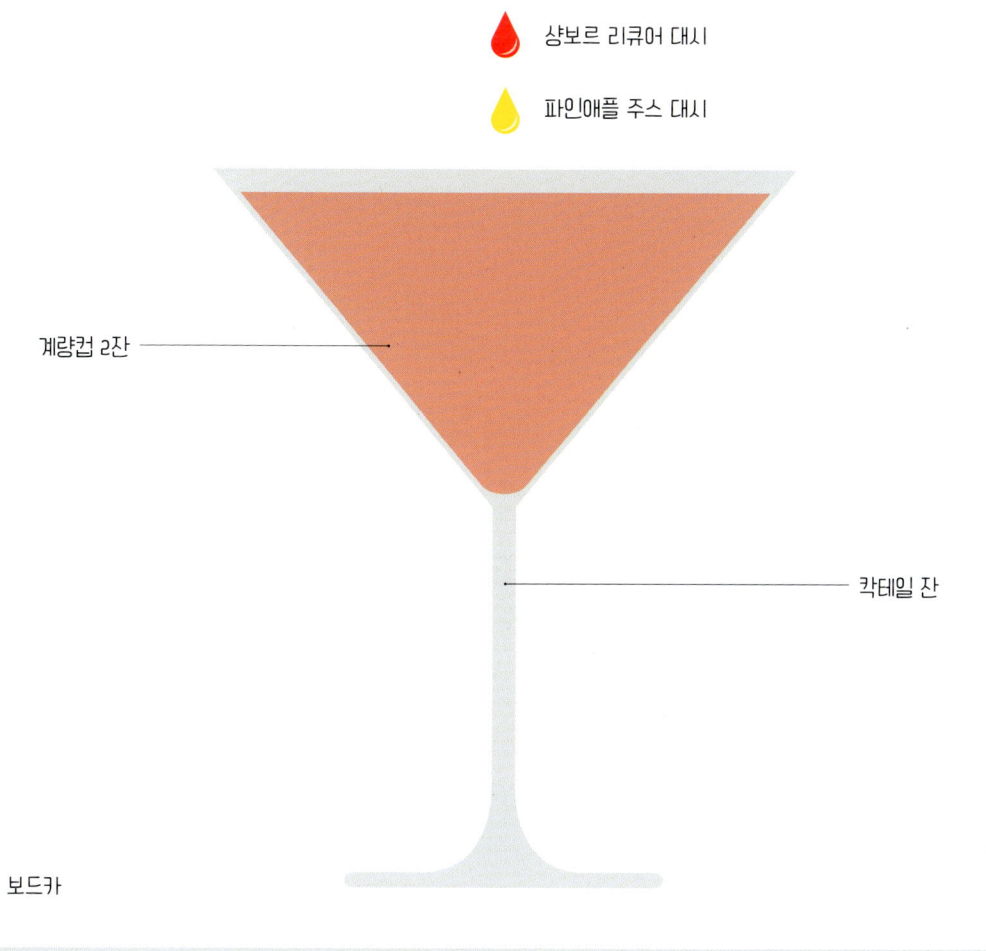

- 샹보르 리큐어 대시
- 파인애플 주스 대시
- 계량컵 2잔
- 칵테일 잔
- 보드카

만드는 법

1. 모든 재료를 쉐이커에 넣고 흔들어 준 뒤, 칵테일 잔에 따른다.

하비 웰뱅거 Harvey Wallbanger

TIP 바스푼을 사용해 갈리아노를 띄운다.

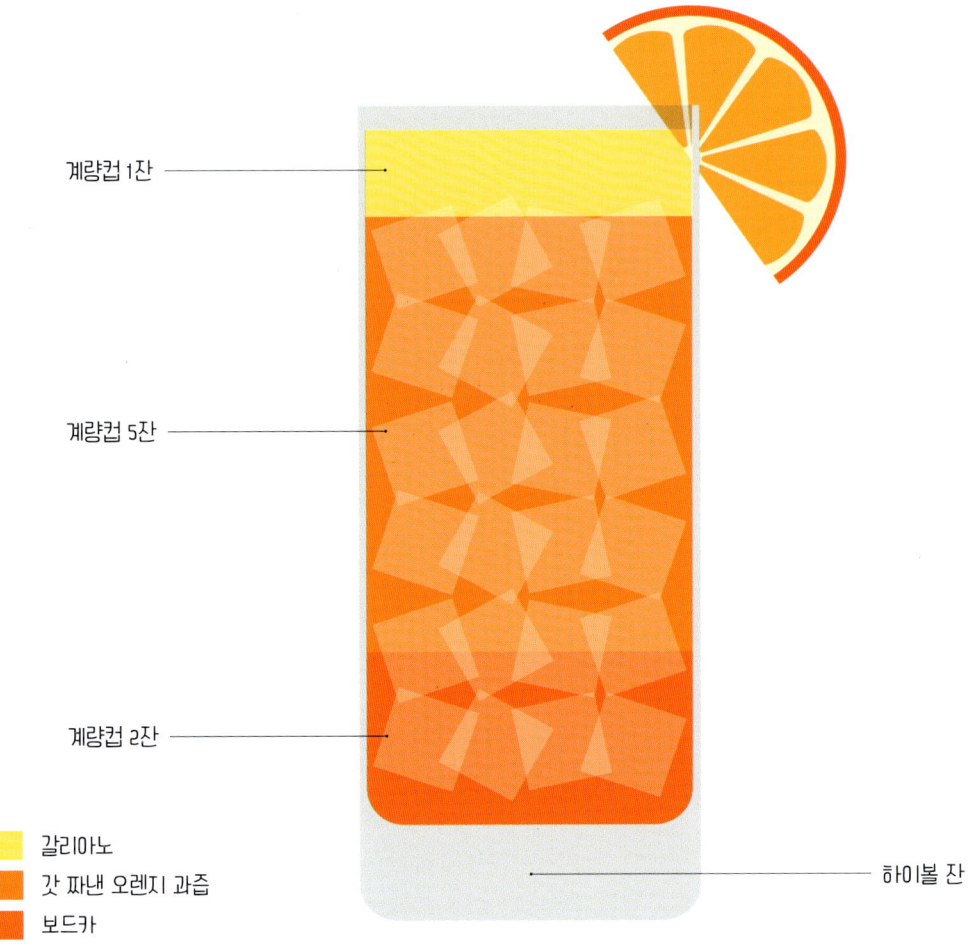

- 계량컵 1잔 — 갈리아노
- 계량컵 5잔 — 갓 짜낸 오렌지 과즙
- 계량컵 2잔 — 보드카
- 하이볼 잔

만드는 법

1 보드카와 오렌지 과즙을 얼음이 가득 찬 하이볼 잔에 따른 후 저어 준다. **2** 갈리아노를 그 위에 띄워 준다. **3** 오렌지 슬라이스로 장식하고 휘젓개와 함께 서빙한다.

조 콜린스 Joe Collins

TIP 레몬 슬라이스로 상식할 수 있다.

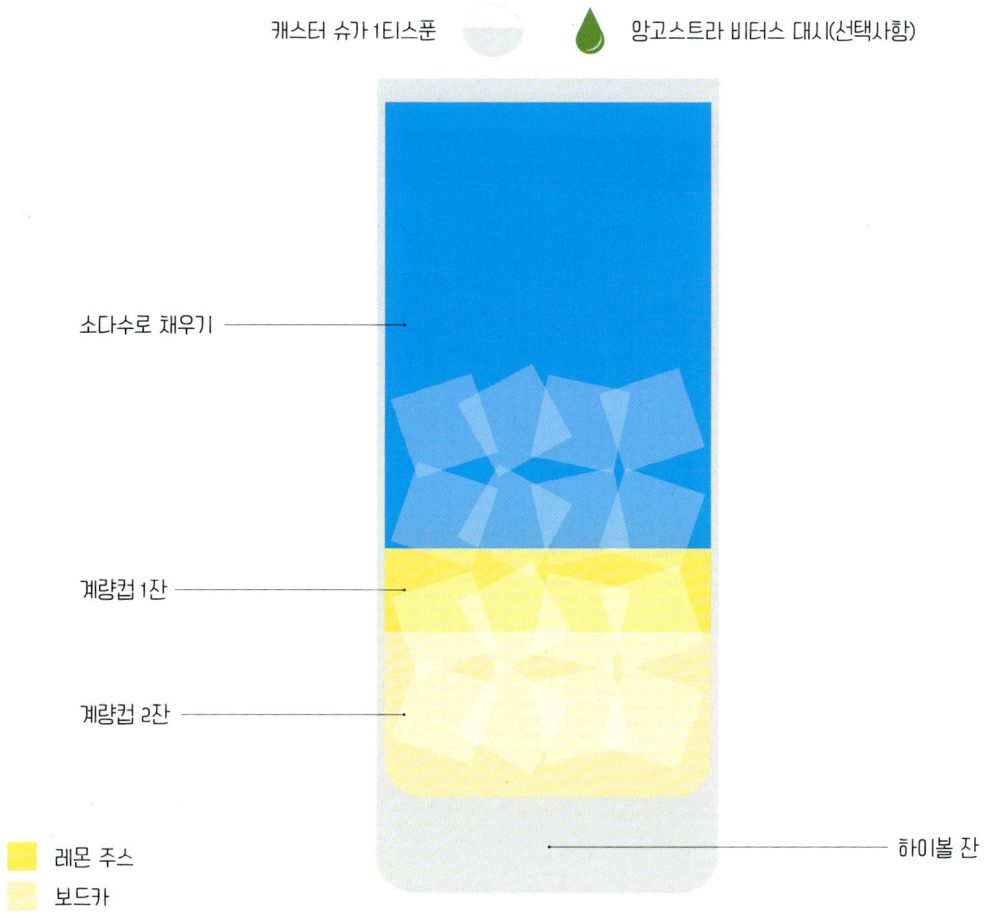

만드는 법

1 보드카, 레몬 주스, 설탕, 앙고스트라 비터스를 얼음이 반 쯤 찬 잔에 넣은 후 잘 섞이도록 저어 준다. 2 소다수로 채워 준다. 3 부드럽게 저어 준다.

러브 포 세일 Love for Sale

TIP 마라스키노 체리는 생략해도 괜찮다.

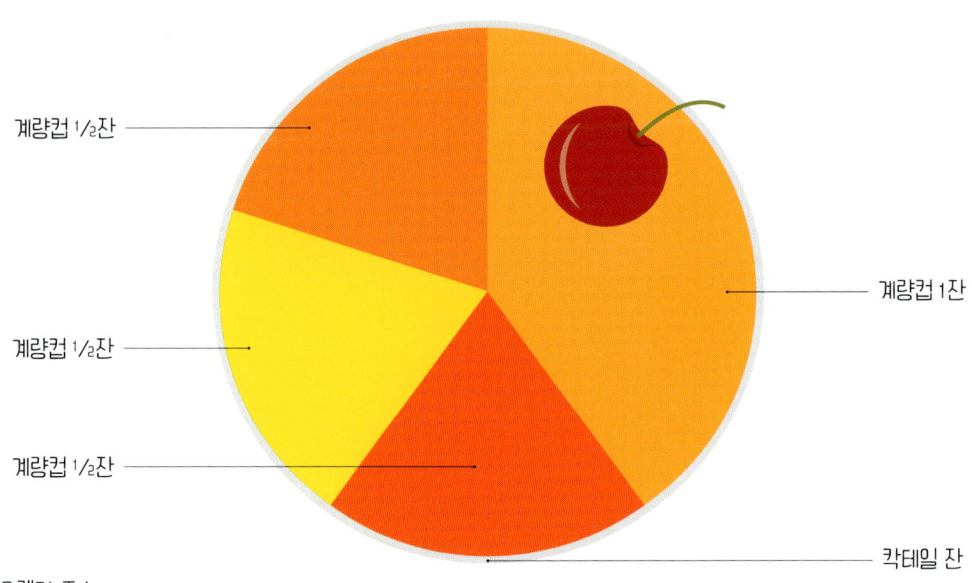

계량컵 1/2잔 —
계량컵 1/2잔 —
계량컵 1/2잔 —
계량컵 1잔
칵테일 잔

- 오렌지 주스
- 파인애플 주스
- 패션 프루트 리큐어
- 앱솔루트 만다린 보드카

만드는 법

1 모든 재료를 얼음과 함께 쉐이커에 넣은 후 흔들어 준다. 얼음을 잘 걸러서 차가운 칵테일잔에 따라 준다. **2** 마라스키노 체리로 장식한다.

리치 마티니 Lychee Martini

TIP 리치Lychee를 넣어서 장식한다.

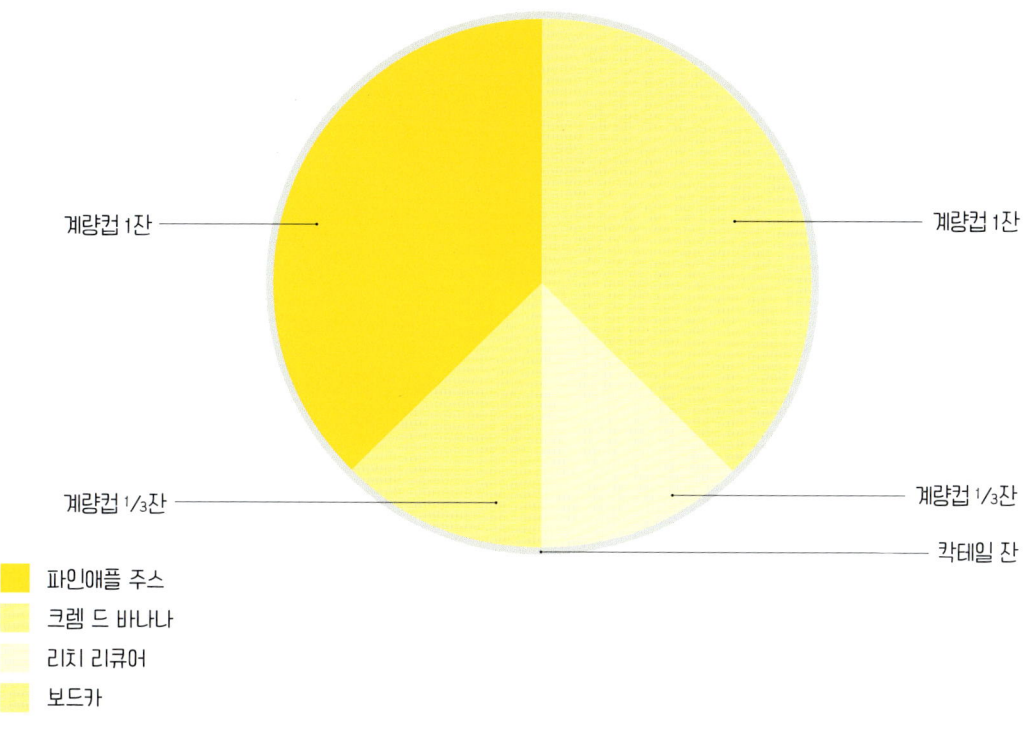

계량컵 1잔
계량컵 1잔
계량컵 1/3잔
계량컵 1/3잔
칵테일 잔

- 파인애플 주스
- 크렘 드 바나나
- 리치 리큐어
- 보드카

만드는 법

1. 모든 재료를 쉐이커에 넣고 흔들어 준다. 2. 칵테일 잔에 따라 준다.

메트로폴리스 Metropolis

TIP 자몽 제스트로 장식할 수 있다.

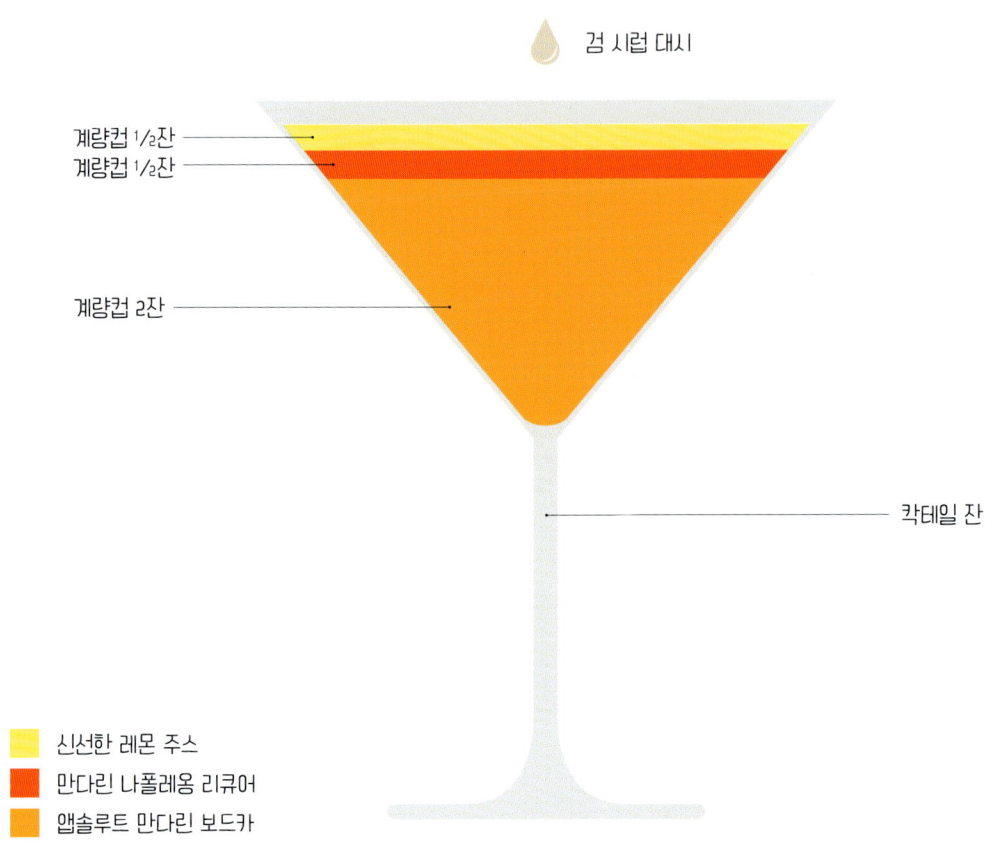

검 시럽 대시
계량컵 1/2잔
계량컵 1/2잔
계량컵 2잔
칵테일 잔

■ 신선한 레몬 주스
■ 만다린 나폴레옹 리큐어
■ 앱솔루트 만다린 보드카

만드는 법

1 모든 재료를 얼음과 함께 쉐이커에 넣고 흔들어 준 후, 얼음을 걸러서 칵테일 잔에 따라 준다.

머드슬라이드 Mudslide

TIP 잔 얼음이 없다면 큐브 얼음 4조각을 넣어 준다.

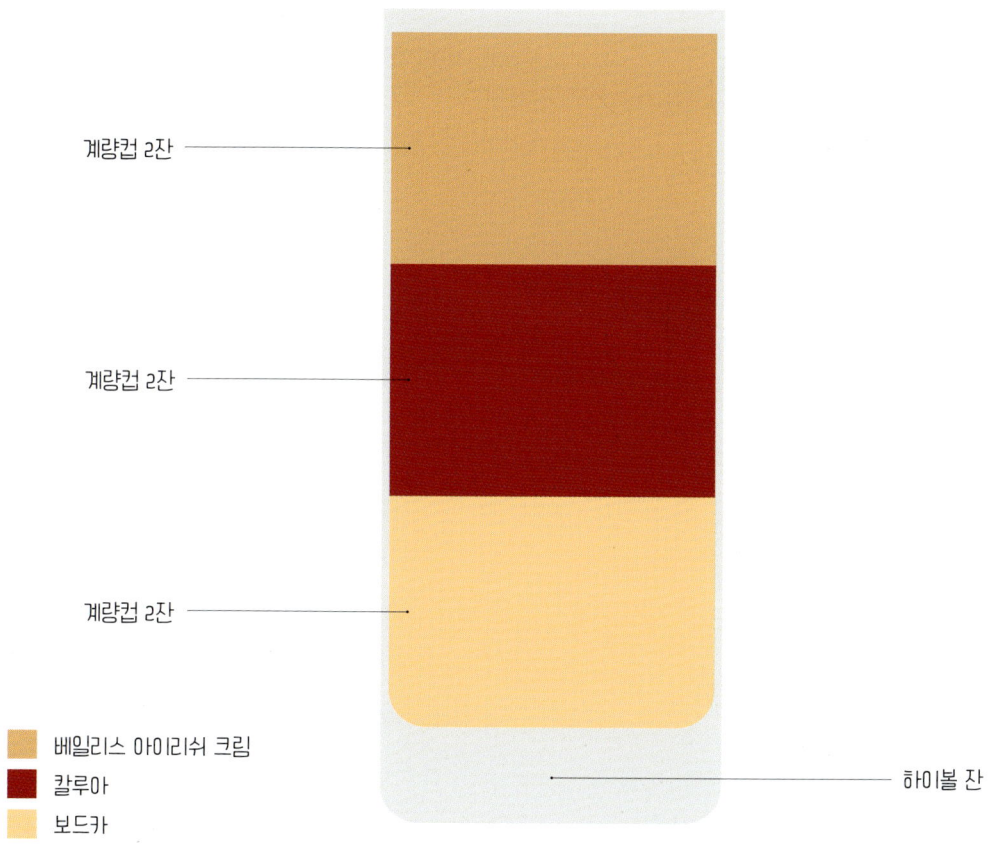

계량컵 2잔

계량컵 2잔

계량컵 2잔

베일리스 아이리쉬 크림
칼루아
보드카

하이볼 잔

만드는 법

1 모든 재료를 잔 얼음과 함께 쉐이커에 넣고 잘 섞이도록 흔들어 준다. **2** 얼음을 걸러서 차가운 하이볼 잔에 따라 서빙한다.

포이즌 애로우 Poison Arrow

TIP 잘게 부순 얼음이 없다면 큐브 얼음 4조각을 넣어 준다.

만드는 법

1 모든 재료를 얼음과 함께 쉐이커에 넣고 흔들어 준다. 2 얼음을 걸러서 잘게 부순 얼음이 담은 차가운 하이볼 잔에 따라 준다.

솔티 독 Salty Dog

TIP 칵테일 잔 대신에 림 부분에 소금을 묻힌 하이볼 잔에 서빙해도 된다. 레몬 또는 라임 웨지로 장식한다.

계량컵 2잔 — 자몽 주스
계량컵 2잔 — 보드카
칵테일 잔

만드는 법

1 보드카와 자몽 주스를 쉐이커에 넣은 후 잘 섞이도록 흔들어 준다. 칵테일 잔에 따른 후 서빙한다.

스크류드라이버 Screwdriver

TIP 오렌지 슬라이스로 장식해도 된다.

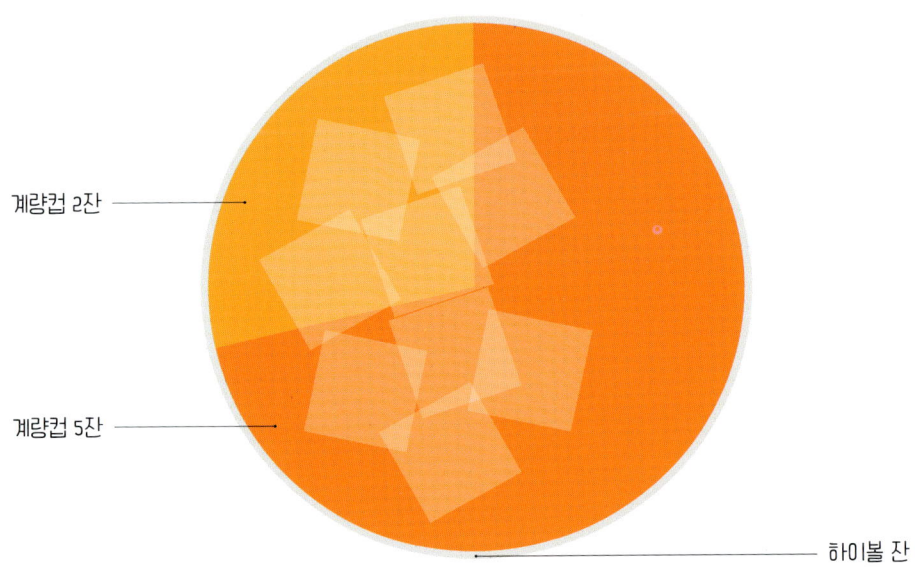

계량컵 2잔

계량컵 5잔

하이볼 잔

■ 갓 짜낸 오렌지 과즙
■ 보드카

만드는 법

1 얼음을 담은 하이볼 잔에 보드카를 넣는다. 2 오렌지 과즙을 넣은 후 저어 준다. 휘젓개와 함께 서빙한다.

씨 브리즈 Sea Breeze

TIP 라임 웨지로 장식해도 된다.

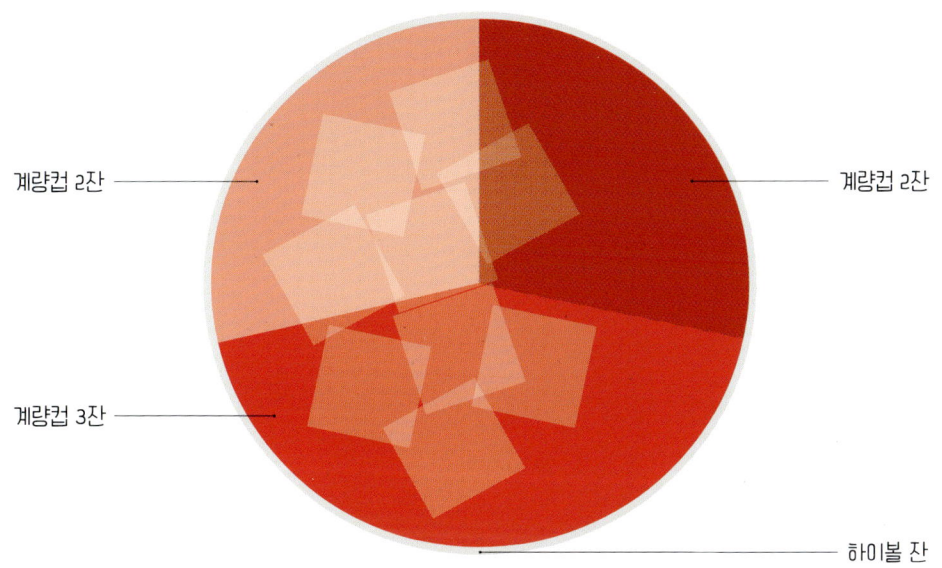

- 계량컵 2잔 — 신선한 자몽 주스
- 계량컵 2잔 — 크랜베리 주스
- 계량컵 3잔 — 보드카
- 하이볼 잔

■ 신선한 자몽 주스
■ 크랜베리 주스
■ 보드카

만드는 법

❶ 하이볼 잔에 담은 얼음 위에 재료를 넣는다. ❷ 저어 준 후 휘젓개와 함께 서빙한다.

씨 홀스 Sea Horse

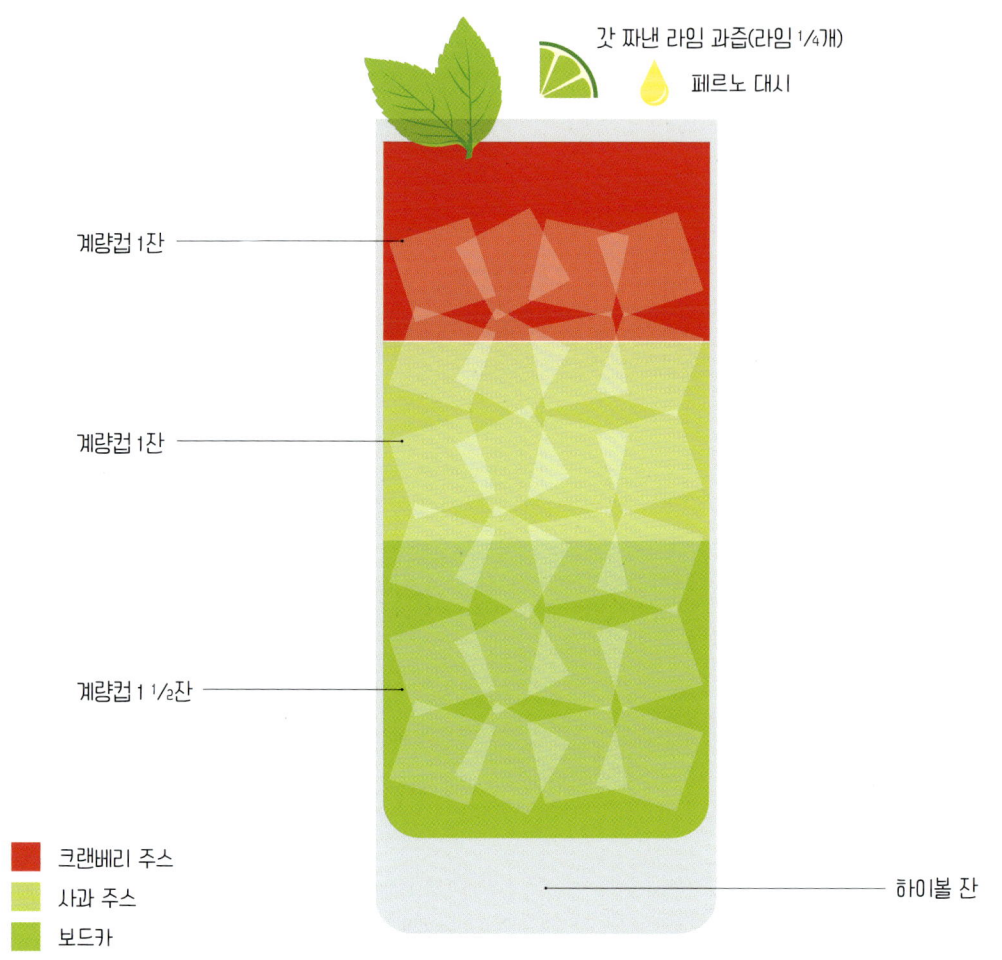

만드는 법

1 얼음을 담은 하이볼 잔에 재료를 넣는다. **2** 민트로 장식한다.

베스퍼 Vesper

TIP 레몬 트위스트 대신에 레몬 필peel로 장식해도 된다.

화이트 릴레 대시

계량컵 1잔

계량컵 1잔

칵테일 잔

■ 비피터 드라이 진
■ 스톨로바야 골드 보드카

만드는 법

1 모든 재료를 얼음과 함께 쉐이커에 넣고 힘차게 흔들어 준다. 차가운 칵테일 잔에 따라 준다. **2** 레몬 트위스트로 장식한다.

화이트 러시안 White Russian

TIP 레이어 기법을 사용해서 만든다면, 보드카, 칼루아, 더블 크림 순서대로 넣는다. 보드카를 넣은 후 바스푼을 사용해 천천히 칼루아를 부어서 층을 형성한다. 그다음에 바스푼을 사용해서 더블 크림을 천천히 부어서 층을 형성한다.

계량컵 1잔
계량컵 1잔
계량컵 1잔

□ 더블 크림
■ 칼루아
■ 보드카

올드 패션드 잔

만드는 법

1 모든 재료를 쉐이커에 넣고 잘 섞이도록 흔들어 준다. 칵테일 잔에 따른 후 서빙한다. **2** 또는 얼음을 가득 채운 올드 패션드 잔에 각각의 재료를 층층이 띄워 준다.

우 우 Woo Woo

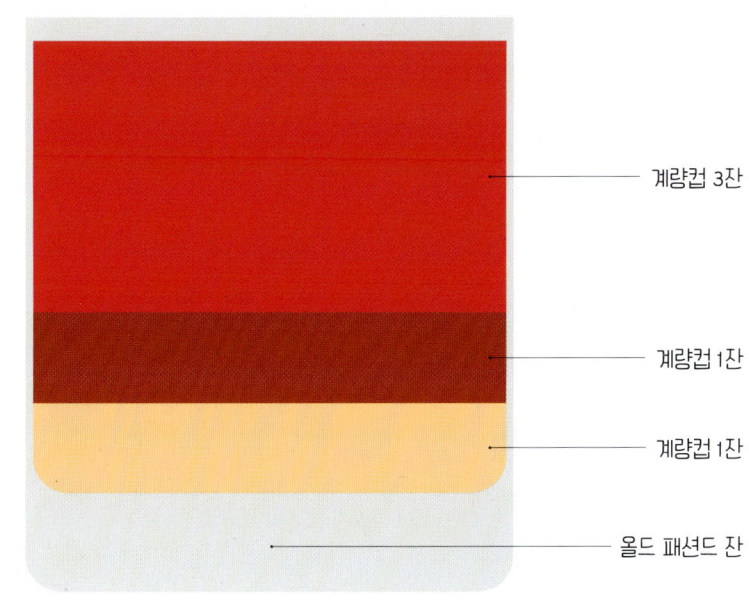

- 크랜베리 주스 — 계량컵 3잔
- 피치 슈냅스 — 계량컵 1잔
- 보드카 — 계량컵 1잔

올드 패션드 잔

만드는 법

1. 모든 재료를 쉐이커에 넣고 흔들어 준다. 올드 패션드 잔에 따른 후 서빙한다.

gin

알래스카 Alaska

TIP 옐로우 샤르퇴르즈 Yellow Chartreuse를 계량컵 ½잔 넣어 줘도 된다.

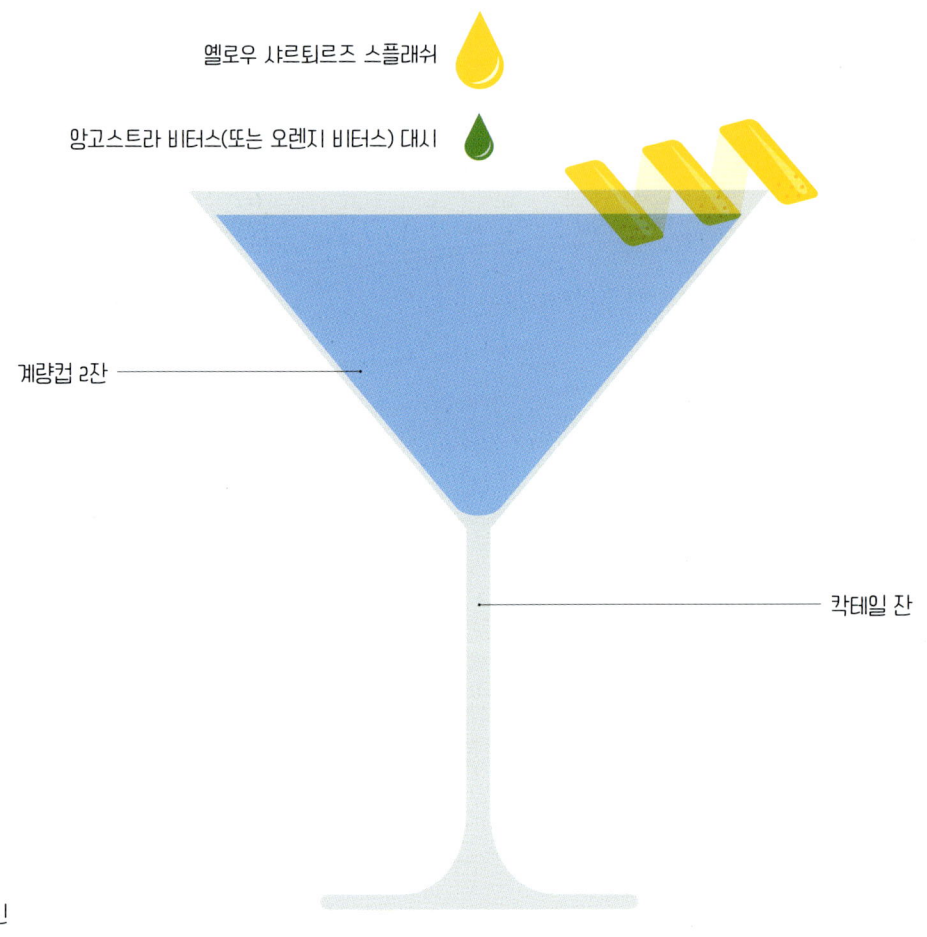

옐로우 샤르퇴르즈 스플래쉬

앙고스트라 비터스(또는 오렌지 비터스) 대시

계량컵 2잔

칵테일 잔

■ 진

만드는 법

1 모든 재료를 쉐이커에 넣고 흔들어 준 후 칵테일 잔에 따른다. **2** 레몬 트위스트로 장식한다.

아스토리아 Astoria

TIP 오렌지 트위스트로 장식해도 된다.

오렌지 비터스 대시
계량컵 1잔
계량컵 2잔
칵테일 잔

■ 드라이 버무스
■ 진

만드는 법

1 모든 재료를 쉐이커에 넣고 흔들어 준 후 칵테일 잔에 따라 준다.

블루 먼데이 Blue Monday

TIP 다음 레시피 대신에, 보드카 계량컵 1 ½잔, 쿠앵트로 계량컵 ½잔, 블루 큐라소 계량컵 ¼잔을 쉐이커에 넣고 잘 흔들어 준 후, 칵테일 잔에 따라 서빙해도 된다.

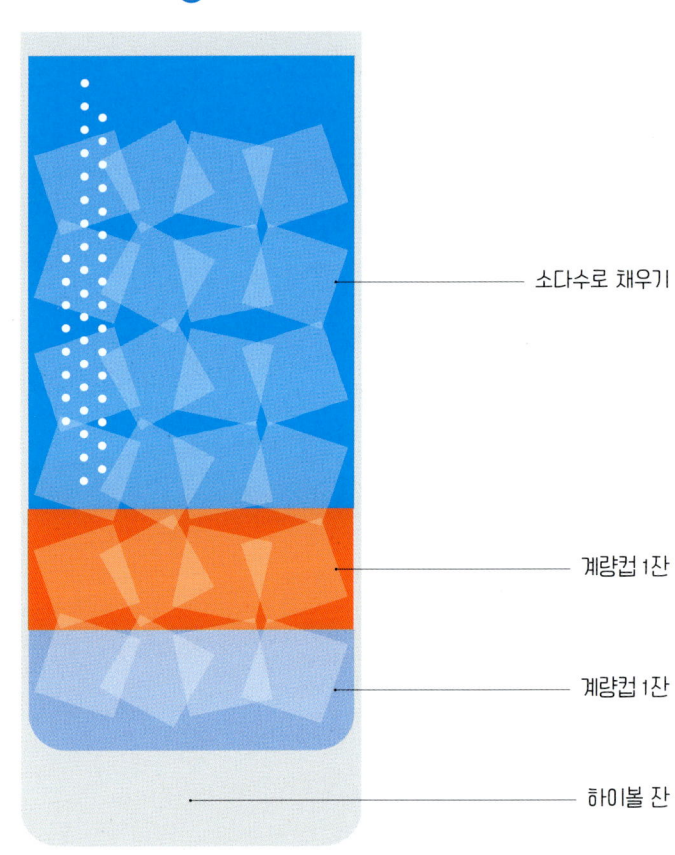

블루 큐라소 대시

소다수로 채우기

계량컵 1잔

계량컵 1잔

하이볼 잔

■ 소다수
■ 쿠앵트로
■ 진

만드는 법

❶ 진과 쿠앵트로를 얼음을 담은 하이볼 잔에 넣고, 소다수를 채운 후 저어 준다. ❷ 블루 큐라소를 몇 방울 넣는다. ❸ 다시 한 번 저어 준 후 휘젓개와 함께 서빙한다.

봄바디어 Bombardier

그레나딘 대시

계량컵 3잔

계량컵 3잔

계량컵 1/2잔
계량컵 1/4잔

계량컵 2잔

하이볼 잔

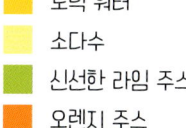

토닉 워터
소다수
신선한 라임 주스
오렌지 주스
봄베이 진

만드는 법

1 토닉 워터와 소다수를 제외한 모든 액체 재료를 얼음과 함께 쉐이커에 넣고 흔들어 준다. 얼음을 걸러서 얼음을 채운 하이볼 잔에 따라 준다. **2** 토닉 워터와 소다수로 채워 준다. **3** 저어 준 후 민트 잎으로 장식한다.

브로드웨이 Broadway

TIP 달걀흰자를 사용하기 때문에 더 많이 흔들어 준다(40회 이상 또는 20초 정도).

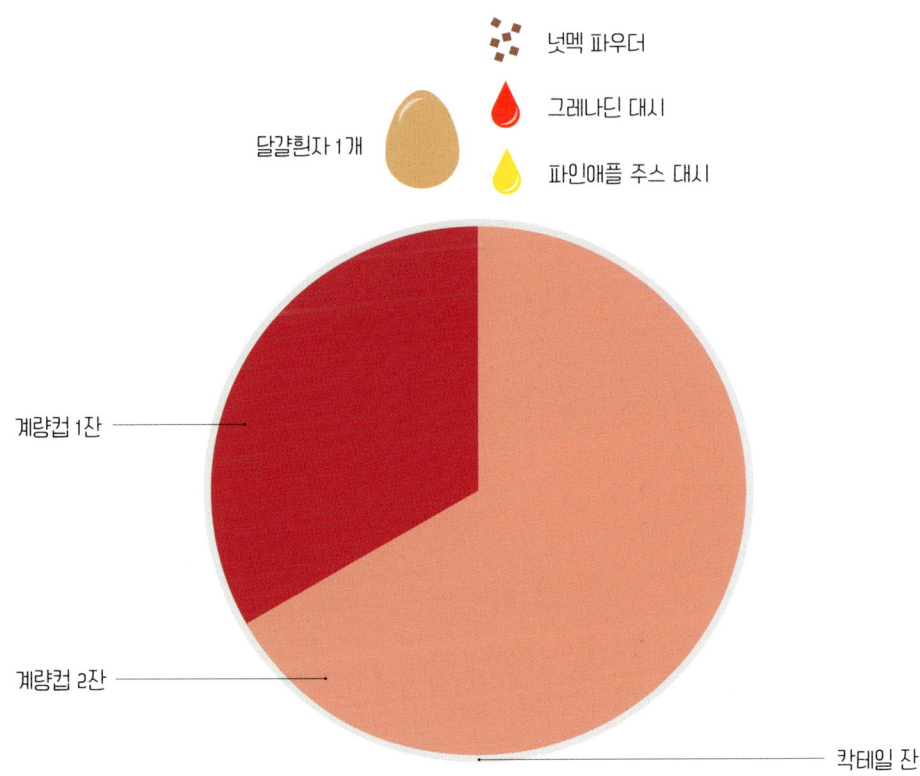

만드는 법

1 모든 액체 재료를 쉐이커에 넣고 흔들어 준다. 칵테일 잔에 따라 준다. **2** 넛멕 파우더를 뿌려 준 뒤 서빙한다.

캐딜락 레이디 Cadillac Lady

TIP 달걀흰자를 사용하기 때문에 셰이킹을 할 때 더 많이 흔들어 준다(40회 이상 또는 20초 정도).

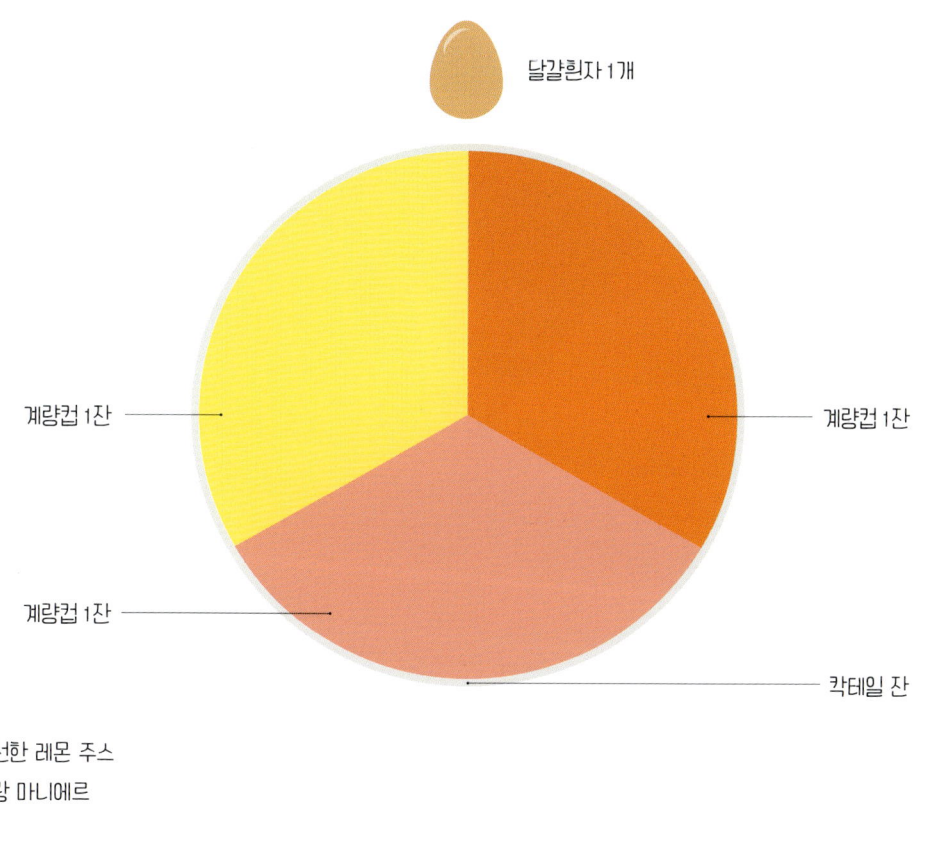

- 🟨 신선한 레몬 주스
- 🟧 그랑 마니에르
- 🟫 진

만드는 법

1. 모든 재료를 쉐이커에 넣고 흔들어 준다. 칵테일 잔에 따른 후 서빙한다.

더티 마티니 Dirty Martini

TIP 진 대신에 보드카를 사용해 만들 수 있다.

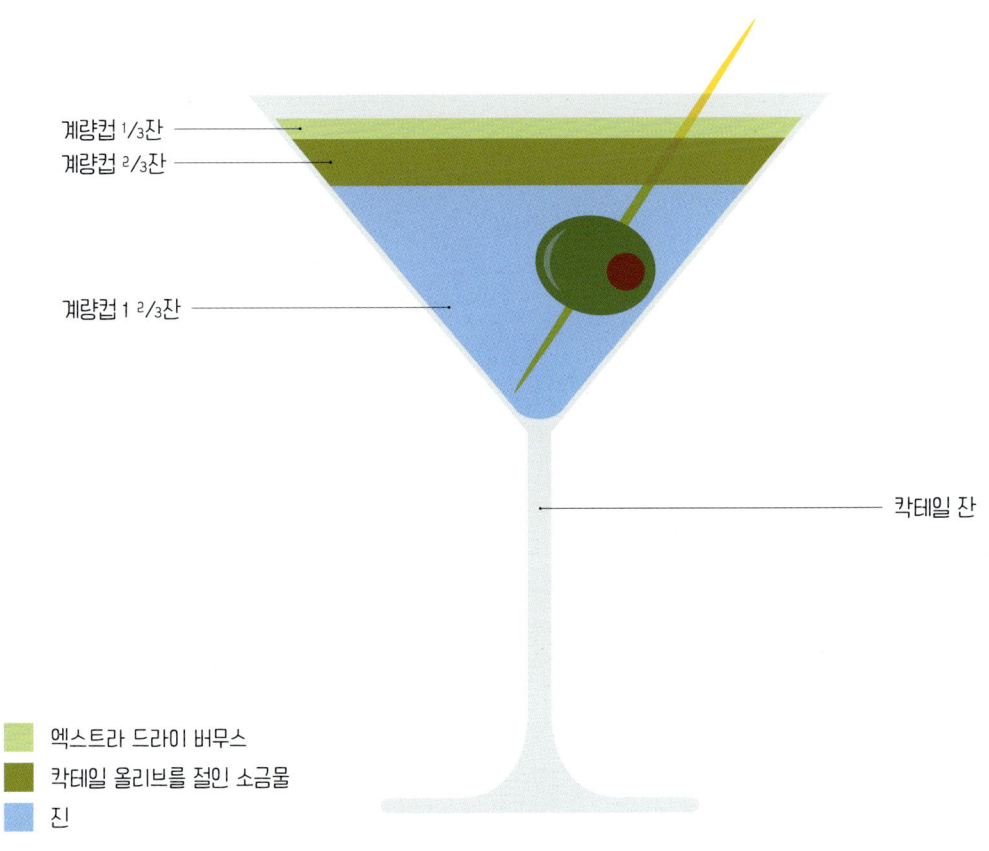

계량컵 1/3잔
계량컵 2/3잔
계량컵 1 2/3잔
칵테일 잔

- 엑스트라 드라이 버무스
- 칵테일 올리브를 절인 소금물
- 진

만드는 법

① 재료와 얼음을 믹싱 글라스에 넣고 저어 준다. ② 얼음을 걸러서 칵테일 잔에 따라 준다. ③ 칵테일 스틱에 올리브를 꽂은 후 칵테일에 넣는다.

플러피 덕(인터내셔널) Fluffy Duck(International)

TIP 오렌지 슬라이스를 넣어 장식한다.

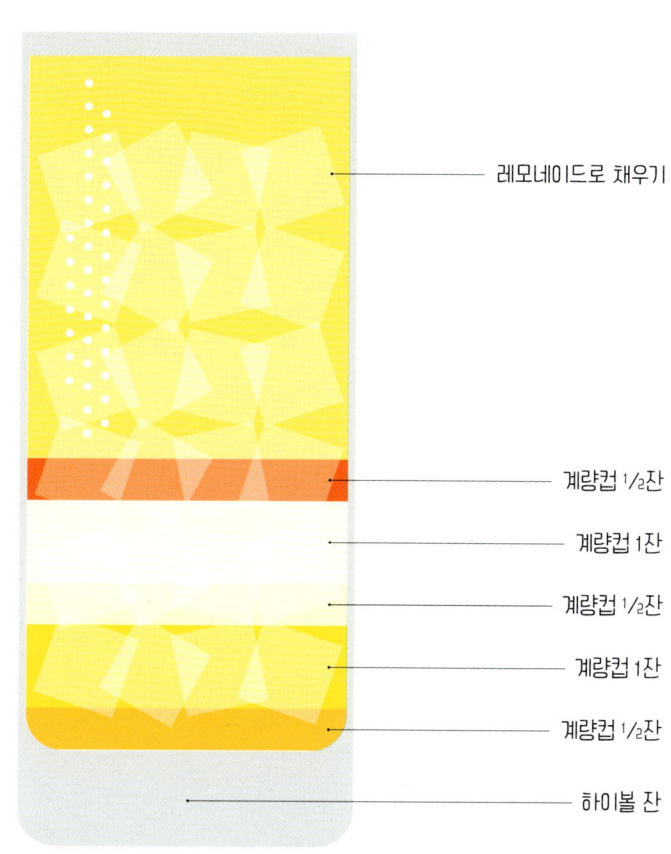

- 레모네이드
- 쿠앵트로
- 크림
- 보드카
- 아드보카트
- 진

레모네이드로 채우기
계량컵 1/2잔
계량컵 1잔
계량컵 1/2잔
계량컵 1잔
계량컵 1/2잔
하이볼 잔

만드는 법

1. 레모네이드를 제외한 모든 재료를 하이볼 잔에 담겨 있는 얼음 위에 부어 준다. 2. 잘 저어 준 후 그 위에 레모네이드를 채운다.

프렌치 75 French 75

TIP 1티스푼의 설탕 시럽을 추가해서 만들 수 있다.

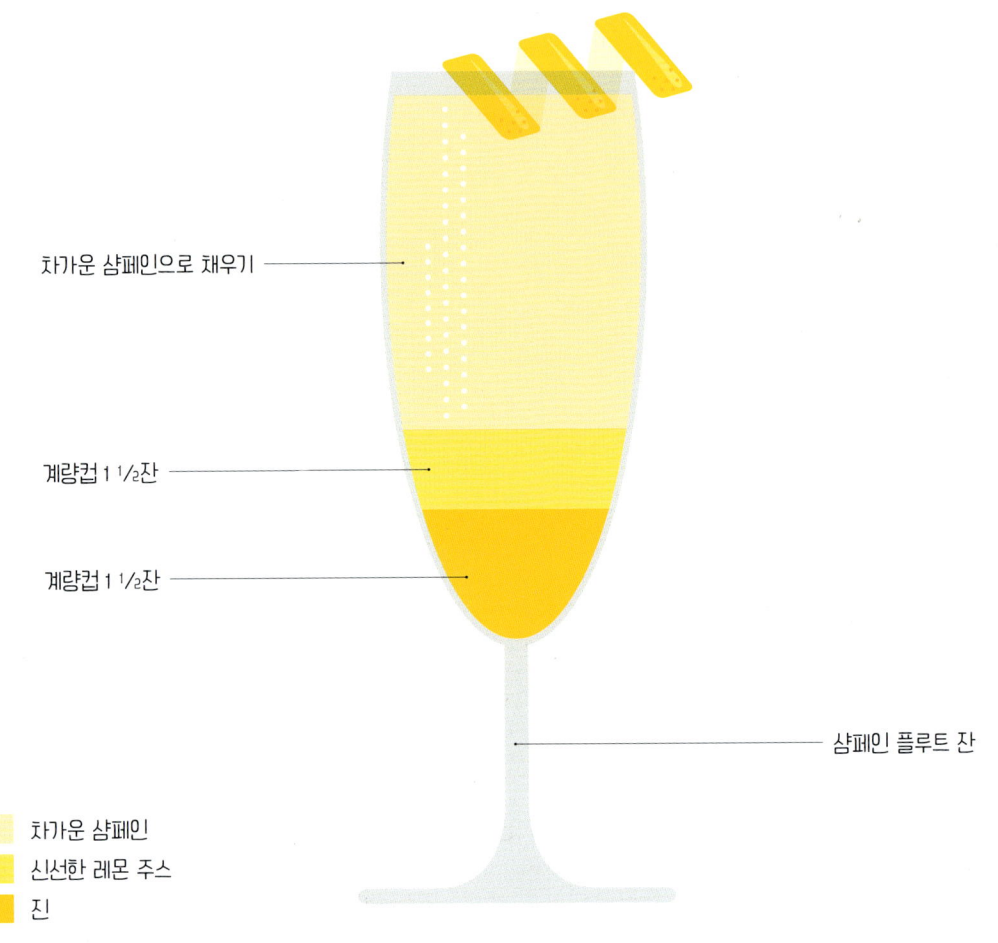

차가운 샴페인으로 채우기

계량컵 1 1/2잔

계량컵 1 1/2잔

샴페인 플루트 잔

- 차가운 샴페인
- 신선한 레몬 주스
- 진

만드는 법

1 진과 레몬 주스를 샴페인 플루트 잔에 넣어 섞어 준다. **2** 그 위에 샴페인을 넣어 채워 준다. 레몬 트위스트로 장식한 후 서빙한다.

해리스 칵테일 Harry's Cocktail

TIP 압생트 대시를 추가해서 만들 수 있다.

- 스위트 버무스
- 진

계량컵 1잔 — 스위트 버무스
계량컵 2잔 — 진
파스티스 대시
칵테일 잔

만드는 법

1 모든 액체 재료를 쉐이커에 넣고 흔들어 준다. 칵테일 잔에 따라 서빙한다. **2** 민트로 장식한다.

임페리얼 Imperial

TIP 레몬 트위스트로 장식한다.

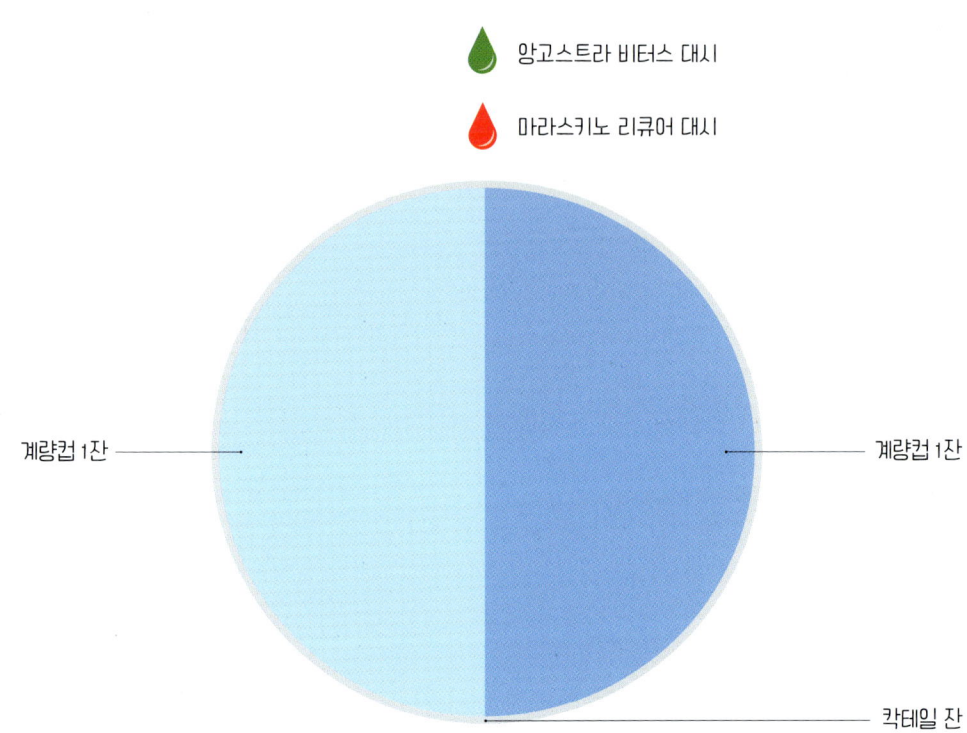

- 앙고스트라 비터스 대시
- 마라스키노 리큐어 대시
- 계량컵 1잔 (드라이 버무스)
- 계량컵 1잔 (진)
- 칵테일 잔

■ 드라이 버무스
■ 진

만드는 법

1 모든 재료를 쉐이커에 넣고 흔들어 준다. 칵테일 잔에 따라 준 후 서빙한다.

자쿠지 Jacuzzi

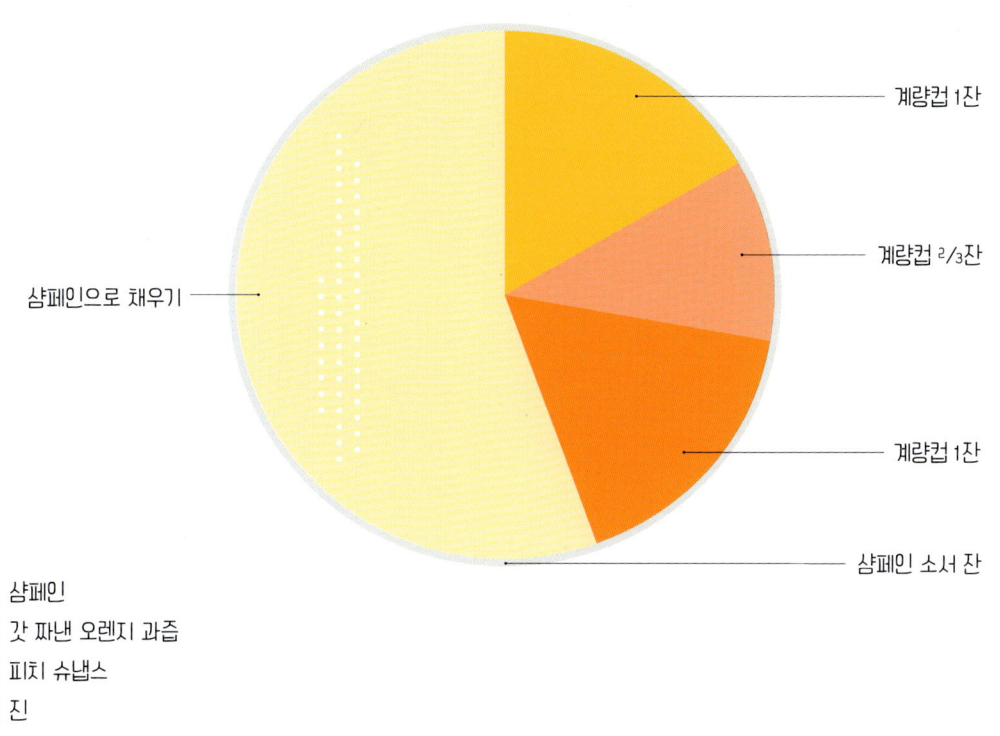

- 샴페인으로 채우기
- 계량컵 1잔
- 계량컵 2/3잔
- 계량컵 1잔
- 샴페인 소서 잔

■ 샴페인
■ 갓 짜낸 오렌지 과즙
■ 피치 슈냅스
■ 진

만드는 법

1 진, 피치 슈냅스, 오렌지 과즙을 얼음과 함께 쉐이커에 넣어 흔들어 준다. **2** 샴페인 소서 잔에 얼음을 잘 걸러서 따라 준다. **3** 부드럽게 저어 준 후 샴페인으로 채운다. 다시 저어 준다.

자스민 Jasmine

계량컵 1/2잔 — 신선한 레몬 주스
계량컵 1/3잔 — 캄파리
계량컵 1/3잔 — 쿠앵트로
계량컵 1 1/2잔 — 진

칵테일 잔

■ 신선한 레몬 주스
■ 캄파리
■ 쿠앵트로
■ 진

만드는 법

1 모든 재료를 얼음과 함께 쉐이커에 넣고 흔들어 준 뒤, 얼음을 걸러서 칵테일 잔에 따라 준다. **2** 레몬 트위스트로 장식한다.

쥬니퍼 로얄 Juniper Royale

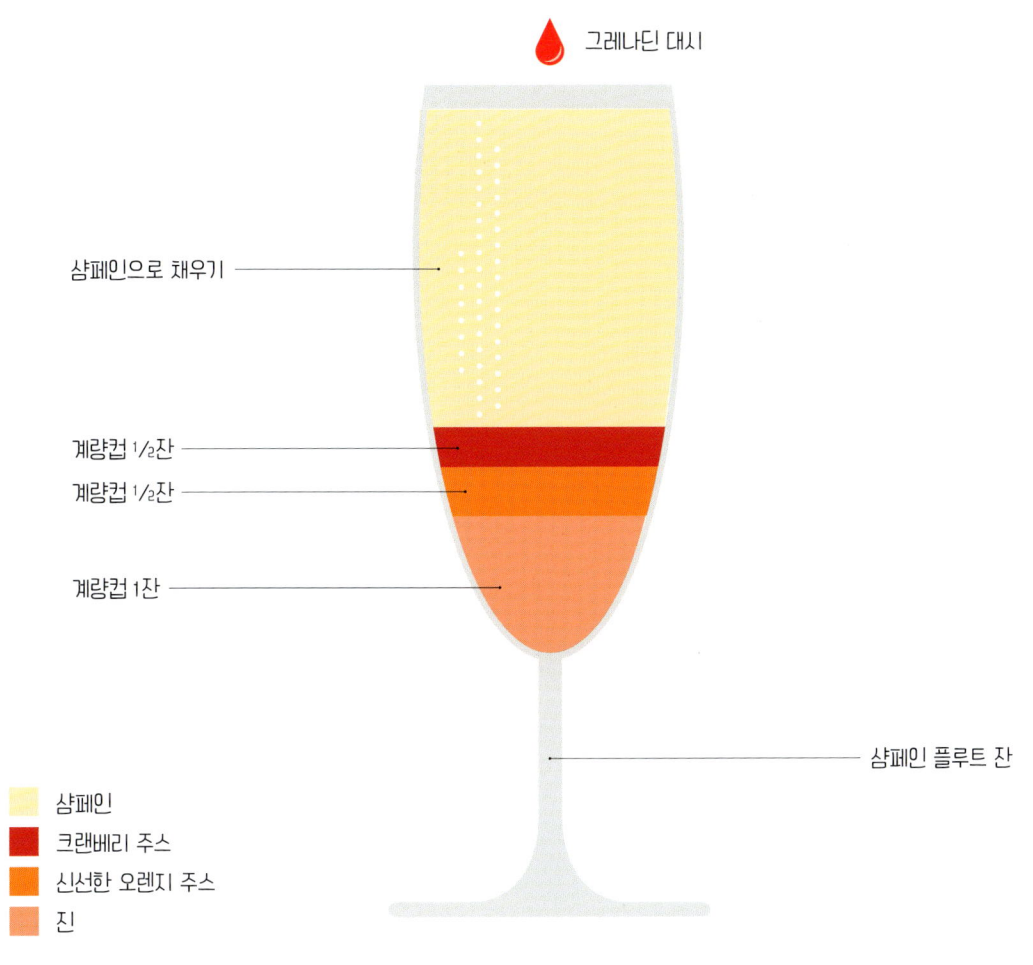

만드는 법

1 진, 크랜베리 주스, 오렌지 주스, 그레나딘을 얼음과 함께 쉐이커에 넣은 후 흔들어 준다. 2 얼음을 걸러서 샴페인 플루트 잔에 따른 후 부드럽게 저어 준다. 3 그 위에 샴페인을 채워 주고 다시 한번 저어 준다.

카이저 Kaiser

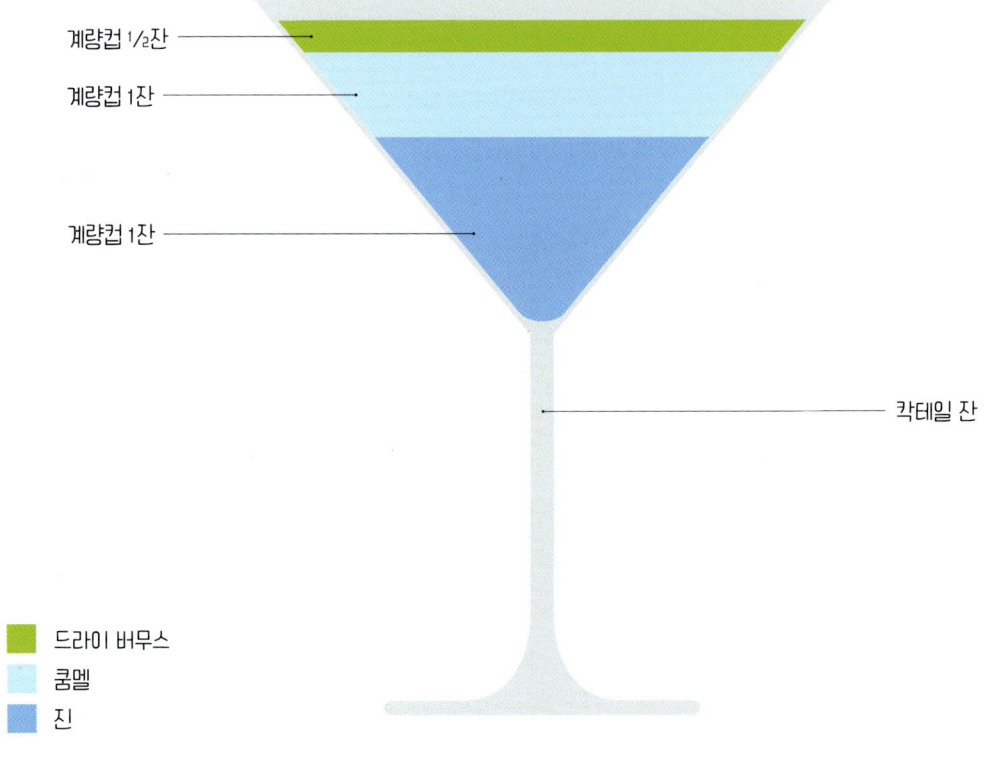

- 계량컵 1/2잔 — 드라이 버무스
- 계량컵 1잔 — 쿰멜
- 계량컵 1잔 — 진
- 칵테일 잔

만드는 법

1. 모든 재료를 다 함께 넣은 후 저어 준다. 칵테일 잔에 따른 후 서빙한다.

립 이어 Leap Year

- 그랑 마니에르
- 스위트 버무스
- 진

만드는 법

1 모든 재료를 얼음과 함께 쉐이커에 넣은 후 흔들어 준다. 얼음을 걸러서 차가운 칵테일 잔에 따라 준다. 2 오렌지 트위스트(또는 레몬 트위스트)로 장식한다.

물랑 루즈 Moulin Rouge

TIP 일반적인 진 대신에 오렌지 진을 사용해서 만들 수 있다.

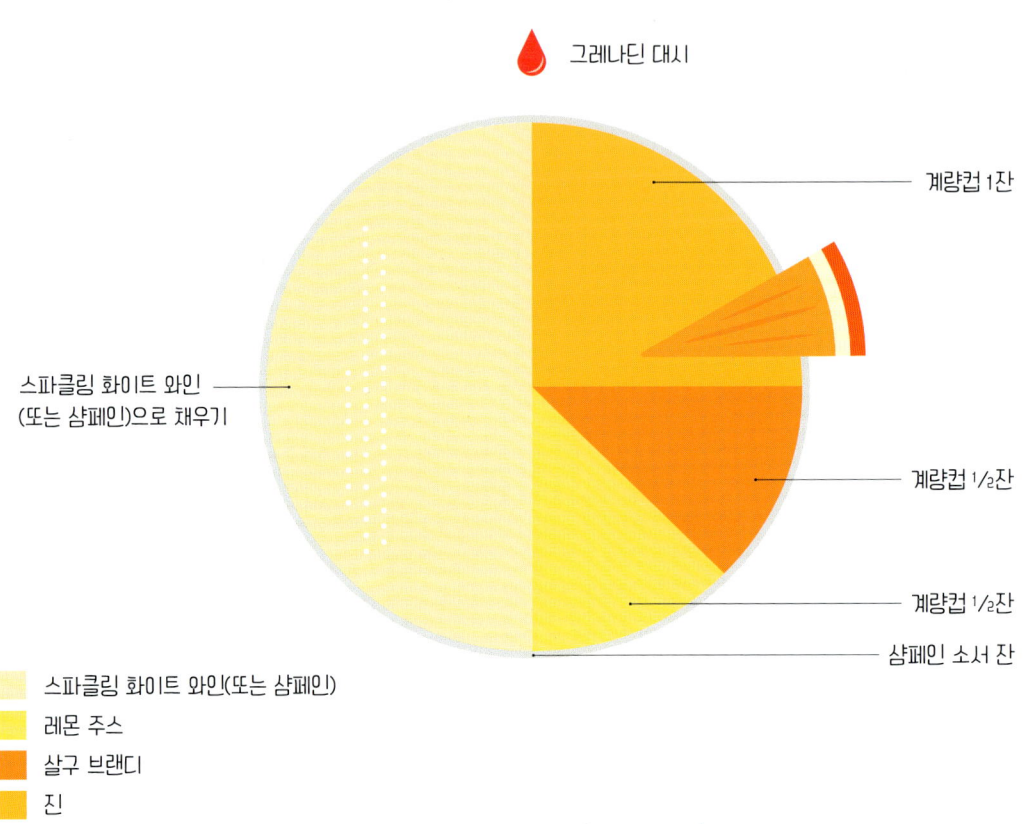

만드는 법

1 스파클링 와인(또는 샴페인)을 제외하고 모든 재료를 쉐이커에 넣고 흔들어 준다. 샴페인 소서 잔에 따라 준다. 2 스파클링 와인을 그 위에 따라 준다. 3 오렌지 슬라이스로 장식한다.

올드 버무스 Old Vermouth

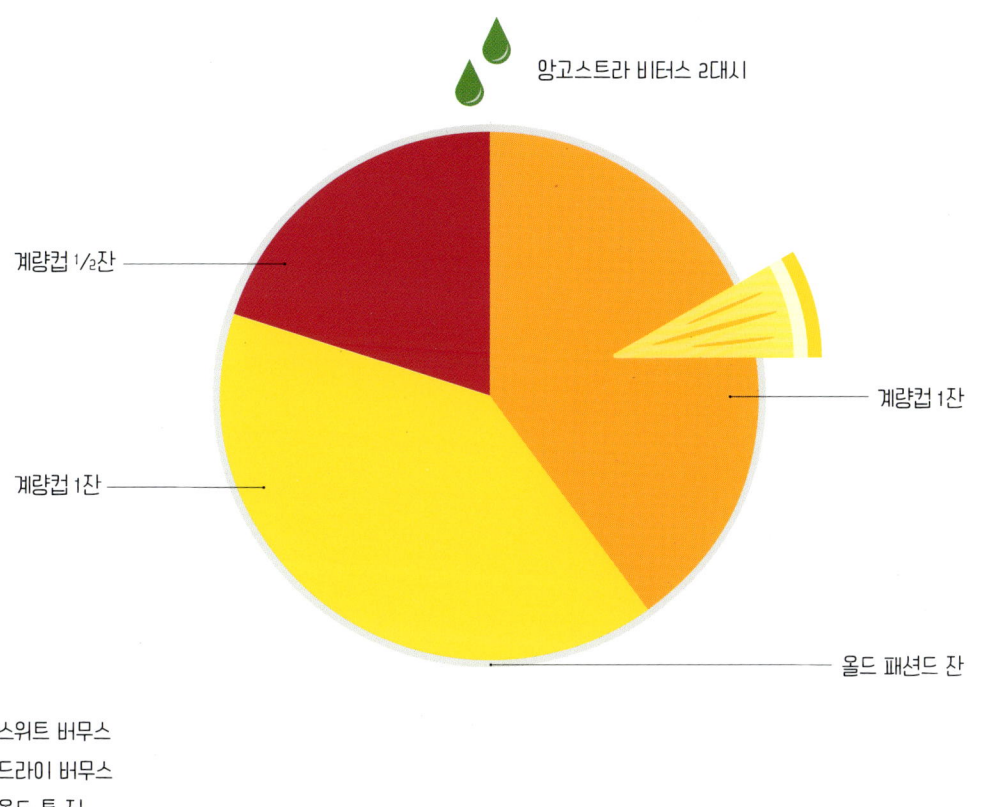

- 스위트 버무스
- 드라이 버무스
- 올드 톰 진

만드는 법

1. 진, 버무스, 비터스를 올드 패션드 잔에 넣는다. 2. 레몬 슬라이스로 장식한 후 서빙한다.

레드 스내퍼 Red Snapper

TIP 하이볼 잔 림 부분에 소금과 후추를 묻힐 수 있다.

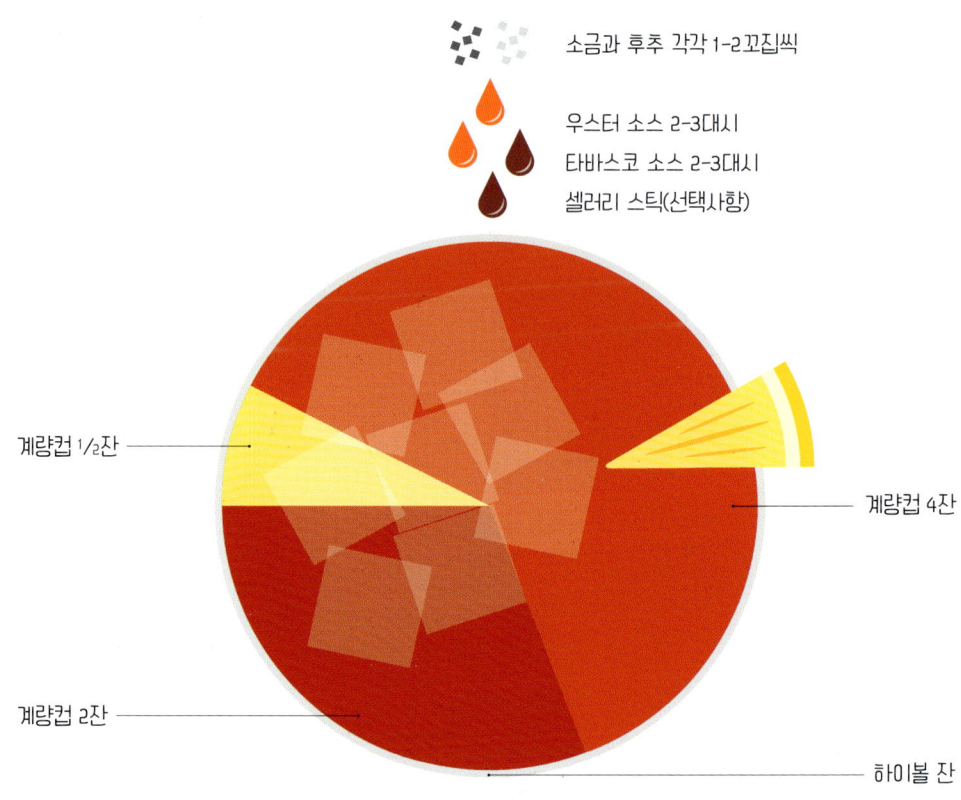

소금과 후추 각각 1-2꼬집씩

우스터 소스 2-3대시
타바스코 소스 2-3대시
셀러리 스틱(선택사항)

계량컵 1/2잔

계량컵 4잔

계량컵 2잔

하이볼 잔

- 레몬 주스
- 토마토 주스
- 진

만드는 법

1 진, 토마토 주스, 레몬 주스를 얼음과 함께 쉐이커에 넣어 흔들어 준다. 얼음을 걸러서 얼음이 가득 담긴 차가운 하이볼 잔에 따라 준다. **2** 우스터 소스, 타바스코 소스, 소금, 후추를 넣고 저어 준다. **3** 레몬 슬라이스로 장식한다. 원한다면 셀러리 스틱을 추가한다.

더 스윙어 The Swinger

캐스터 슈가 1티스푼
샴페인으로 채우기
계량컵 2잔
칵테일 잔

샴페인
진

만드는 법

1 쉐이커에 얼음을 넣고 설탕과 레몬 웨지로 짜낸 과즙, 진을 넣어 준다. **2** 흔들어 주고 얼음을 걸러서 칵테일 잔에 따라 준다. **3** 그 위에 샴페인으로 채워 주고 레몬 트위스트로 장식한다.

톰 피즈 Tom Fizz

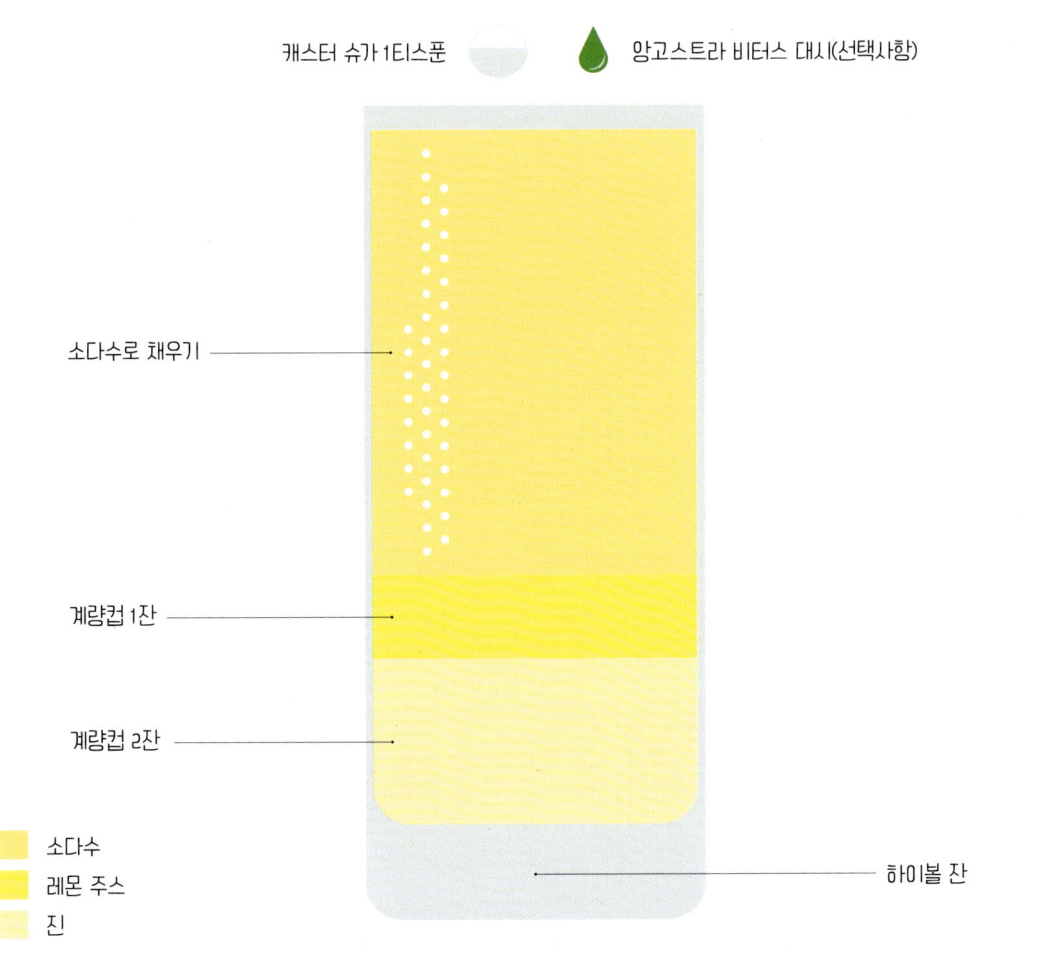

- 캐스터 슈가 1티스푼
- 앙고스트라 비터스 대시(선택사항)
- 소다수로 채우기
- 계량컵 1잔
- 계량컵 2잔
- 소다수
- 레몬 주스
- 진
- 하이볼 잔

만드는 법

1. 진, 주스, 설탕, 비터스를 쉐이커에 넣은 후 흔들어 준다. 잔에 따른 후 그 위에 소다수를 넣는다.

유니온 잭 Union Jack

만드는 법

1. 쉐이커에 진, 슬로우 진, 그레나딘을 넣고 흔들어 준다. 칵테일 잔에 따른 후 서빙한다.

화이트 벨벳 White Velvet

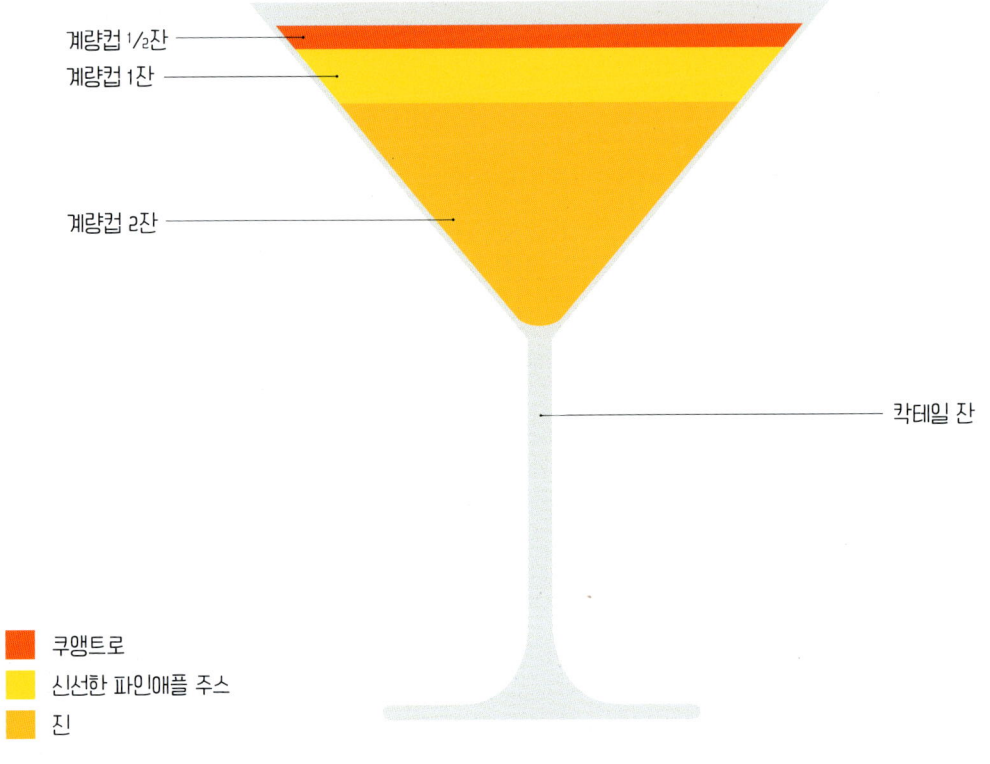

만드는 법

1 모든 재료를 쉐이커에 넣은 후 흔들어 준다. 칵테일 잔에 따른 후 서빙한다.

우드스탁 Woodstock

TIP 앙고스트라 비터스 대신에 오렌지 비터스를 사용해도 된다.

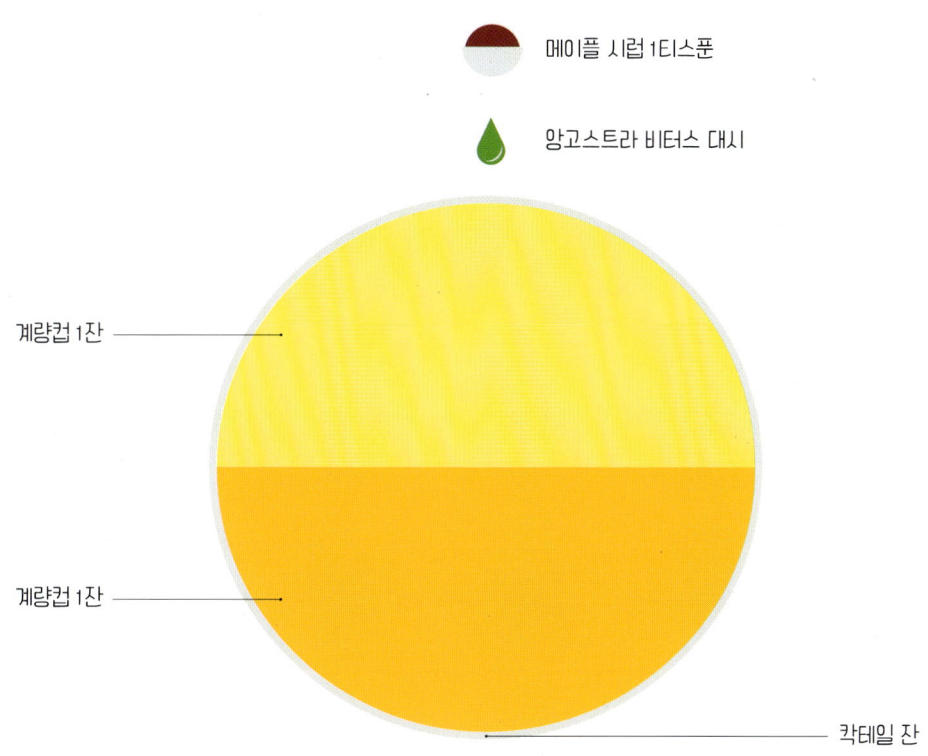

- 메이플 시럽 1티스푼
- 앙고스트라 비터스 대시
- 계량컵 1잔
- 계량컵 1잔
- 칵테일 잔

■ 레몬 주스
■ 진

만드는 법

1. 쉐이커에 모든 재료를 넣고 흔들어 준다. 칵테일 잔에 따른 후 서빙한다.

아담과 이브 Adam and Eve

TIP 레몬 주스 대시 정도를 추가해도 된다.

- 계량컵 1잔 — 포비든 프루트 리큐어
- 계량컵 1잔 — 진
- 계량컵 1잔 — 코냑
- 칵테일 잔

만드는 법

1. 모든 재료를 쉐이커에 넣고 흔들어 준다. 칵테일 잔에 따른 후 서빙한다.

아메리칸 뷰티 American Beauty

TIP 바스푼을 사용해서 칵테일 위에 포트를 띄운다.

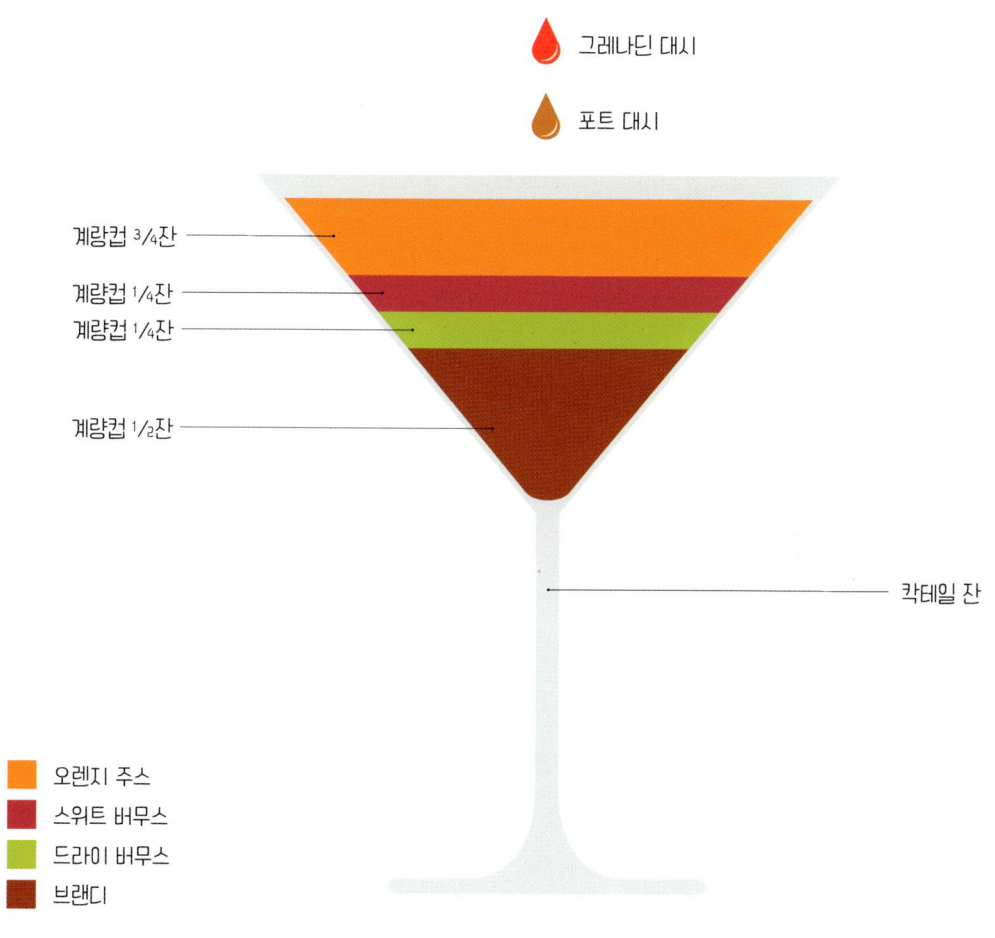

만드는 법

1 포트를 제외한 모든 재료를 쉐이커에 넣고 흔들어 준다. 칵테일 잔에 따른다. 2 그 위에 포트를 띄워 준다.

에이프릴 샤워 April Shower

TIP 브랜디, 베네딕틴, 오렌지 주스를 쉐이커에 넣고 잘 흔들어 준 후, 칵테일 잔에 따라 서빙할 수 있다.

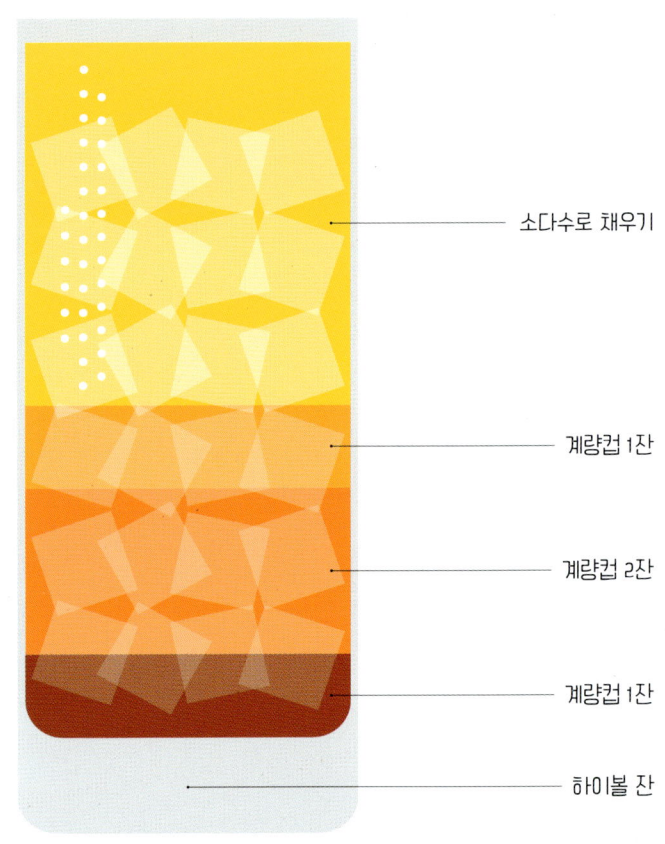

- 소다수
- 베네딕틴
- 오렌지 주스
- 브랜디

소다수로 채우기
계량컵 1잔
계량컵 2잔
계량컵 1잔
하이볼 잔

만드는 법

1 브랜디, 오렌지 주스, 베네딕틴을 얼음을 담은 하이볼 잔에 따라 준다. **2** 휘저어 주고 그 위에 소다수를 채워 준다.

비 앤 비 B&B

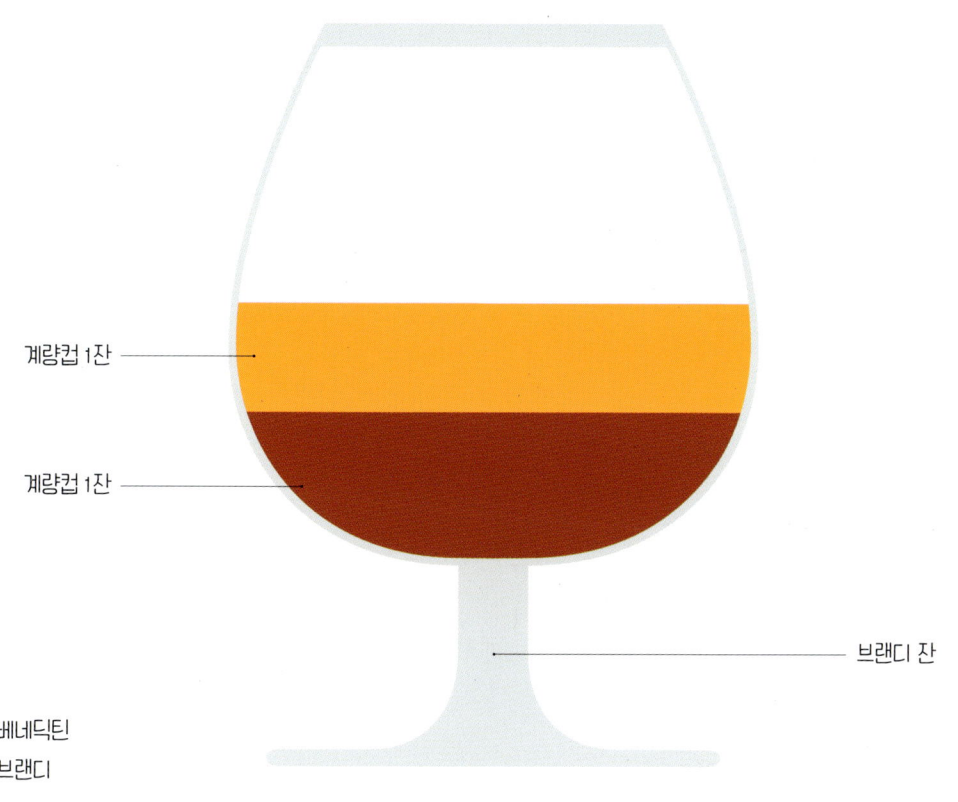

계량컵 1잔

계량컵 1잔

브랜디 잔

■ 베네딕틴
■ 브랜디

만드는 법

1. 브랜디와 베네딕틴을 브랜디 잔에 넣은 후 서빙한다.

비트윈 더 시츠 Between the Sheets

TIP 쿠앵트로 대신에 트리플 섹을 사용해도 된다. 레몬 트위스트로 장식한다.

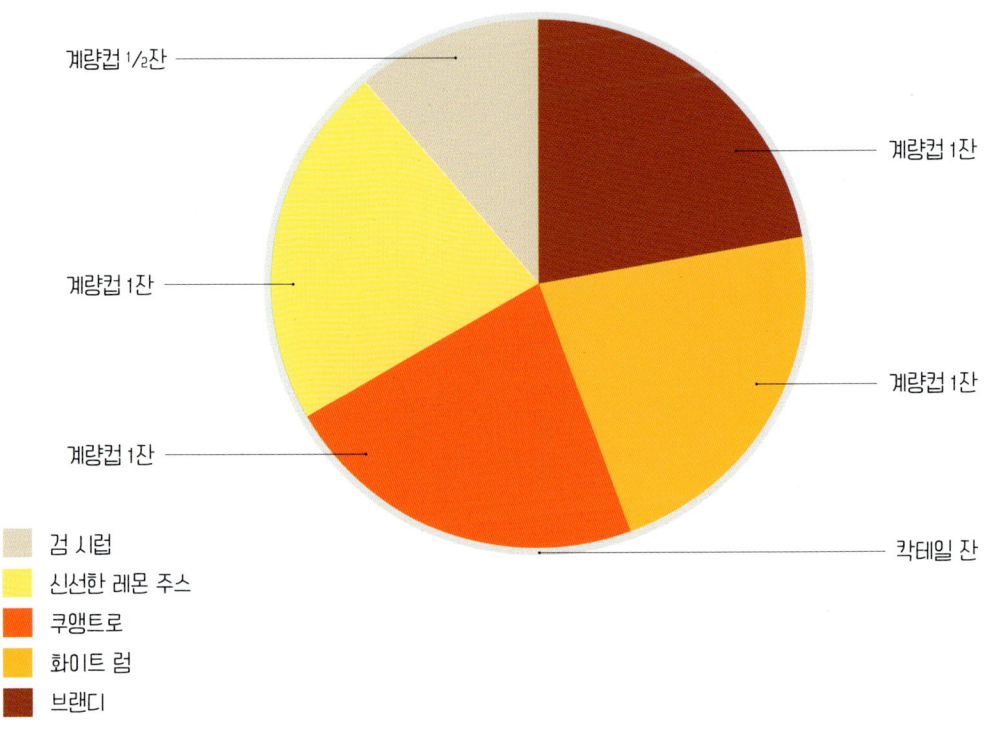

- 검 시럽
- 신선한 레몬 주스
- 쿠앵트로
- 화이트 럼
- 브랜디

만드는 법

1. 모든 재료를 쉐이커에 넣고 흔들어 준다. 칵테일 잔에 따른 후 서빙한다.

브랜디 칵테일 Brandy Cocktail

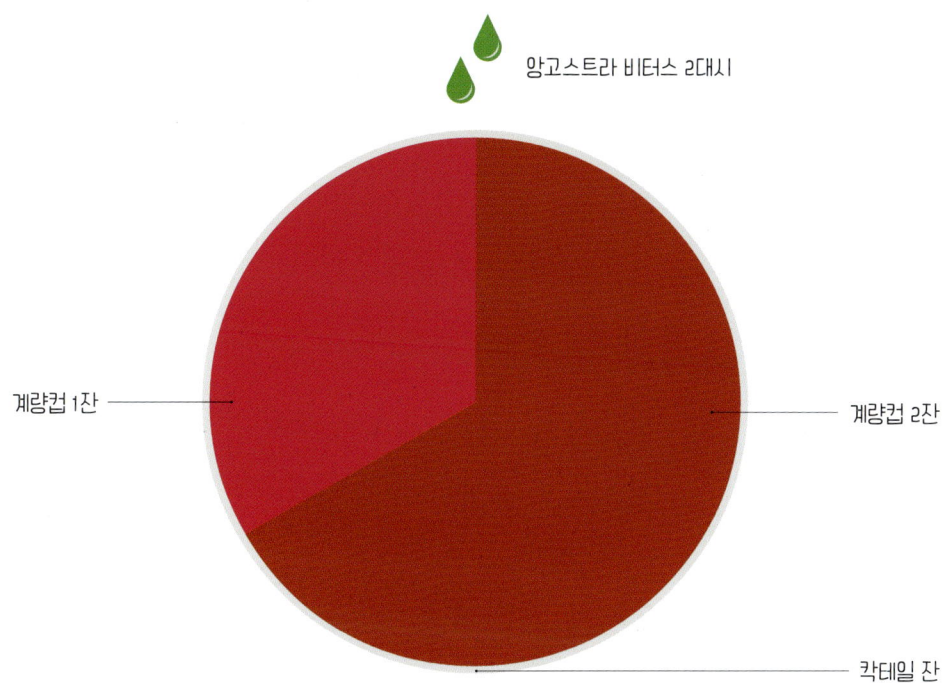

- 스위트 버무스
- 코냑

만드는 법

1. 코냑, 버무스, 비터스를 넣고 저어 준다. 칵테일 잔에 따른 후 서빙한다.

브랜디 데이지 Brandy Daisy

TIP 그레나딘 6대시 대신에, 큐라소와 시럽을 각각 3대시 정도 넣어서 만들 수 있다.

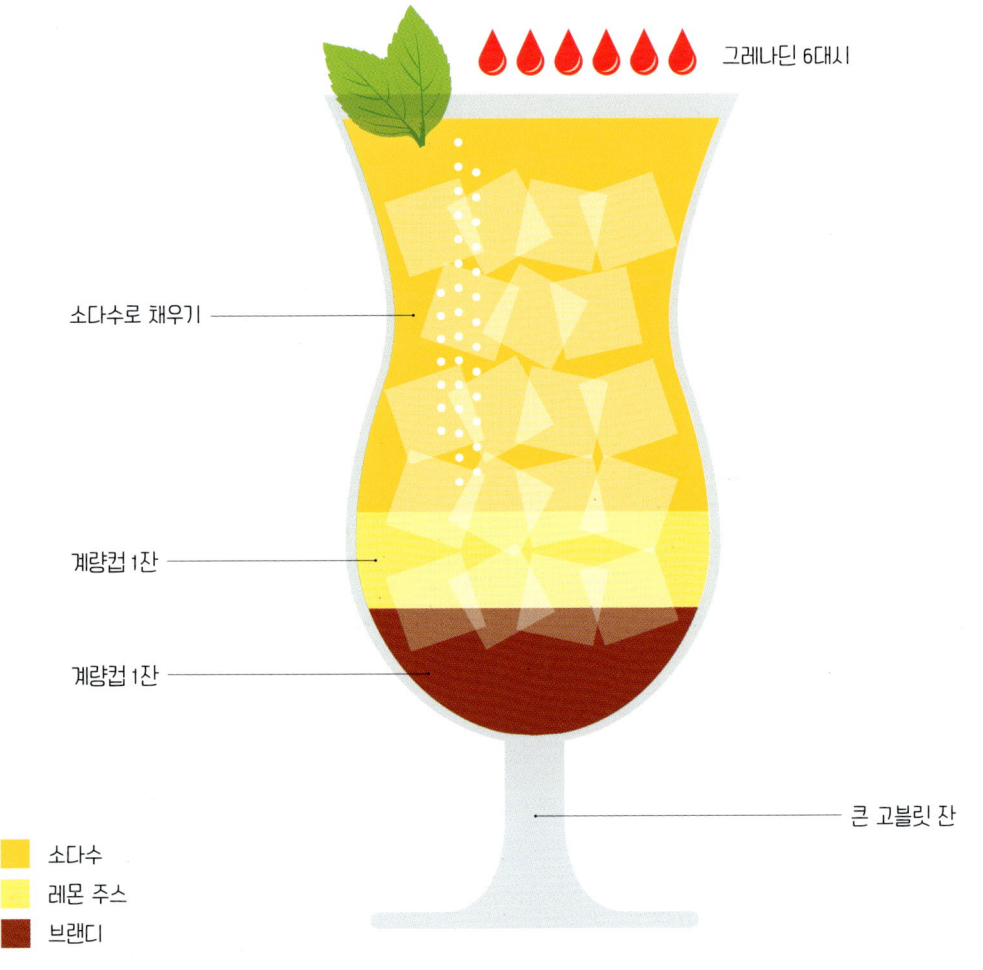

만드는 법

1 브랜디, 레몬 주스, 그레나딘을 쉐이커에 넣고 흔들어 준다. 얼음이 담겨 있는 고블릿 잔에 따라 준다. 2 그 위에 소다수를 채워 주고 민트로 장식한다.

브랜디 키스 Brandy Kiss

- 계량컵 1잔 — 그랑 마니에르
- 계량컵 1잔 — 레몬 주스
- 계량컵 1잔 — 브랜디
- 칵테일 잔

만드는 법

1. 모든 재료를 얼음과 함께 쉐이커에 넣고 흔들어 준다. 얼음을 걸러서 칵테일 잔에 따라 준다.

체리 픽커 Cherry Picker

TIP 레몬 트위스트 대신에 마라스키노 체리로 장식해도 된다.

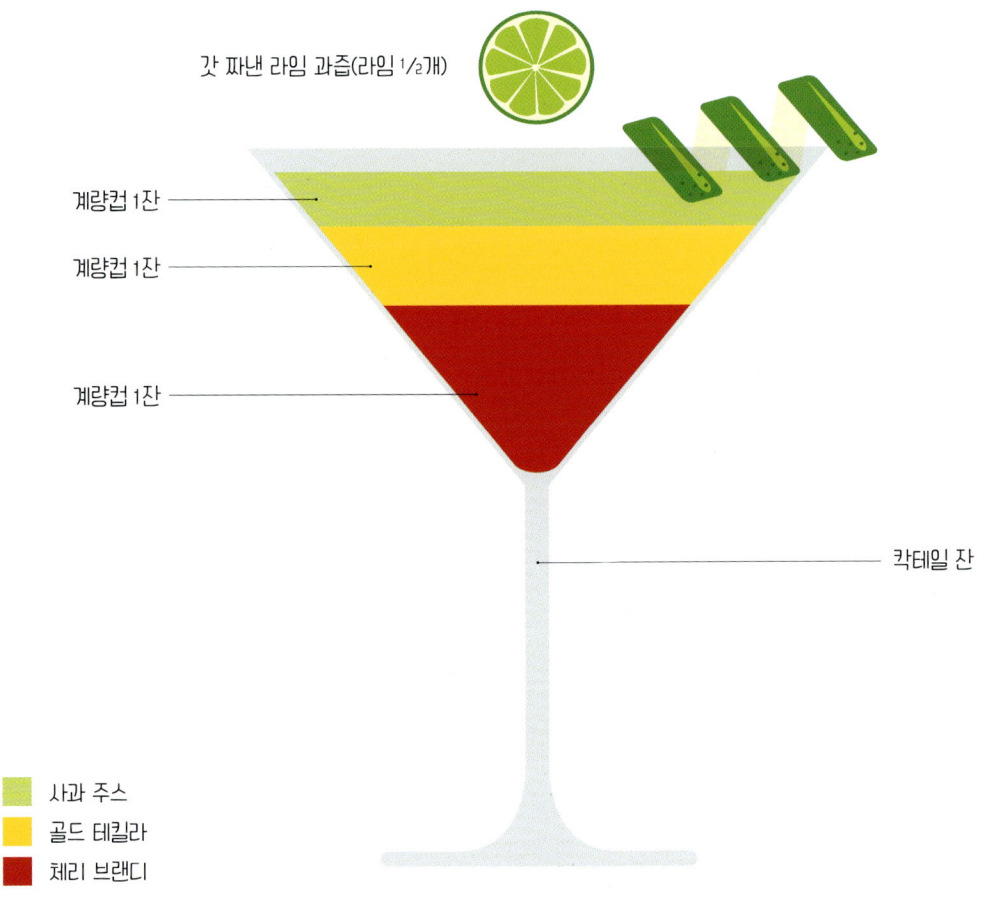

만드는 법

1 모든 재료를 쉐이커에 넣어 준다. 2 흔들어 준 후 칵테일 잔에 따른다. 라임 트위스트로 장식하고 서빙한다.

시카고 Chicago

> **TIP** 다른 버전의 시카고 칵테일은 샴페인을 사용한다. 같은 재료를 믹싱 글라스에 넣고 섞은 후 플루트 잔에 따른다. 그 위에 샴페인을 따르면 된다.

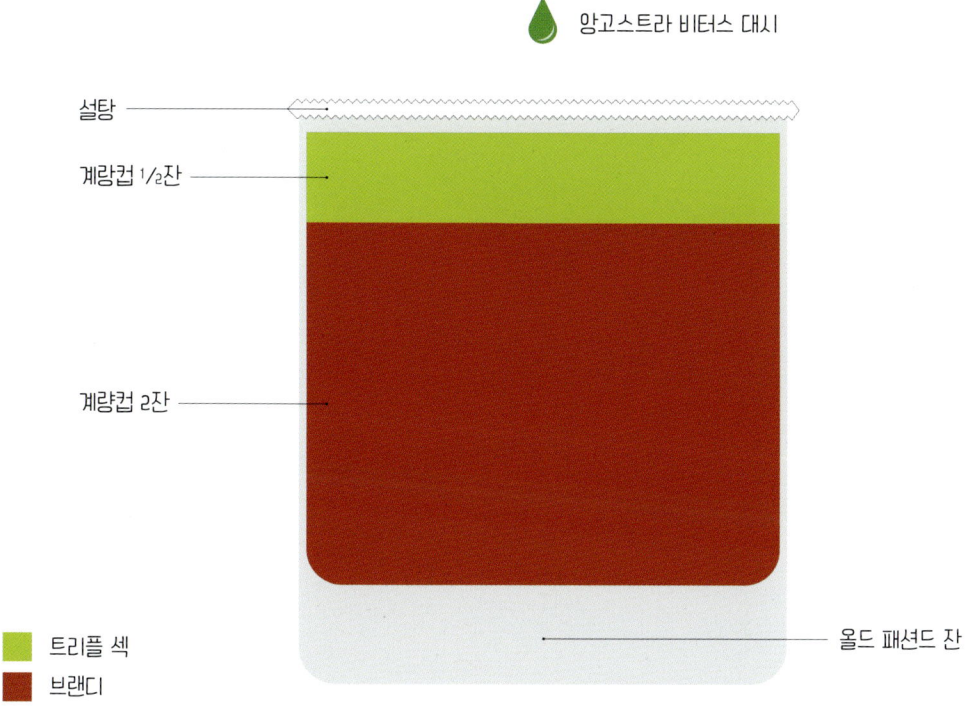

- 앙고스트라 비터스 대시
- 설탕
- 계량컵 1/2잔
- 계량컵 2잔
- 올드 패션드 잔
- 트리플 섹
- 브랜디

만드는 법

1. 모든 재료를 쉐이커에 넣고 흔들어 준다. 림 부분에 설탕을 묻힌 올드 패션드 잔에 따른 후 서빙한다.

콥스 리바이버 Corpse Reviver

> **TIP** 콥스 리바이버 No.2 칵테일은 브랜디 대신에 진을 베이스로 하는 칵테일이다. 진, 레몬 주스, 쿠앵트로, 압생트, 릴레 블랑Lillet Blanc을 사용해 만든다.

- 계량컵 3/4잔 — 스위트 버무스
- 계량컵 3/4잔 — 칼바도스
- 계량컵 3/4잔 — 브랜디
- 칵테일 잔

만드는 법

1 모든 재료를 쉐이커에 넣고 흔들어 준다. 칵테일 잔에 따른다.

디지 데임 Dizzy Dame

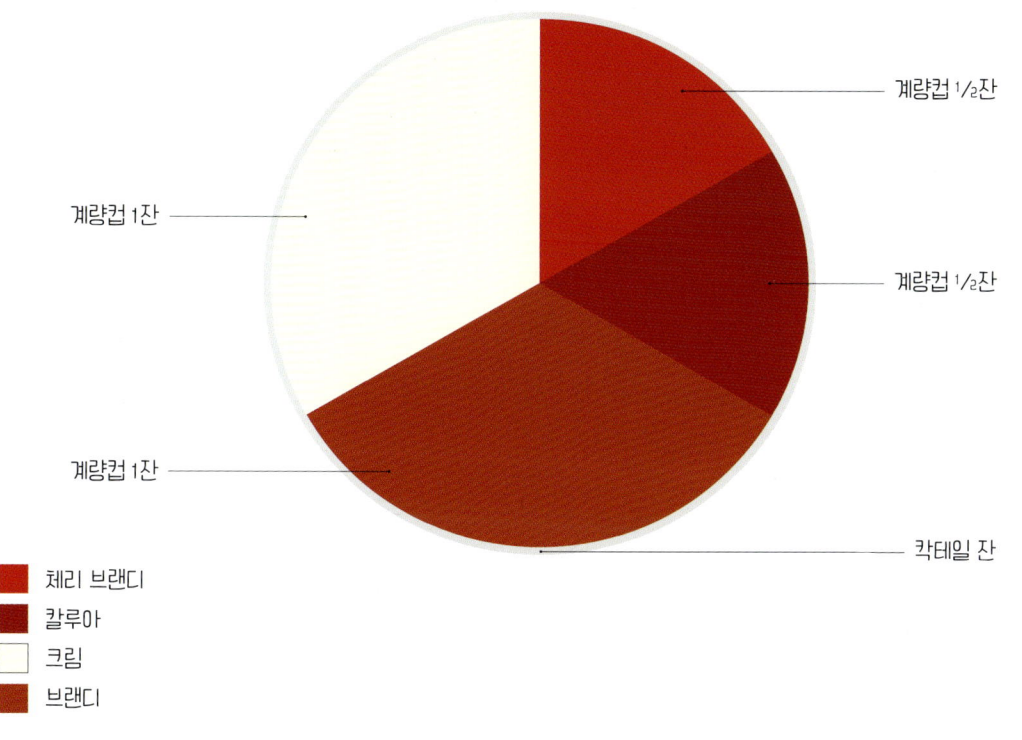

계량컵 1/2잔

계량컵 1/2잔

계량컵 1잔

계량컵 1잔

칵테일 잔

- 체리 브랜디
- 칼루아
- 크림
- 브랜디

만드는 법

1. 모든 재료를 얼음과 함께 쉐이커에 넣고 흔들어 준다. 얼음을 걸러서 칵테일 잔에 따라 준다.

에그노그 Eggnog

TIP 달걀을 사용하기 때문에 더 많이 흔들어 준다(40회 이상 또는 20초 정도). 검 시럽 대신에 설탕을 넣어도 된다.

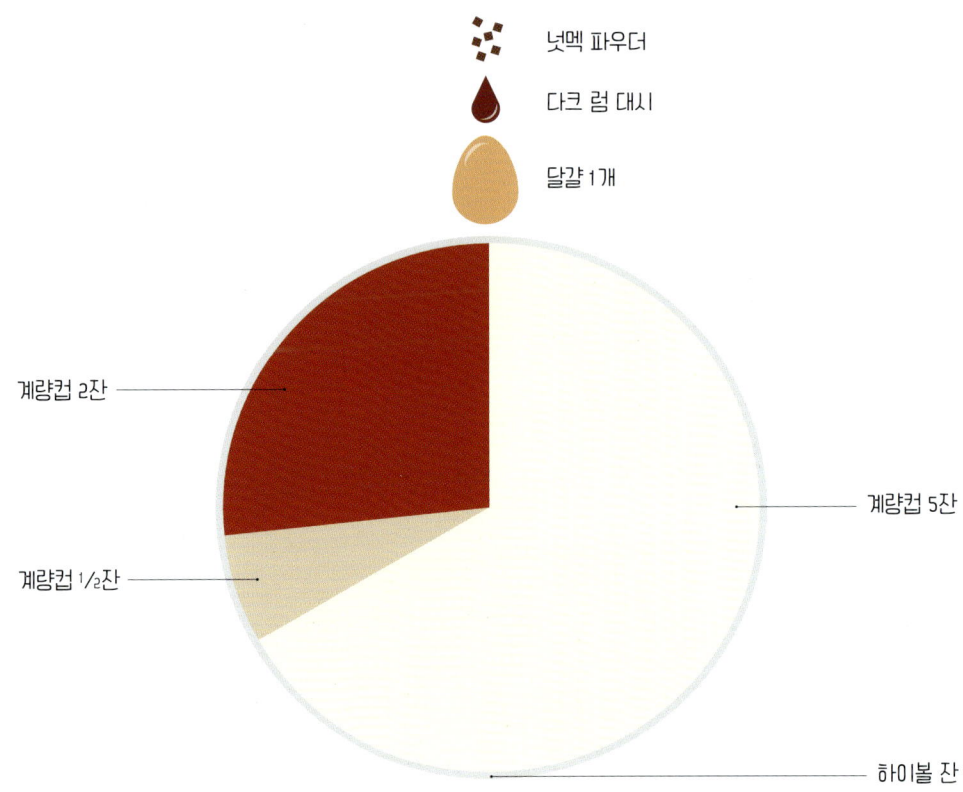

넛멕 파우더
다크 럼 대시
달걀 1개
계량컵 2잔
계량컵 1/2잔
계량컵 5잔
하이볼 잔

☐ 유유 또는 싱글 크림
☐ 검 시럽
☐ 코냑

만드는 법

1 모든 재료를 쉐이커에 넣고 잘 섞이도록 흔들어 준 후, 하이볼 잔에 따라 준다. **2** 넛멕 파우더를 뿌려 서빙한다.

프렌치 Frenchie

계량컵 2잔 — 그랑 마니에르
계량컵 2잔 — 코냑
칵테일 잔

■ 그랑 마니에르
■ 코냑

만드는 법

1. 재료를 칵테일 잔에 넣은 후 휘저어 준다.

잭 로즈 Jack Rose

TIP 라임 주스 대신에 레몬 주스를 사용해도 된다.

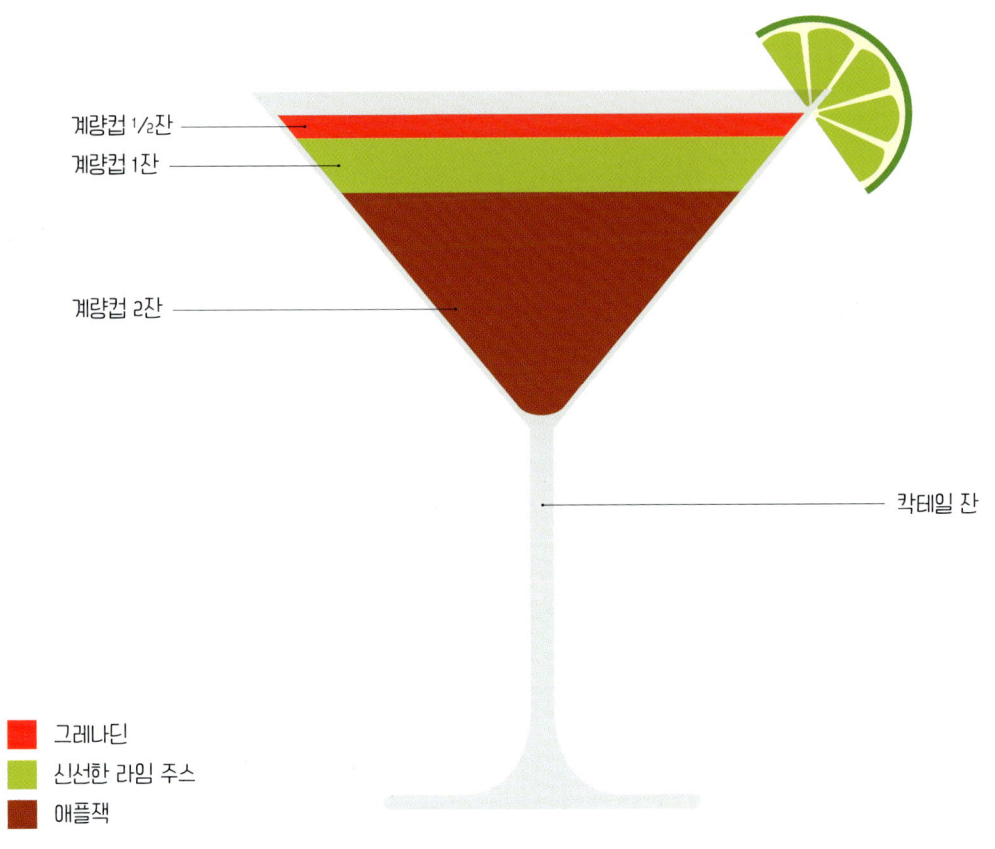

계량컵 ½잔
계량컵 1잔
계량컵 2잔
칵테일 잔

- 그레나딘
- 신선한 라임 주스
- 애플잭

만드는 법

① 재료를 얼음과 함께 쉐이커에 넣고 흔들어 준다. 얼음을 걸러서 칵테일 잔에 따라 준다. ② 라임 슬라이스로 장식한다.

루테넌트 Lieutenant

만드는 법

1 모든 재료를 얼음과 함께 쉐이커에 넣고 흔들어 준 뒤, 얼음을 걸러서 칵테일 잔에 따라 준다. **2** 체리로 장식하고 서빙한다.

미카도 Mikado

TIP 앙고스트라 비터스 대시 정도 넣어도 된다.

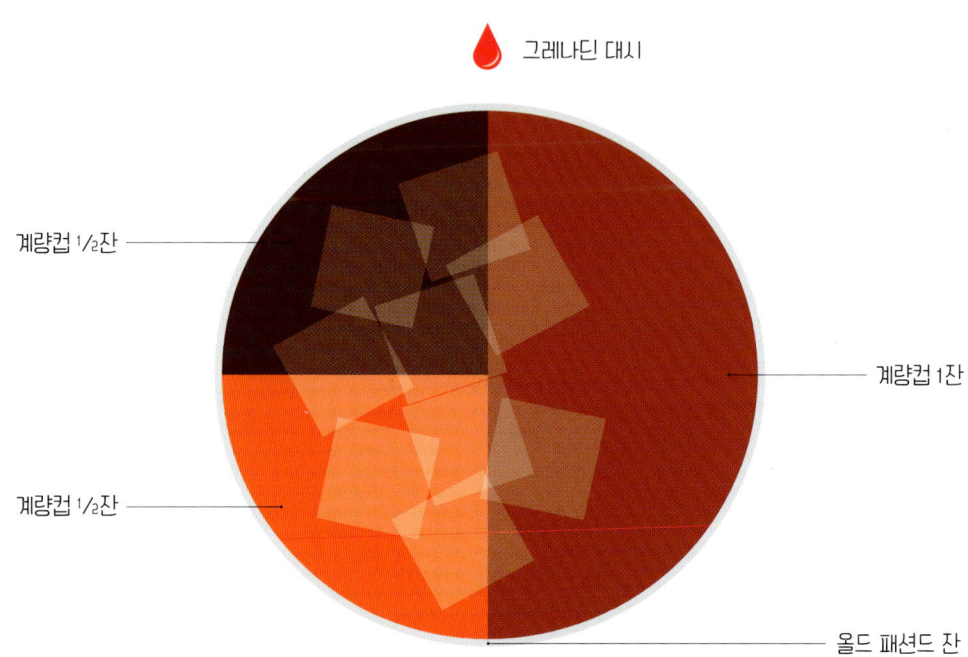

■ 크렘 드 노약스
■ 쿠앵트로
■ 코냑

만드는 법

1 모든 재료를 휘저어 준다. 얼음이 가득 담긴 올드 패션드 잔에 따라 서빙한다.

니키 핀 Nicky Finn

TIP 레몬 트위스트와 마라스키노 체리 둘 다 넣어서 장식해도 된다.

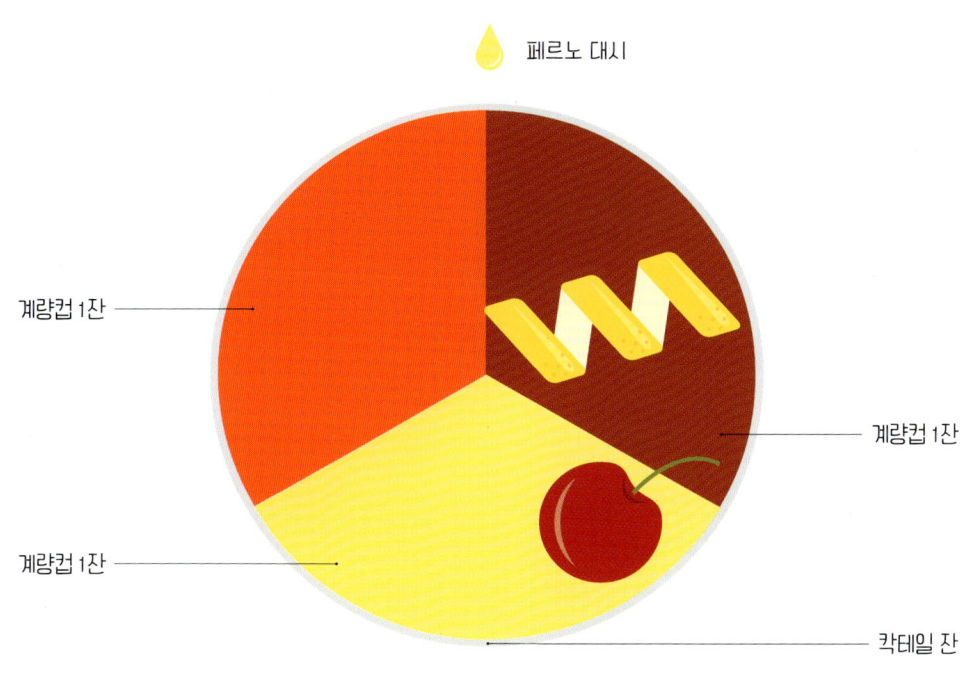

페르노 대시
계량컵 1잔
계량컵 1잔
계량컵 1잔
칵테일 잔

- 신선한 레몬 주스
- 쿠앵트로
- 브랜디

만드는 법

1 재료를 얼음과 함께 쉐이커에 넣고 흔들어 준다. 얼음을 걸러서 차가운 칵테일 잔에 따라 준다. 2 레몬 트위스트(또는 마라스키노 체리)로 장식한다.

라자 Raja

- 계량컵 1잔 — 샴페인
- 계량컵 1잔 — 코냑
- 칵테일 잔

■ 샴페인
■ 코냑

만드는 법

1. 코냑과 샴페인을 넣고 저어 준다. 칵테일 잔에 따른 후 서빙한다.

튤립 Tulip

Rum

애프터눈 딜라이트 Afternoon Delight

TIP 아이스 스쿱을 사용해서 잘게 부순 얼음 1스쿱 정도를 블렌더에 넣는다.

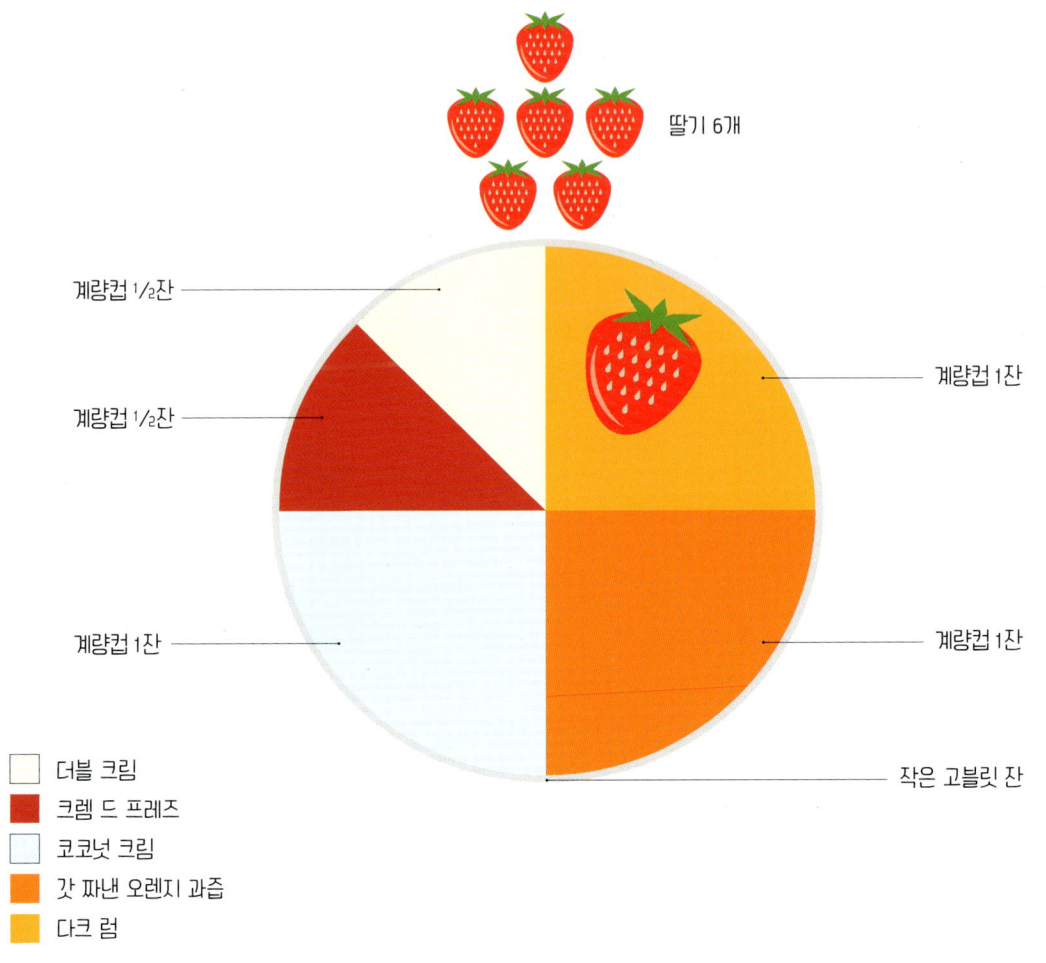

딸기 6개

계량컵 ½잔
계량컵 ½잔
계량컵 1잔
계량컵 1잔
계량컵 1잔
작은 고블릿 잔

- 더블 크림
- 크렘 드 프레즈
- 코코넛 크림
- 갓 짜낸 오렌지 과즙
- 다크 럼

만드는 법

1. 딸기 1개를 제외하고 모든 재료를 블렌더에 넣는다. 2. 잘게 부순 얼음을 넣고 갈아 준다. 고블릿 잔에 따라 준다.
3. 딸기 1개로 장식하고 빨대와 함께 서빙한다.

아폴로 13 Apollo 13

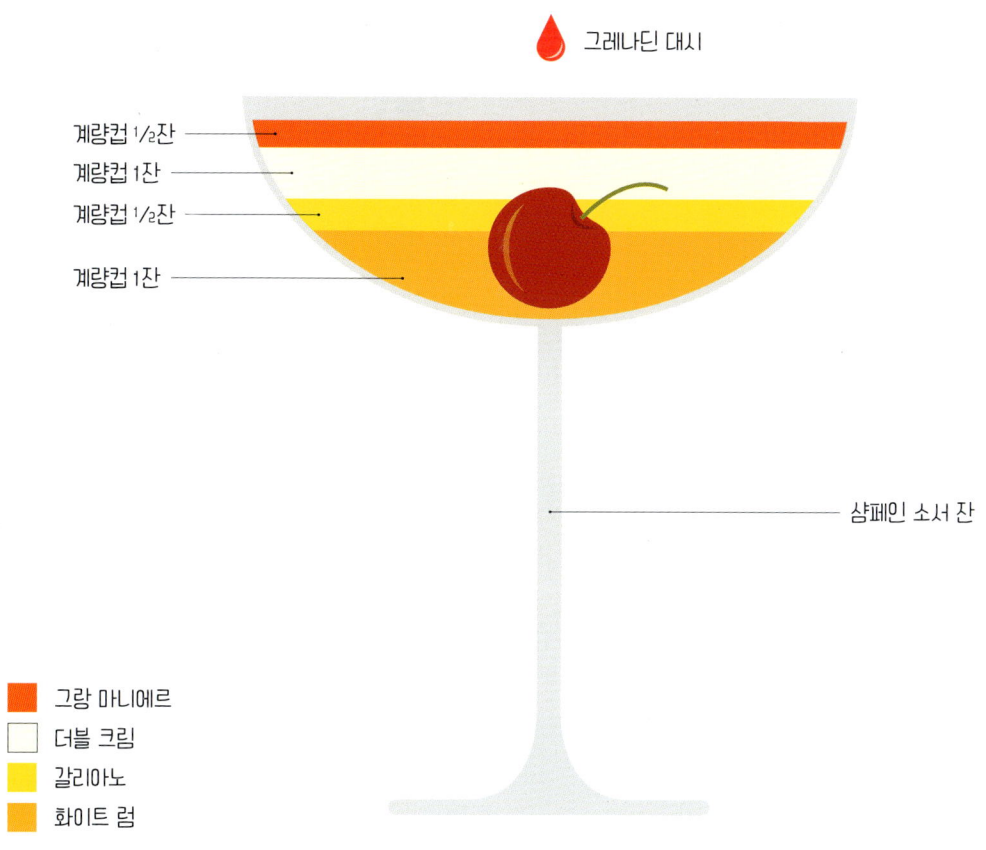

만드는 법

1 모든 재료를 얼음과 함께 쉐이커에 넣고 흔들어 준다. 얼음을 걸러서 샴페인 소서 잔에 따라 준다. 2 마라스키노 체리로 장식한다.

바이아 Bahia

TIP 아이스 스쿱을 사용해서 잘게 부순 얼음 1스쿱 정도 블렌더에 넣는다.

계량컵 1잔 — 더블 크림
계량컵 1잔 — 자몽 주스
계량컵 2잔 — 파인애플 주스
계량컵 1잔 — 코코넛 크림
계량컵 2잔 — 화이트 럼

큰 고블릿 잔

만드는 법

1. 모든 재료를 블렌더에 넣고 갈아 준 뒤, 큰 고블릿 잔에 따라 준다.

바라쿠다 Barracuda

차가운 샴페인으로 채우기
계량컵 1/2잔
계량컵 1/2잔
계량컵 1잔
계량컵 1잔
계량컵 1잔
하이볼 잔

- 차가운 샴페인
- 그레나딘
- 신선한 라임 주스
- 파인애플 주스
- 갈리아노
- 화이트 럼

만드는 법

1. 각각의 재료를 하이볼 잔에 넣는다. 그 위에 샴페인으로 채워 서빙한다.

비스 키스 Bee's Kiss

TIP 차가운 블랙 커피 대신에 꿀 1티스푼 정도를 넣어도 되며, 칵테일 위에 넛멕 파우더를 뿌려도 된다.

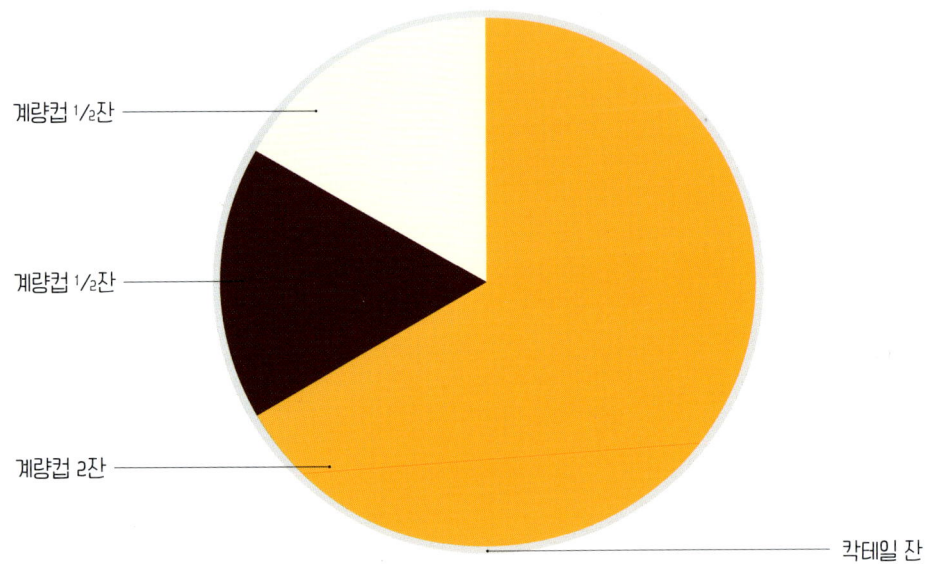

계량컵 1/2잔 — 더블 크림
계량컵 1/2잔 — 차가운 블랙 커피
계량컵 2잔 — 화이트 럼
칵테일 잔

☐ 더블 크림
■ 차가운 블랙 커피
■ 화이트 럼

만드는 법

1 모든 재료를 쉐이커에 넣어 흔들어 주고 칵테일 잔에 따라 준다.

벨라 도나 Bella Donna

TIP 사워 믹스 대신에 레몬 주스를 넣어도 된다.

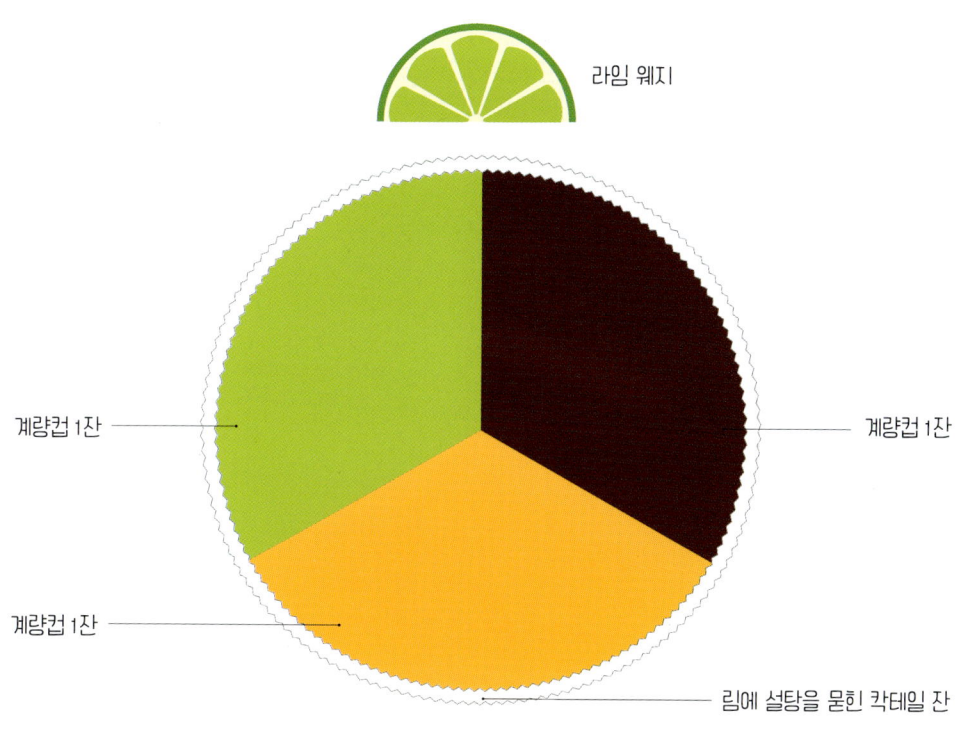

라임 웨지
계량컵 1잔
계량컵 1잔
계량컵 1잔
림에 설탕을 묻힌 칵테일 잔

- 사워 믹스
- 아마레토
- 다크 럼

만드는 법

1 라임 웨지로 칵테일 잔 림 부분을 문질러 준 뒤 설탕이 담긴 접시에 넣어 설탕을 묻힌다. **2** 모든 재료를 얼음과 함께 쉐이커에 넣고 흔들어 준다. 얼음을 걸러서 잔에 따라 준다.

블루 하와이안 Blue Hawaiian

TIP 아이스 스쿱을 사용해서 잘게 부순 얼음 1스쿱 정도를 블렌더에 넣는다. 파인애플 웨지로 장식해도 된다.

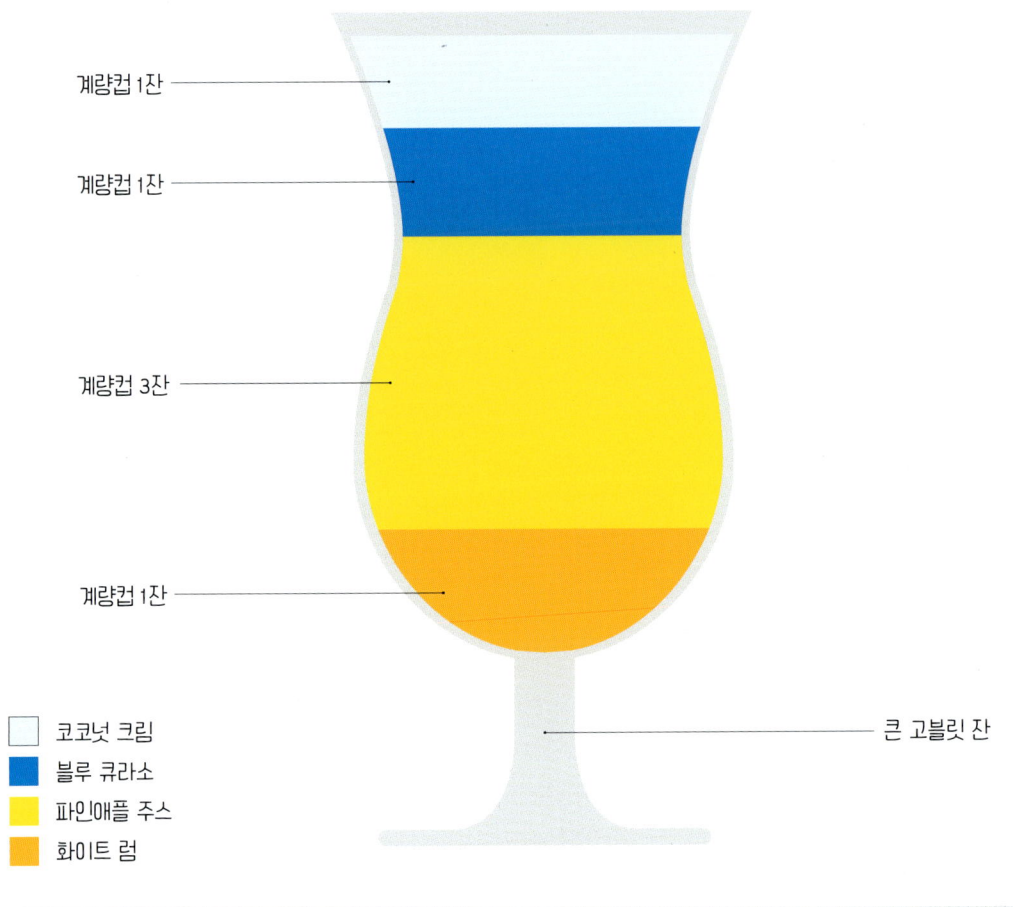

- 코코넛 크림
- 블루 큐라소
- 파인애플 주스
- 화이트 럼

계량컵 1잔 — 코코넛 크림
계량컵 1잔 — 블루 큐라소
계량컵 3잔 — 파인애플 주스
계량컵 1잔 — 화이트 럼

큰 고블릿 잔

만드는 법

1. 모든 재료를 블렌더에 넣고 갈아 준 뒤, 큰 고블릿 잔에 따라 준다.

카사블랑카 Casablanca

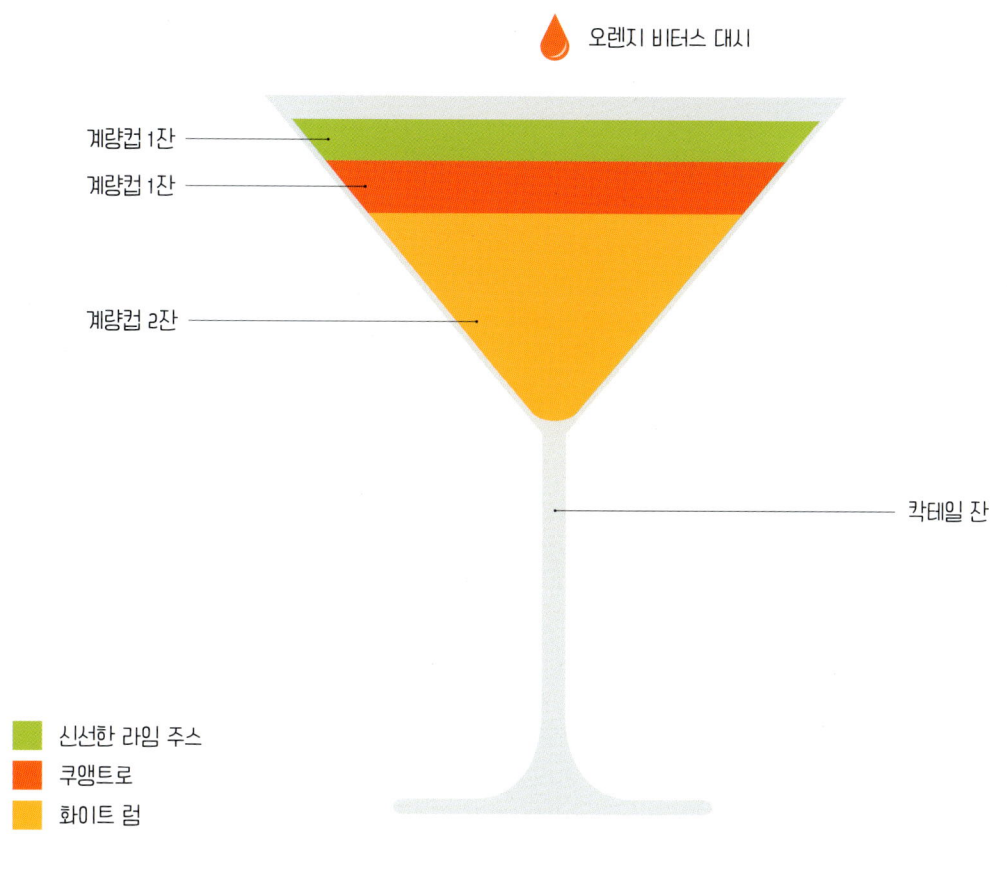

- 오렌지 비터스 대시
- 계량컵 1잔 — 신선한 라임 주스
- 계량컵 1잔 — 쿠앵트로
- 계량컵 2잔 — 화이트 럼
- 칵테일 잔

만드는 법

1. 모든 재료를 쉐이커에 넣고 흔들어 준다. 칵테일 잔에 따른 후 서빙한다.

코코로코 Cocoloco

TIP 아이스 스쿱을 사용해서 잘게 부순 얼음 1스쿱 정도를 블렌더에 넣는다.

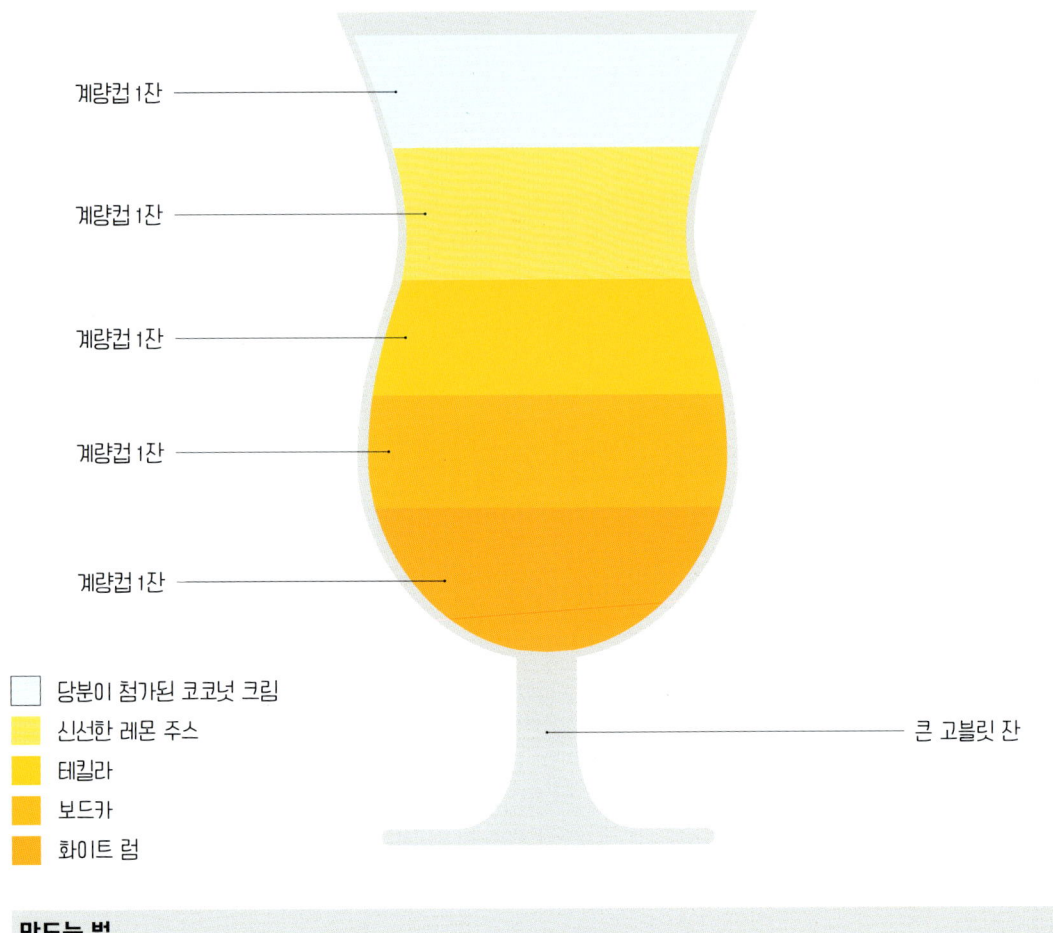

계량컵 1잔
계량컵 1잔
계량컵 1잔
계량컵 1잔
계량컵 1잔

- 당분이 첨가된 코코넛 크림
- 신선한 레몬 주스
- 테킬라
- 보드카
- 화이트 럼

큰 고블릿 잔

만드는 법

1 모든 재료를 블렌더에 넣고 부드러워질 때까지 갈아 준다. 큰 고블릿 잔에 따라 준다.

쿠바 리브레 Cuba Libre

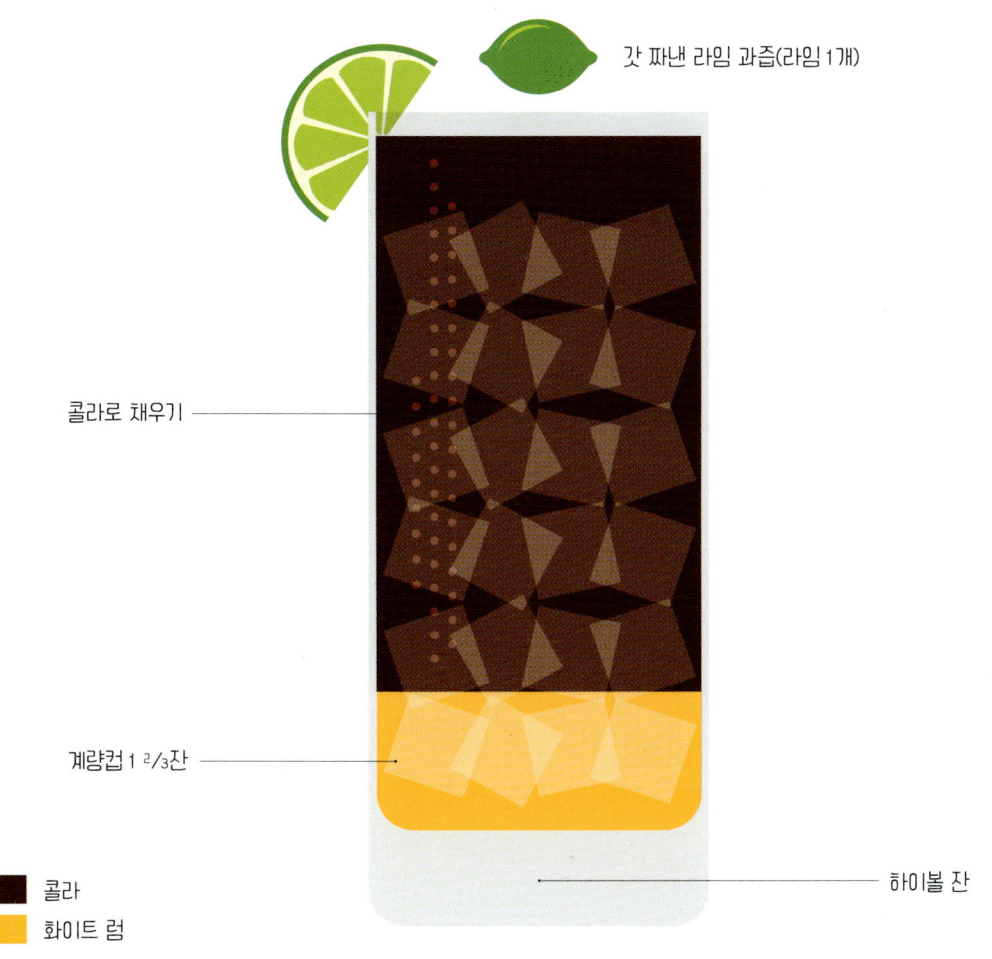

갓 짜낸 라임 과즙(라임 1개)

콜라로 채우기

계량컵 1 2/3잔

■ 콜라
■ 화이트 럼

하이볼 잔

만드는 법

1 얼음을 채운 하이볼 잔에 라임 과즙을 넣은 후 럼을 넣는다. **2** 그 위를 콜라로 채워 주고 라임 웨지로 장식한다. 휘젓개와 함께 서빙한다.

디지 길레스피 Dizzy Gillespie

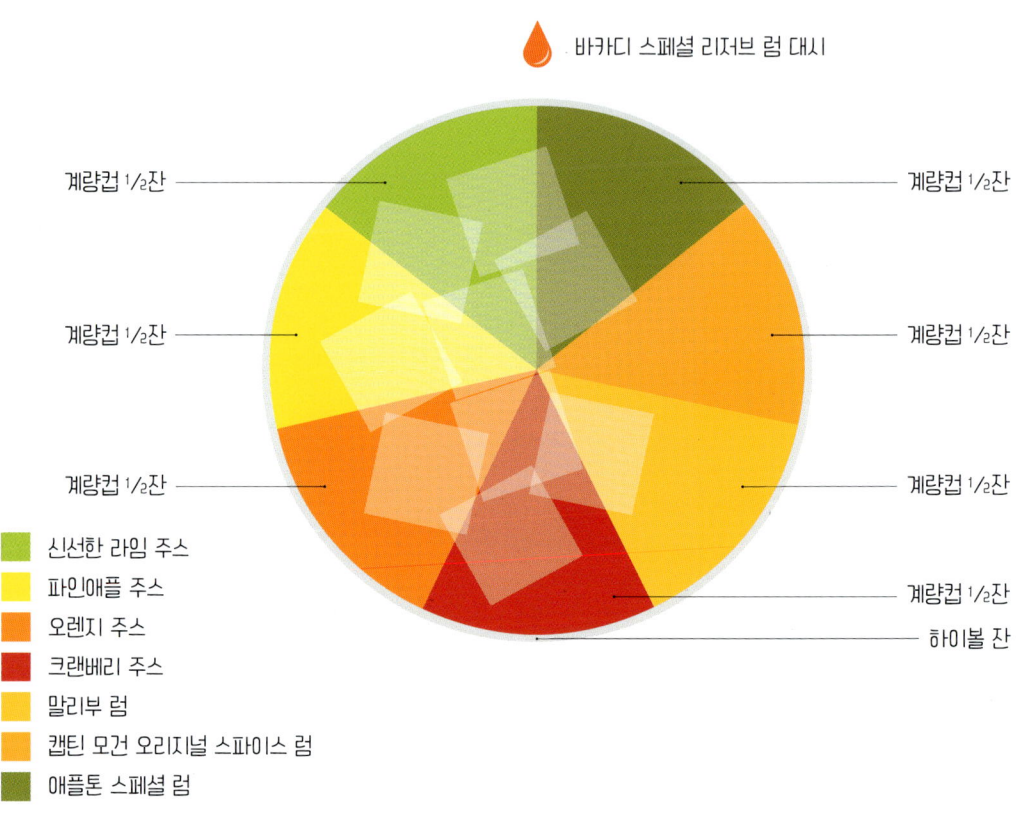

바카디 스페셜 리저브 럼 대시

계량컵 1/2잔
계량컵 1/2잔
계량컵 1/2잔
계량컵 1/2잔
계량컵 1/2잔
계량컵 1/2잔
계량컵 1/2잔
하이볼 잔

- 신선한 라임 주스
- 파인애플 주스
- 오렌지 주스
- 크랜베리 주스
- 말리부 럼
- 캡틴 모건 오리지널 스파이스 럼
- 애플톤 스페셜 럼

만드는 법

1 바카디를 제외한 모든 재료를 얼음과 함께 쉐이커에 넣고 흔들어 준다. 얼음을 거른 후 얼음이 든 하이볼 잔에 따라 준다. **2** 그 위에 바카디 스페셜 리저브 럼을 띄워 준다.

엘 프레지덴테 El Presidente

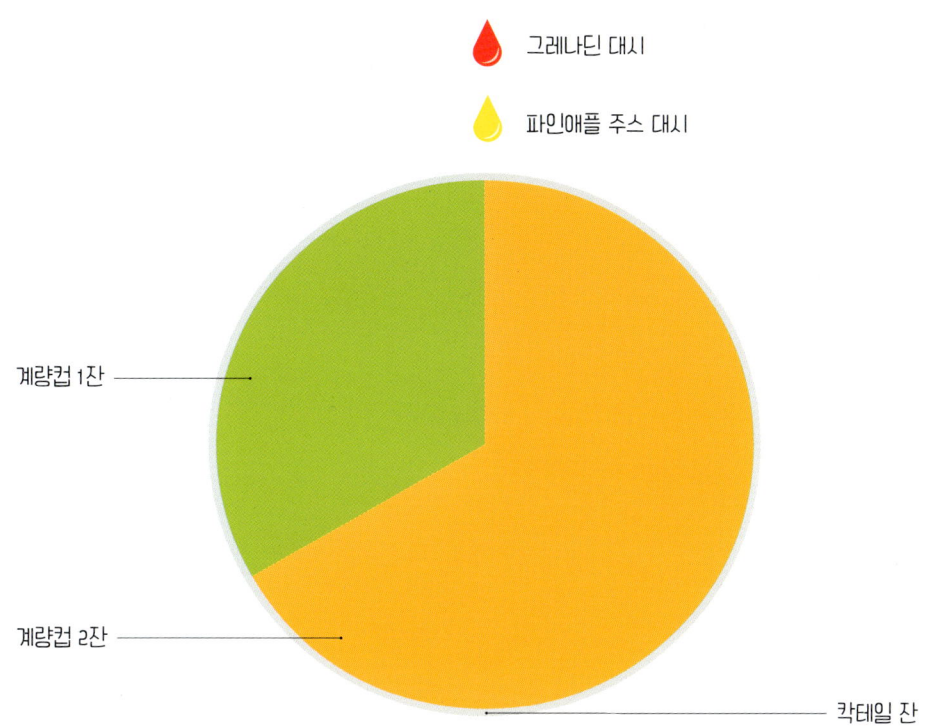

만드는 법

1 그레나딘을 칵테일 잔에 넣는다. 얼음을 넣은 쉐이커에 럼, 라임 주스, 파인애플 주스를 넣고 흔들어 준다. 얼음을 걸러서 잔에 따른 후 서빙한다.

플로리디타 Floridita

TIP 라임 웨지로 장식해도 된다.

- 갓 짜낸 라임 과즙(라임 1/2개)
- 화이트 크렘 드 카카오 대시
- 그레나딘 대시
- 계량컵 1/2잔
- 계량컵 1 1/2잔
- 칵테일 잔

■ 스위트 버무스
■ 화이트 럼

만드는 법

1 모든 재료를 큐브 얼음과 함께 쉐이커에 넣고 흔들어 준다. 얼음을 걸러서 칵테일 잔에 따른다.

허리케인 Hurricane

만드는 법

1 모든 재료를 쉐이커에 넣고 흔들어 준다. 얼음을 채운 하이볼 잔에 따른다. **2** 파인애플 웨지로 장식한다.

정글 주스 Jungle Juice

TIP 아이스 스쿱을 사용해서 잘게 부순 얼음 1스쿱 정도를 블렌더에 넣는다.

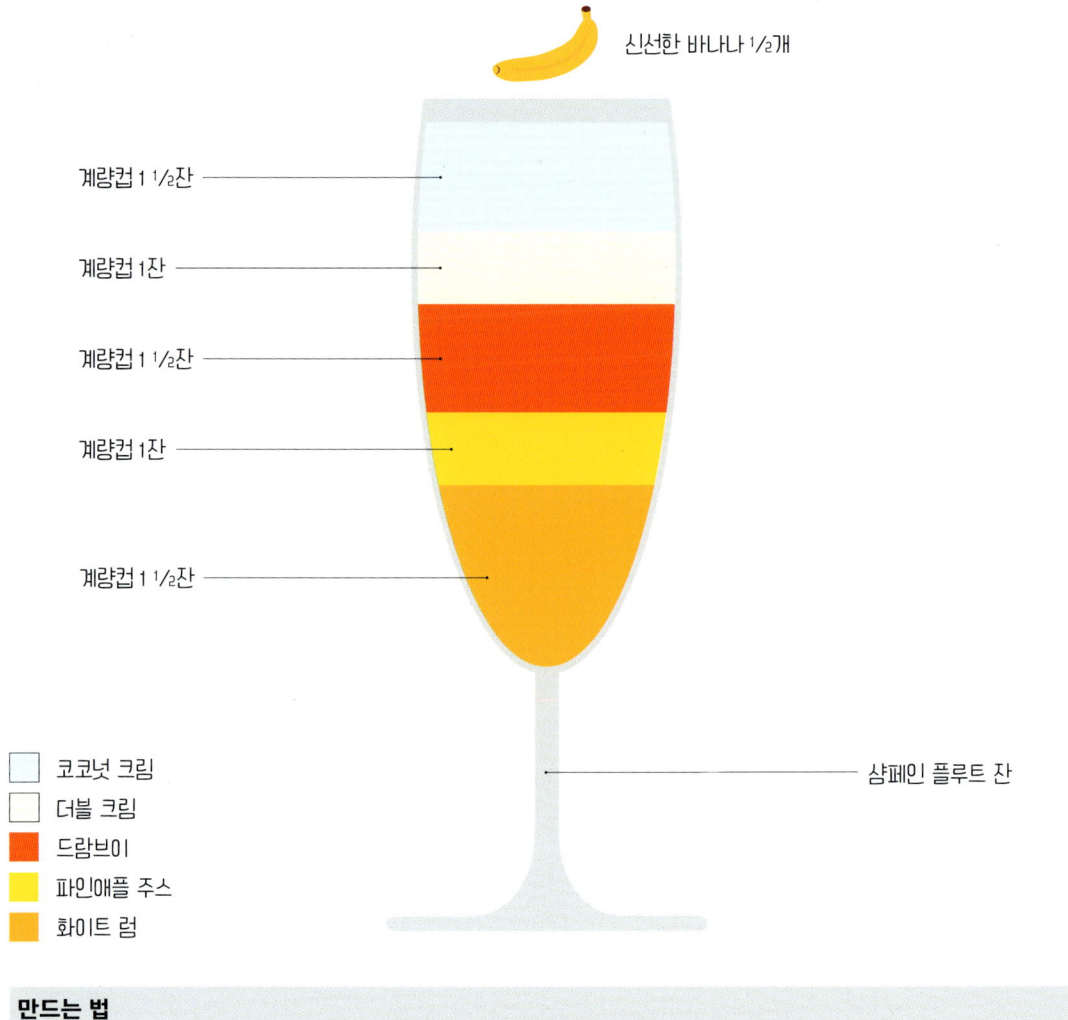

- 신선한 바나나 1/2개
- 계량컵 1 1/2잔 — 코코넛 크림
- 계량컵 1잔 — 더블 크림
- 계량컵 1 1/2잔 — 드람브이
- 계량컵 1잔 — 파인애플 주스
- 계량컵 1 1/2잔 — 화이트 럼
- 샴페인 플루트 잔

만드는 법

1. 모든 재료를 블렌더에 넣고 부드러워질 때까지 갈아 준 뒤, 샴페인 플루트 잔에 따라 준다.

마돈나 Madonna

TIP 사워 믹스 대신에 레몬 주스를 넣어도 된다.

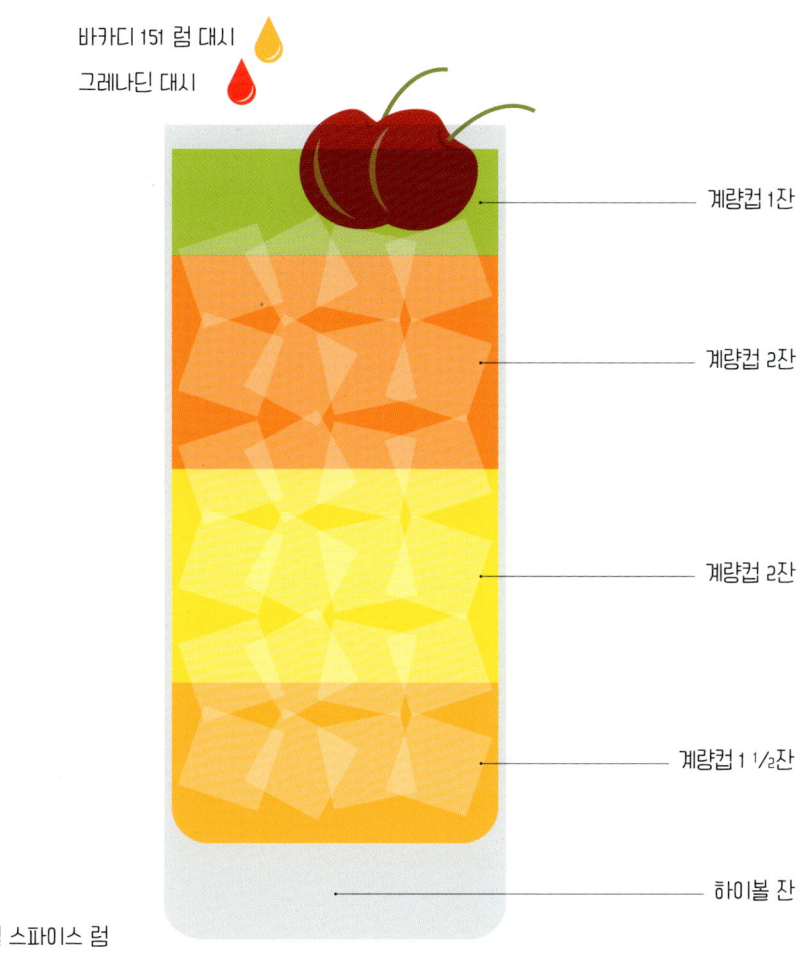

바카디 151 럼 대시
그레나딘 대시
계량컵 1잔
계량컵 2잔
계량컵 2잔
계량컵 1 1/2잔
하이볼 잔

- 사워 믹스
- 오렌지 주스
- 파인애플 주스
- 캡틴 모건 오리지널 스파이스 럼

만드는 법

1 캡틴 모건 오리지널 스파이스 럼, 파인애플 주스, 오렌지 주스, 사워 믹스를 얼음과 함께 쉐이커에 넣고 흔들어 준다. 얼음을 거른 후 얼음을 담은 하이볼 잔에 따라 준다. **2** 그 위에 바카디 럼을 띄우고 그레나딘 시럽을 넣는다. 마라스키노 체리 2개로 장식한다.

모히토 Mojito

TIP 검 시럽 대신에 설탕을 넣어도 된다.

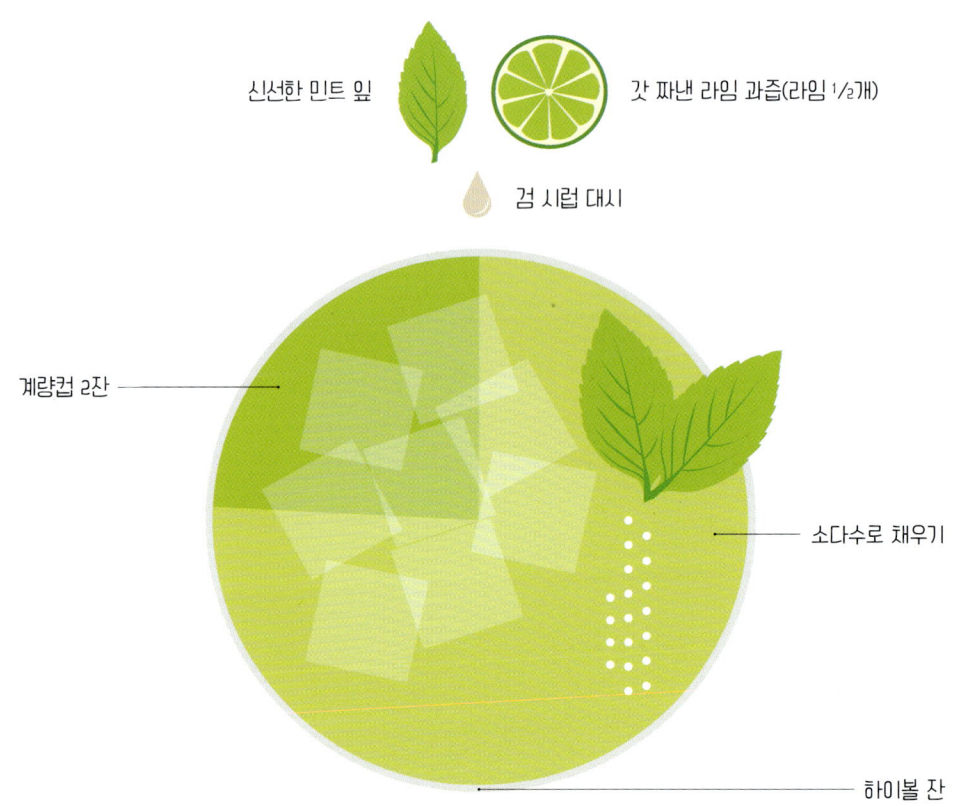

신선한 민트 잎
갓 짜낸 라임 과즙(라임 1/2개)
검 시럽 대시
계량컵 2잔
소다수로 채우기
하이볼 잔

■ 소다수
■ 화이트 럼

만드는 법

1 큰 하이볼 잔에 민트 잎과 검 시럽을 넣고 으깬다. **2** 라임 과즙을 넣은 후 라임 반 개를 넣는다. **3** 럼과 얼음을 넣는다. **4** 휘저어 준 후 소다수로 채운다. 가볍게 다시 한번 휘저은 후 민트로 장식한다.

네이키드 레이디 Naked Lady

TIP 달걀흰자를 사용하기 때문에 더 많이 흔들어 준다(40회 이상 또는 20초 정도).

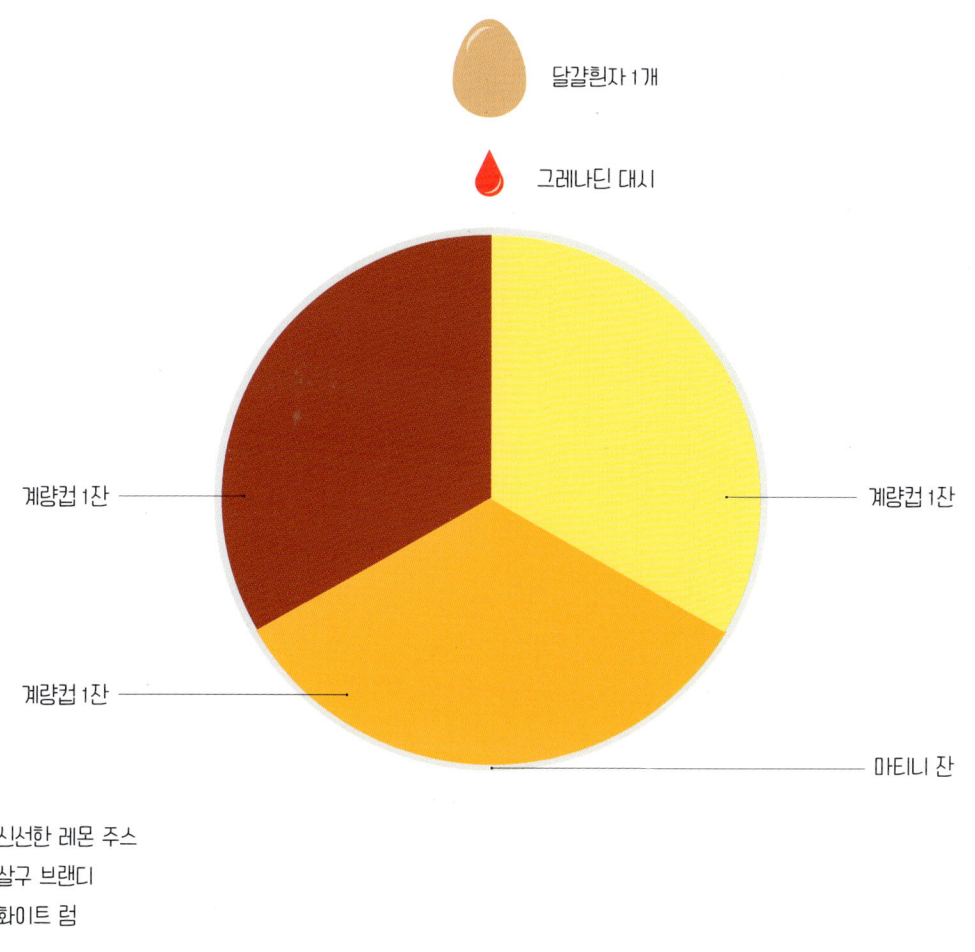

달걀흰자 1개

그레나딘 대시

계량컵 1잔

계량컵 1잔

계량컵 1잔

마티니 잔

- 신선한 레몬 주스
- 살구 브랜디
- 화이트 럼

만드는 법

1 모든 재료를 쉐이커에 넣고 섞어 준다. 칵테일 잔에 따른 후 서빙한다.

페인킬러 Painkiller

TIP 칵테일 위에 넛멕 파우더를 뿌려도 된다.

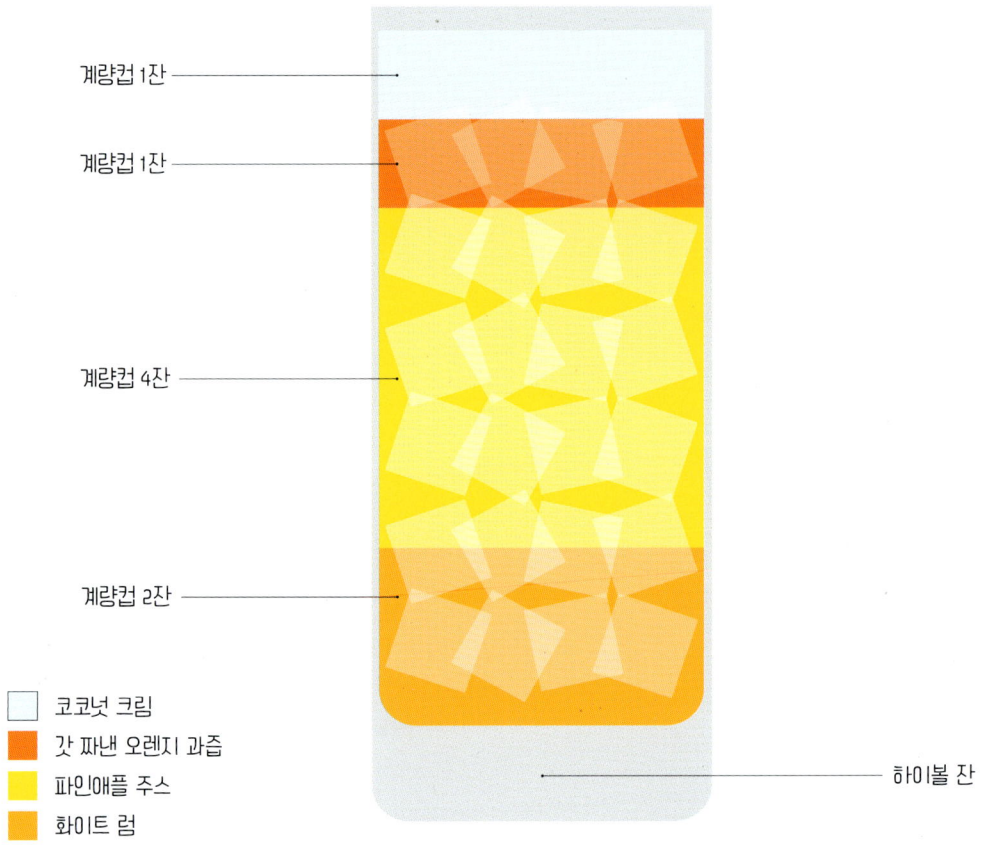

계량컵 1잔
계량컵 1잔
계량컵 4잔
계량컵 2잔

- 코코넛 크림
- 갓 짜낸 오렌지 과즙
- 파인애플 주스
- 화이트 럼

하이볼 잔

만드는 법

1 모든 재료를 쉐이커에 넣고 흔들어 준다. 얼음이 담긴 하이볼 잔에 따라 준다.

피나 콜라다 Pina Colada

TIP 아이스 스쿱을 사용해서 잘게 부순 얼음 1스쿱 정도 블렌더에 넣는다. 파인애플 슬라이스로 장식한다.

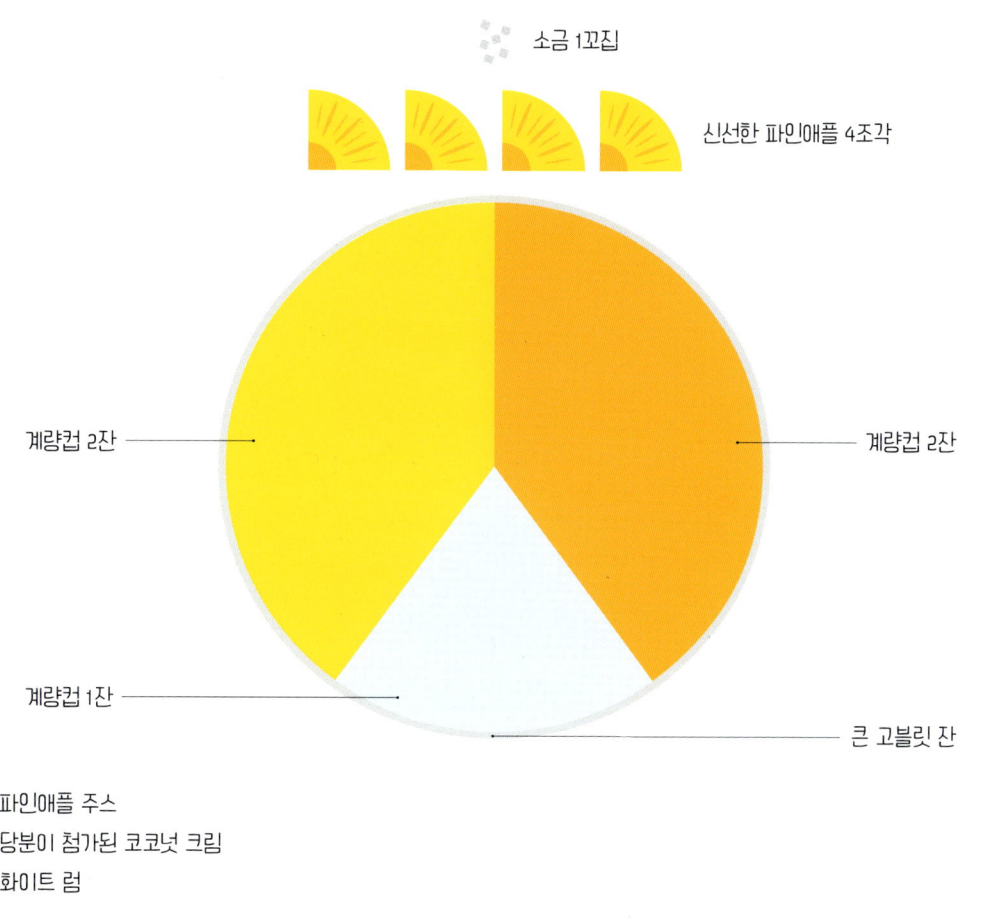

소금 1꼬집

신선한 파인애플 4조각

계량컵 2잔

계량컵 2잔

계량컵 1잔

큰 고블릿 잔

- 파인애플 주스
- 당분이 첨가된 코코넛 크림
- 화이트 럼

만드는 법

1 모든 재료를 블렌더에 넣은 후 부드러워질 때까지 갈아 준다. 큰 고블릿잔에 따라 준다.

푸시 풋 Pussy Foot

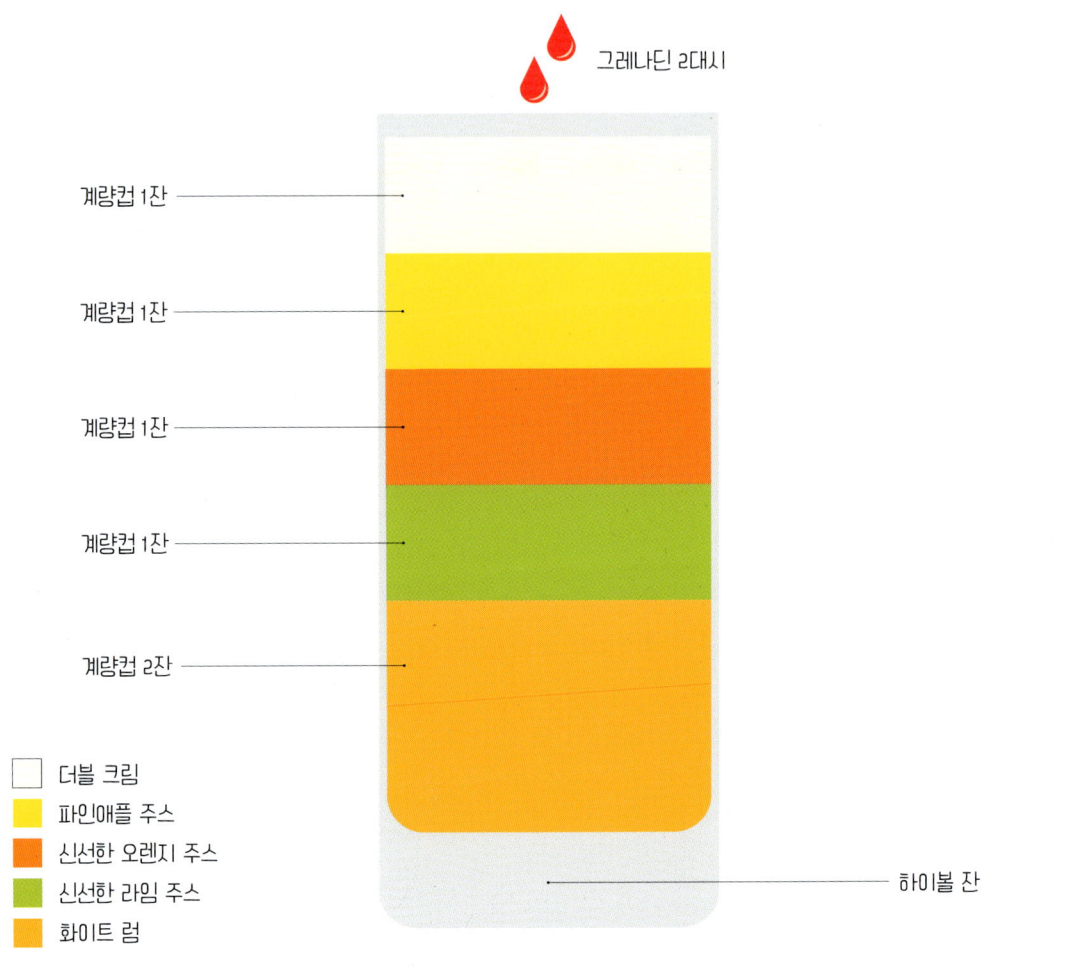

- 계량컵 1잔 — 더블 크림
- 계량컵 1잔 — 파인애플 주스
- 계량컵 1잔 — 신선한 오렌지 주스
- 계량컵 1잔 — 신선한 라임 주스
- 계량컵 2잔 — 화이트 럼
- 그레나딘 2대시
- 하이볼 잔

만드는 법

1 모든 재료를 쉐이커에 넣고 잘 섞이도록 흔들어 준다. 하이볼 잔에 따른 후 서빙한다.

좀비 Zombie

TIP 민트나 과일로 장식해도 된다.

- 오렌지 주스
- 라임 주스
- 체리 헤링
- 오버프루프 럼
- 다크 럼
- 골드 럼

그레나딘 대시

계량컵 3/4잔
계량컵 1 1/4잔
계량컵 3/4잔
계량컵 3/4잔
계량컵 2잔
계량컵 3/4잔
하이볼 잔

만드는 법

1. 모든 재료를 쉐이커에 넣고 흔들어 준다. 얼음이 반 정도 담긴 큰 하이볼 잔에 따라 준다.

Whisky 101

알곤퀸 Algonquin

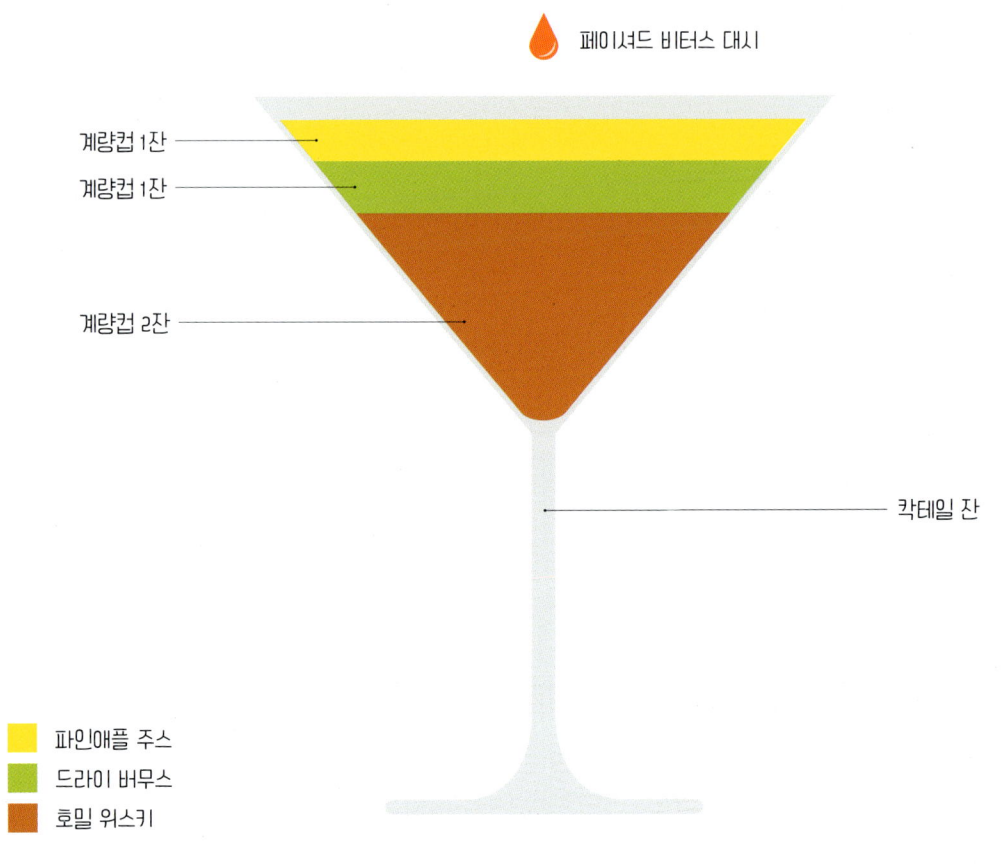

만드는 법

1 모든 재료를 쉐이커에 넣고 흔들어 준다. 칵테일 잔에 따라 준다.

앤젤릭 Angelic

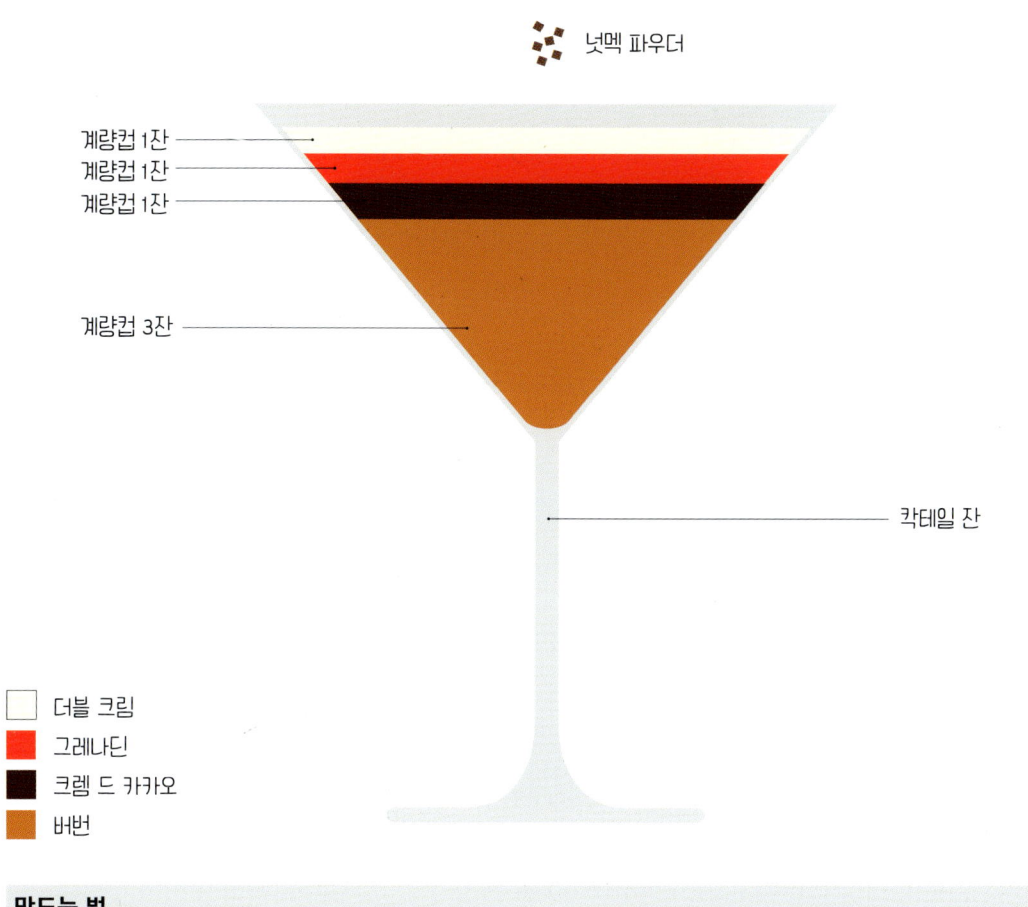

- 더블 크림
- 그레나딘
- 크렘 드 카카오
- 버번

만드는 법

1. 재료를 쉐이커에 넣고 잘 섞이도록 흔들어 준 후, 칵테일 잔에 따른다. 2. 넛멕 파우더를 뿌려 서빙한다.

발렌타인 Ballantine's

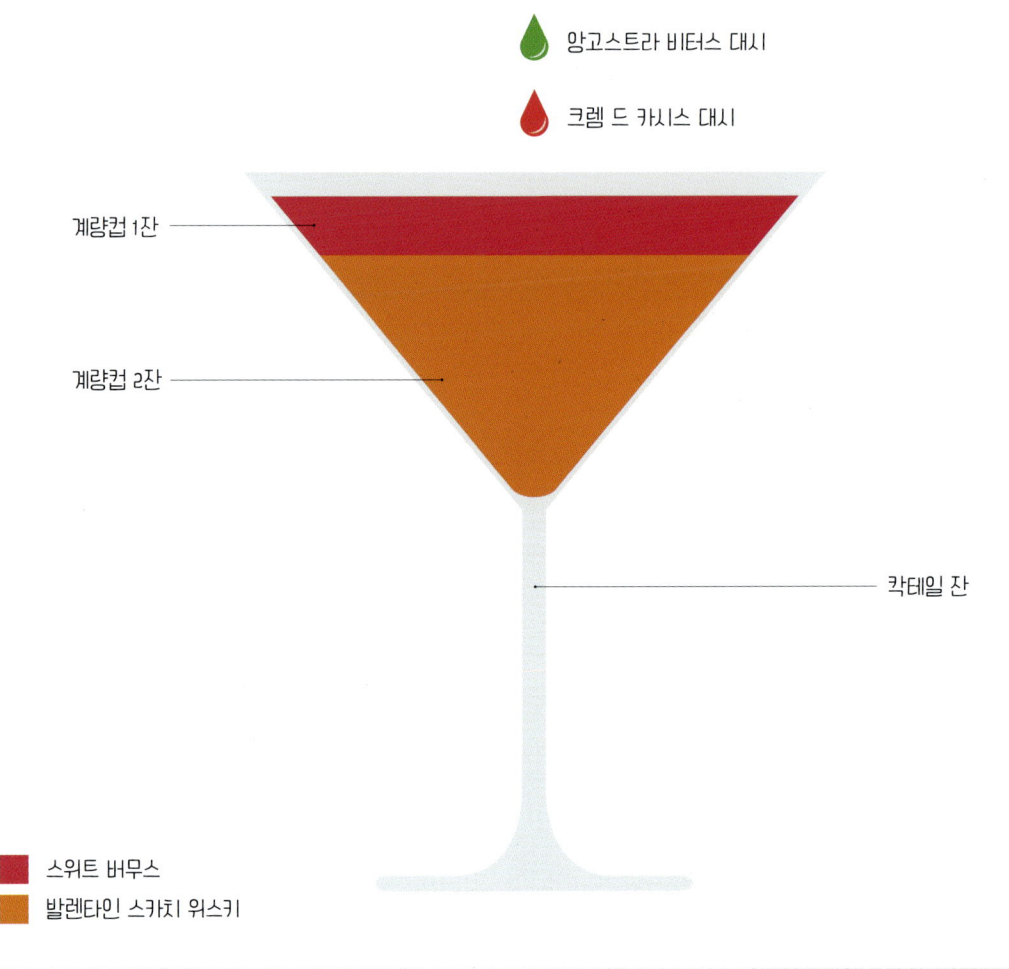

만드는 법

1 모든 재료를 쉐이커에 넣고 흔들어 준다. **2** 칵테일 잔에 따른 후 서빙한다.

블러드 앤 샌드 Blood and Sand

TIP 블러드 앤 샌드 No.2 칵테일은 스카치 위스키, 체리 헤링Cherry Heering, 패션 프루츠 퓨레, 릴레 로그Lillet Rouge를 사용해서 만든다.

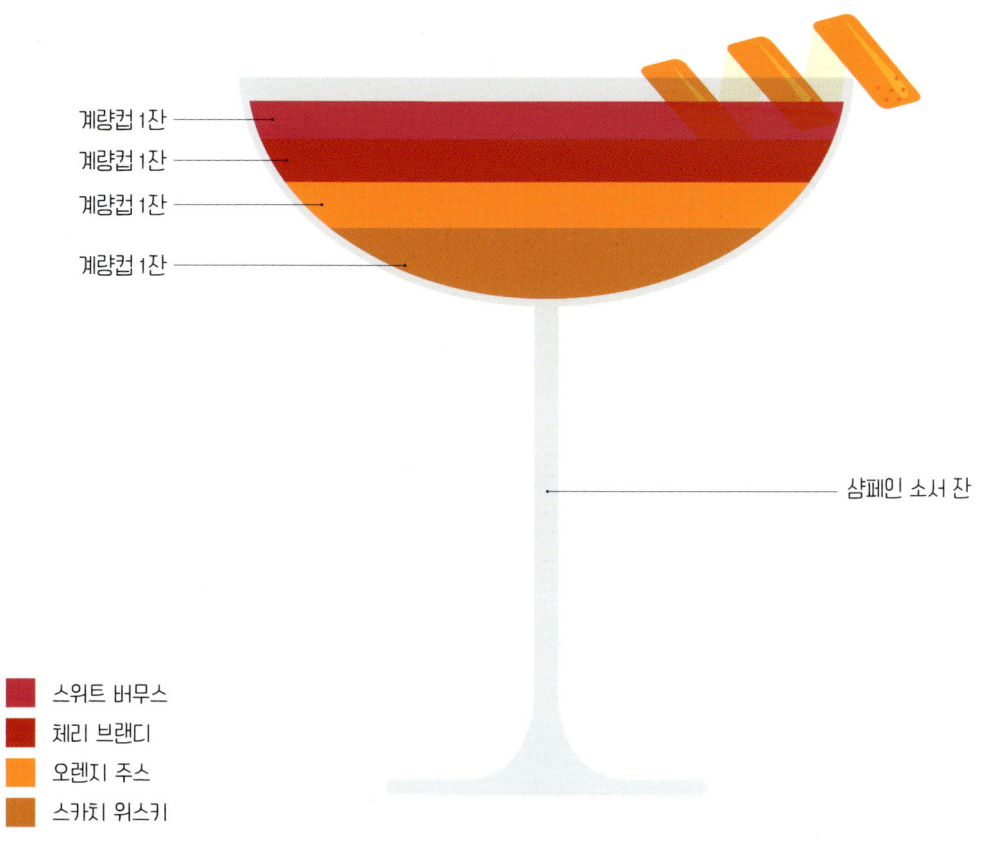

계량컵 1잔
계량컵 1잔
계량컵 1잔
계량컵 1잔

샴페인 소서 잔

- 스위트 버무스
- 체리 브랜디
- 오렌지 주스
- 스카치 위스키

만드는 법

1 재료와 얼음을 믹싱 글라스에 넣은 후 잘 섞어 준다. 샴페인 소서 잔에 따라 준다. **2** 오렌지 트위스트로 장식한다.

브루클린 Brooklyn

TIP 아메르 피콘Amer Picon 대시를 넣어도 된다. 마라스키노 체리로 장식해도 된다.

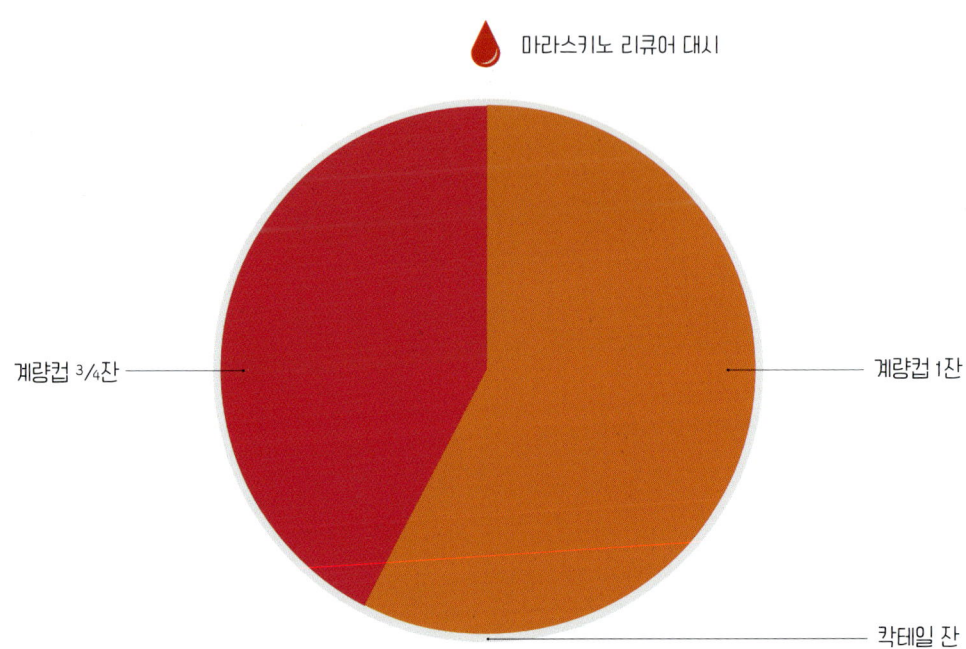

마라스키노 리큐어 대시

계량컵 3/4잔

계량컵 1잔

칵테일 잔

■ 버무스 로소
■ 호밀 위스키

만드는 법

1 모든 재료를 함께 휘저은 후 칵테일 잔에 따라 준다.

캐나디안 셔벗 Canadian Sherbet

TIP 아이스 스쿱을 사용해서 잘게 부순 얼음 1스쿱 정도를 블렌더에 넣는다.

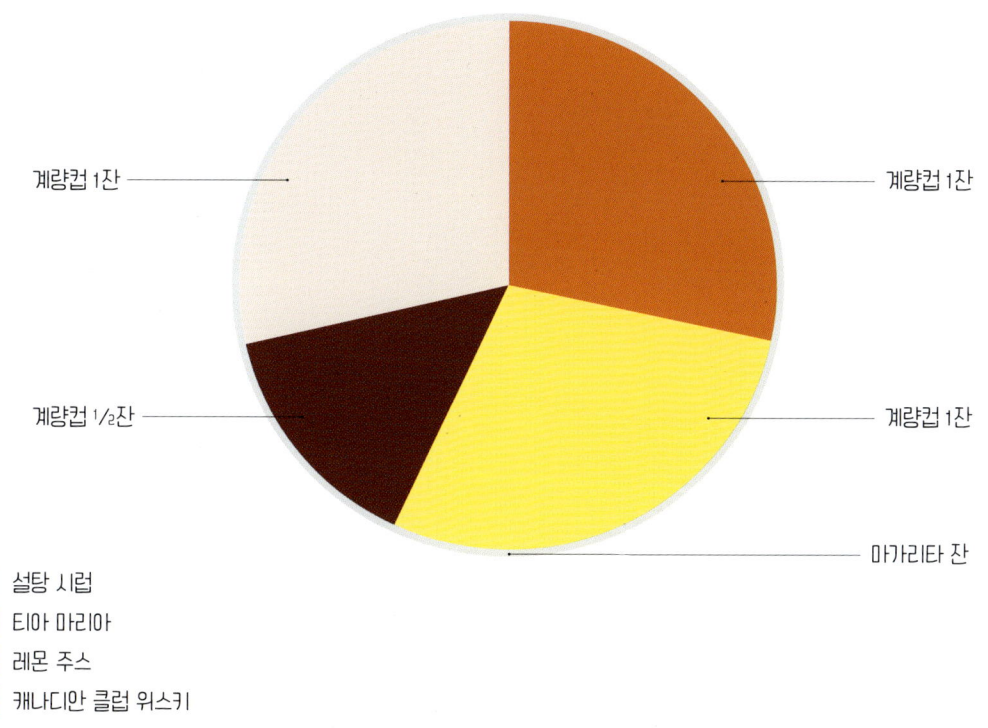

계량컵 1잔 — 설탕 시럽
계량컵 1잔 — 캐나디안 클럽 위스키
계량컵 1잔 — 레몬 주스
계량컵 1/2잔 — 티아 마리아
마가리타 잔

- 설탕 시럽
- 티아 마리아
- 레몬 주스
- 캐나디안 클럽 위스키

만드는 법

1 재료와 얼음을 블렌더에 넣은 후 갈아 준다. 마가리타 잔에 따라 준다.

채플 힐 Chapel Hill

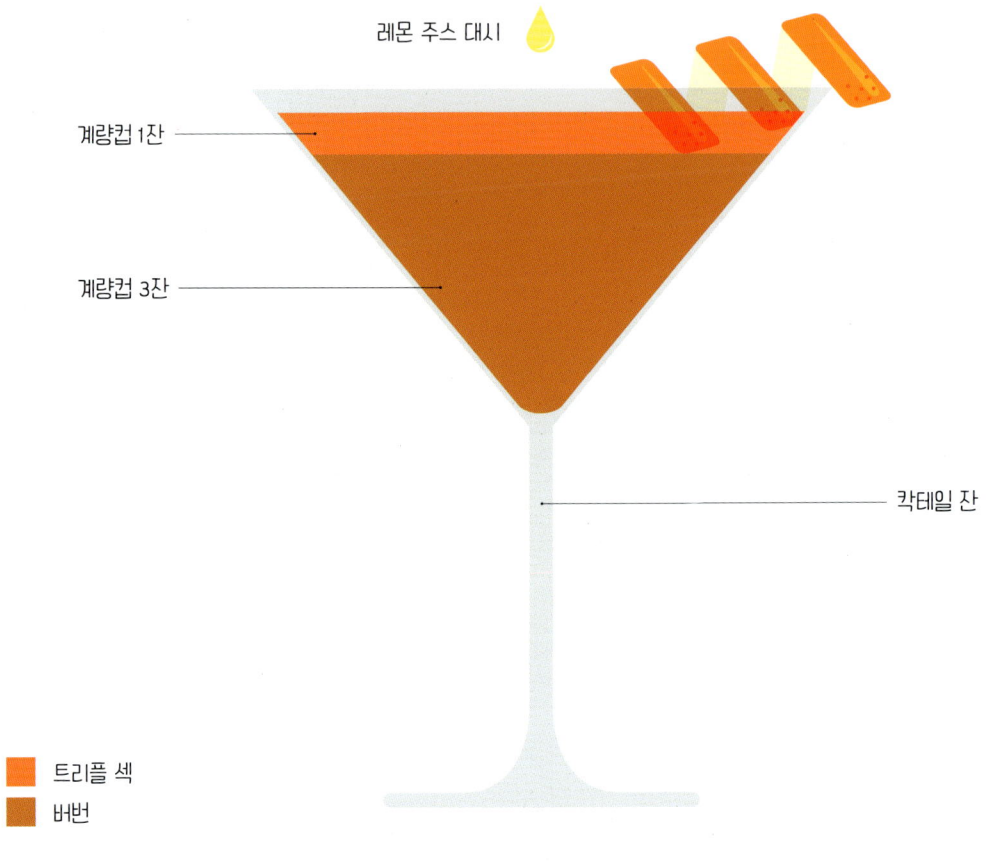

만드는 법

1. 모든 액체 재료를 쉐이커에 넣고 흔든 후 칵테일 잔에 따른다. 오렌지 트위스트로 장식하고 서빙한다.

콜로넬 피즈 Colonel Fizz

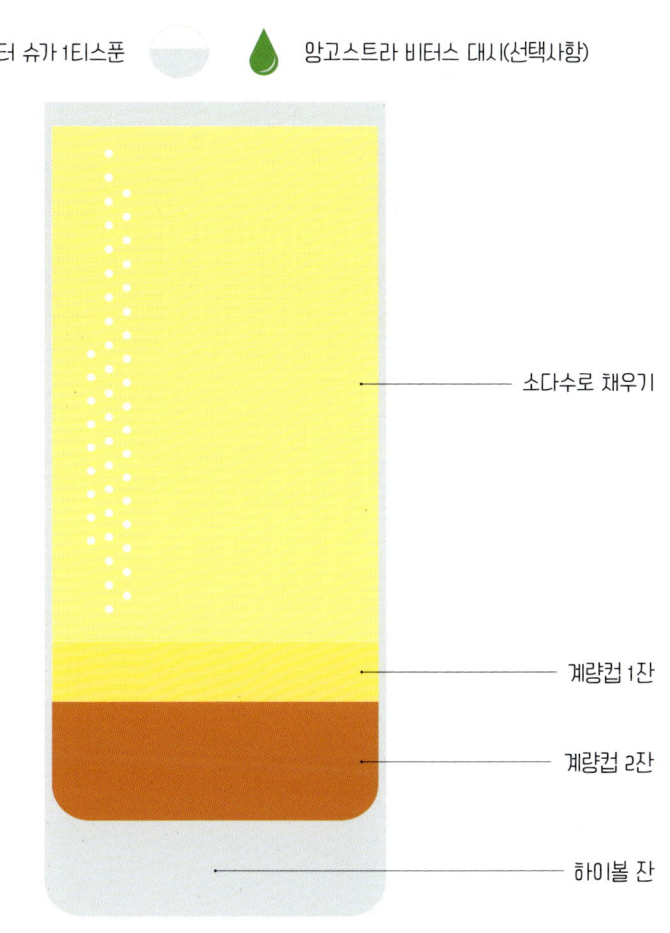

만드는 법

1 레몬 주스, 버번, 설탕, 앙고스트라 비터스를 쉐이커에 넣고 흔들어 준다. 길쭉한 잔에 따른다. **2** 그 위에 소다수를 채운다.

프리스코 Frisco

TIP 라임 주스 계량컵 ¾잔을 넣으면 프리스코 사워Frisco Sour 칵테일을 만들 수 있다.

- 계량컵 ¾잔 — 신선한 레몬 주스
- 계량컵 ¼잔 — 베네딕틴
- 계량컵 2잔 — 호밀 위스키
- 칵테일 잔

만드는 법

1. 모든 재료를 얼음과 함께 쉐이커에 넣고 흔들어 준 뒤, 얼음을 걸러서 칵테일 잔에 따른다. 2. 레몬 슬라이스로 장식한다.

갓파더 Godfather

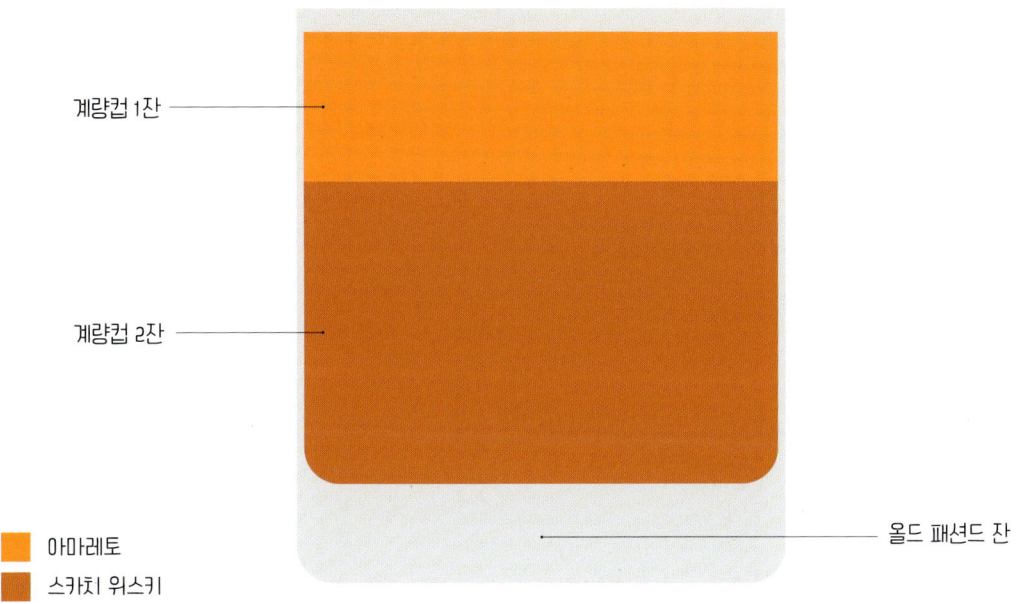

계량컵 1잔 — 아마레토
계량컵 2잔 — 스카치 위스키

올드 패션드 잔

■ 아마레토
■ 스카치 위스키

만드는 법

1 스카치 위스키와 아메레토를 올드 패션드 잔에 넣은 후 서빙한다.

검드랍 Gumdrop

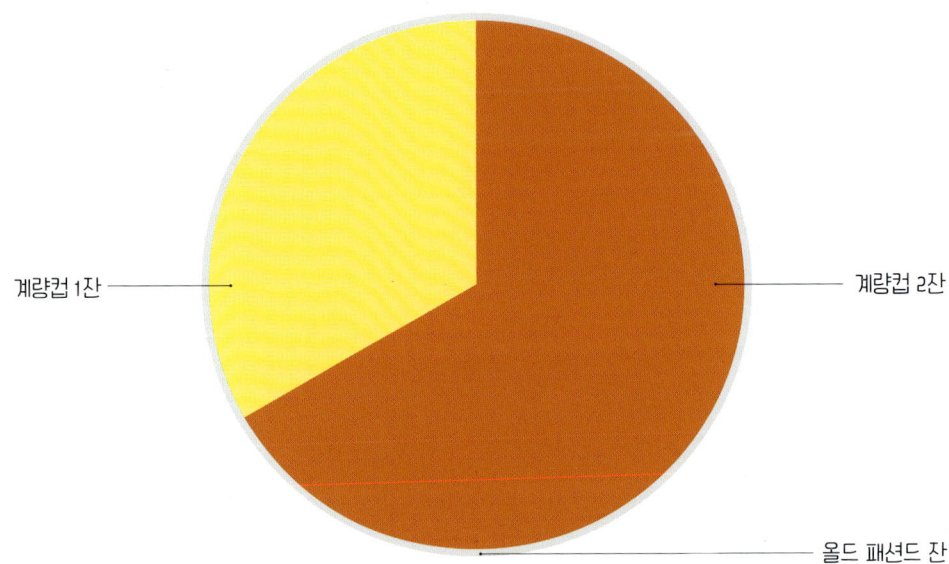

계량컵 1잔
계량컵 2잔
올드 패션드 잔

■ 갈리아노
■ 스카치 위스키

만드는 법

1 스카치 위스키와 갈리아노를 올드 패션드 잔에 넣은 후 서빙한다.

켄터키 선셋 Kentucky Sunset

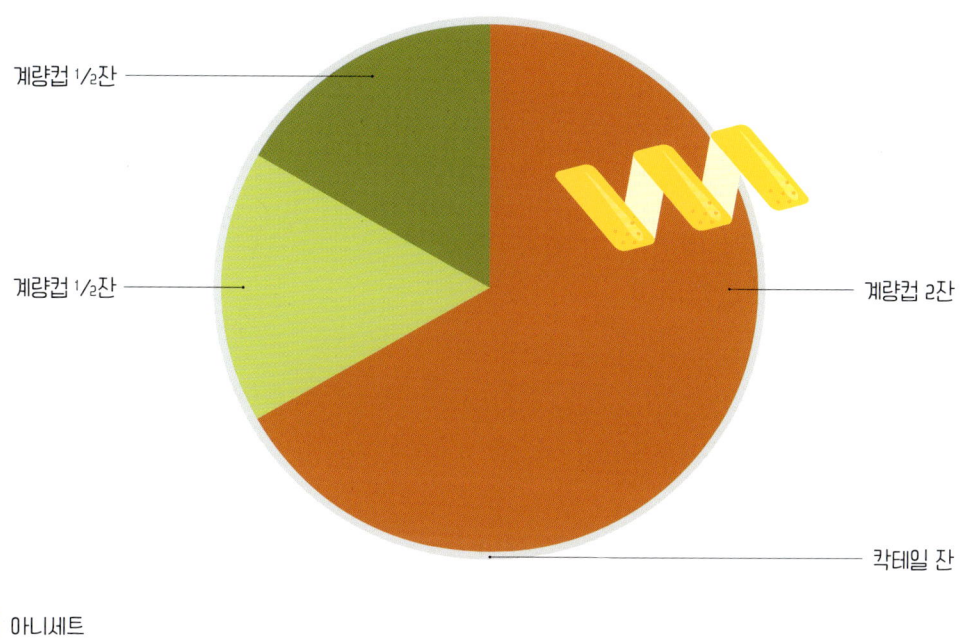

- 아니세트
- 스트레가
- 버번

계량컵 1/2잔 — 아니세트
계량컵 1/2잔 — 스트레가
계량컵 2잔 — 버번
칵테일 잔

만드는 법

1. 버번, 스트레가, 아니세트를 함께 넣고 저어 준 후 칵테일 잔에 따른다. 2. 레몬 트위스트로 장식하고 서빙한다.

라스트 엠퍼러 Last Emperor

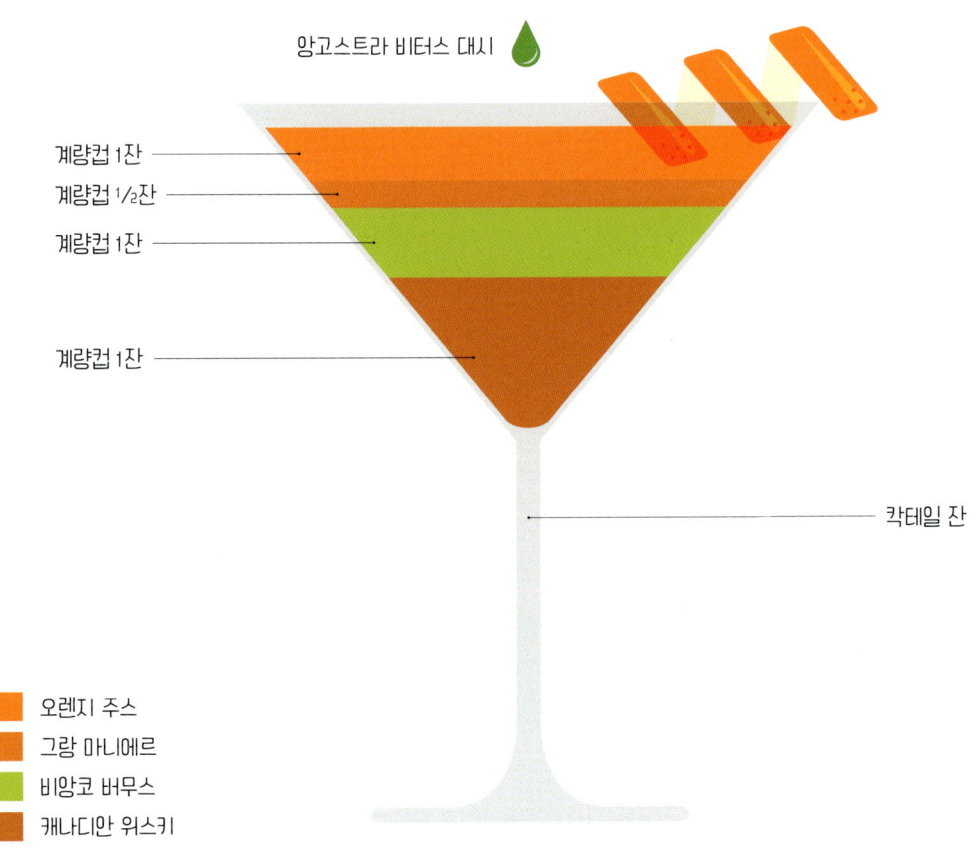

만드는 법

1 재료를 얼음과 함께 믹싱 글라스에 넣은 후 잘 저어 준다. 2 얼음을 걸러서 칵테일 잔에 따른 후 다시 휘저어 준다. 3 가늘고 길쭉한 오렌지 필로 장식한다.

리버티 벨 Liberty Bell

TIP 레몬 트위스트로 장식해도 된다.

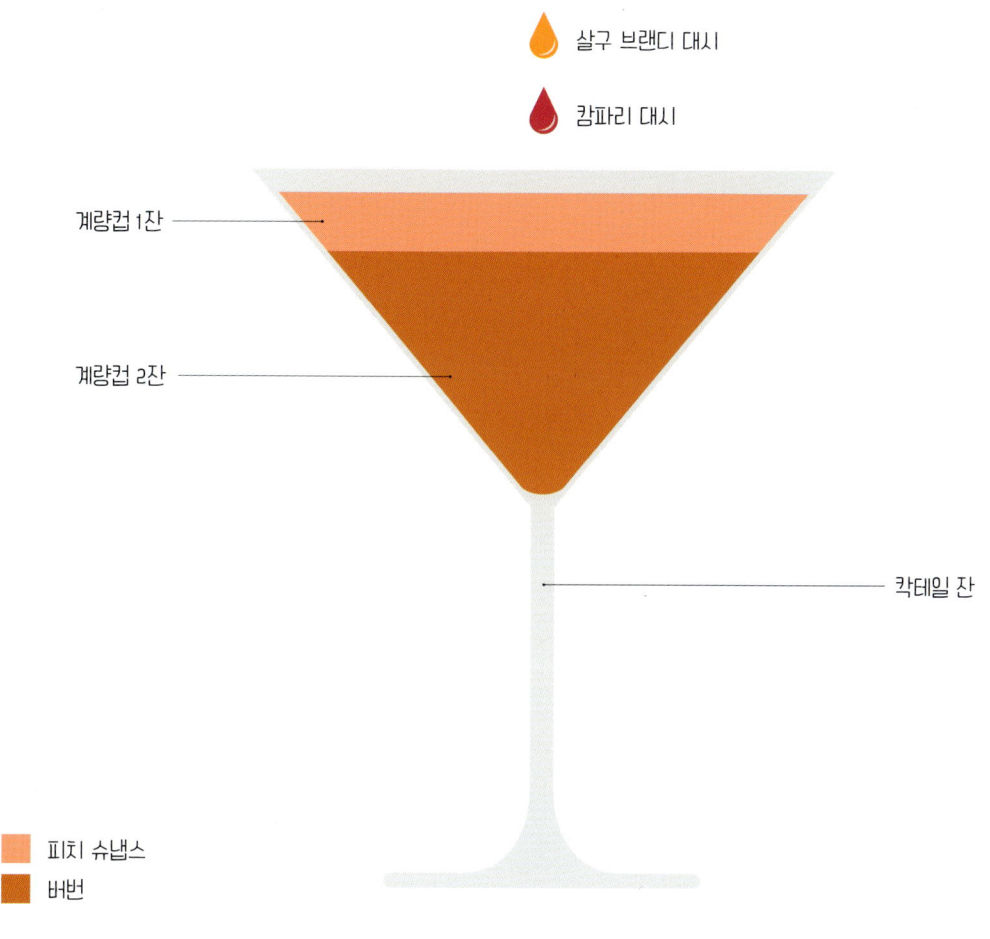

살구 브랜디 대시
캄파리 대시
계량컵 1잔
계량컵 2잔
칵테일 잔
피치 슈냅스
버번

만드는 법

1 모든 재료를 함께 넣고 저어 준다. 칵테일 잔에 따르고 서빙한다.

밀크 펀치 Milk Punch

TIP 바닐라 엑스트랙을 넣어서 만들 수도 있다.

- 검 시럽
- 싱글 크림
- 우유 또는 싱글 크림
- 버번

넛멕 파우더

계량컵 1/2잔
계량컵 2잔
계량컵 3잔
계량컵 3잔
올드 패션드 잔

만드는 법

1 모든 재료를 얼음과 함께 쉐이커에 넣고 저어 준다. 얼음을 걸러서 얼음이 담긴 올드 패션드 잔에 따라 준다. **2** 넛멕 파우더를 칵테일 위에 뿌려 준다.

로브 로이 Rob Roy

TIP 마라스키노 체리로 장식해도 된다.

만드는 법

1 모든 재료를 잘 저어 준 후 칵테일 잔에 따르고 서빙한다.

러스티 네일 Rusty Nail

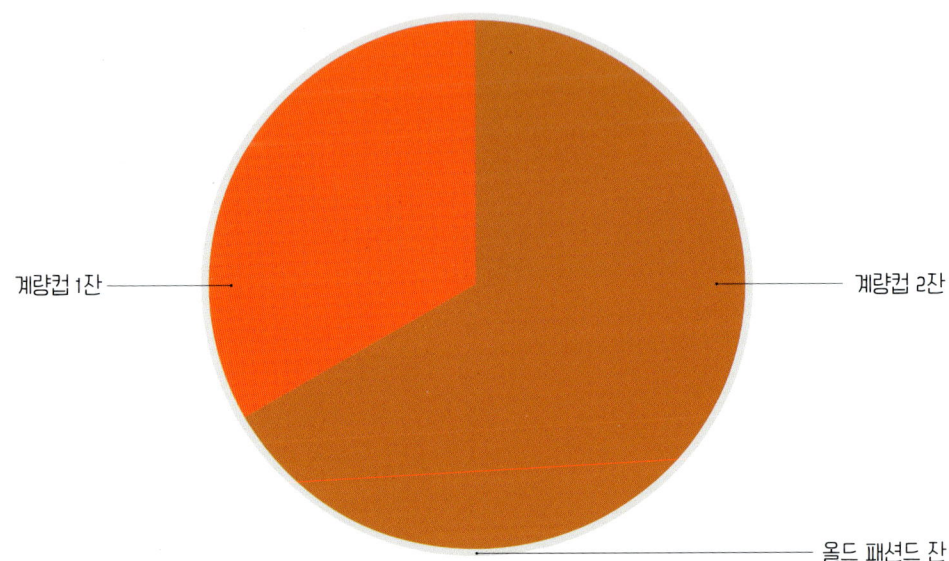

계량컵 1잔
계량컵 2잔
올드 패션드 잔

■ 드람브이
■ 스카치 위스키

만드는 법

1 스카치 위스키와 드람브이를 올드 패션드 잔에 넣은 후 서빙한다.

사제락 Sazerac

TIP 버번 대신에 호밀 위스키를 사용해도 된다. 레몬 트위스트로 장식한다.

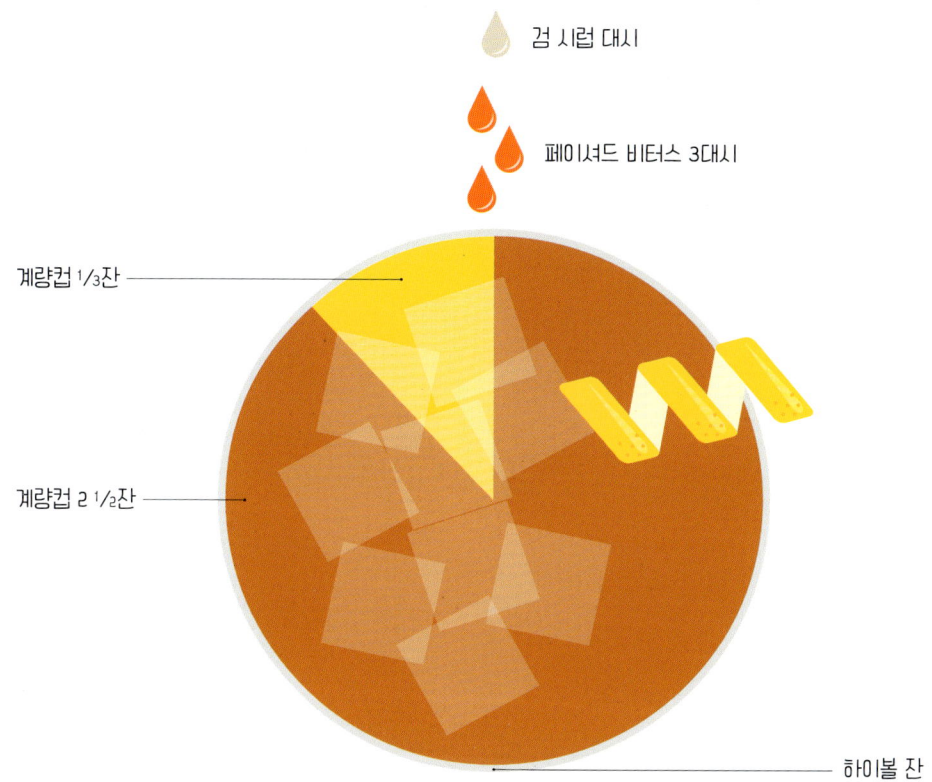

검 시럽 대시

페이셔드 비터스 3대시

계량컵 1/3잔

계량컵 2 1/2잔

하이볼 잔

■ 압생트(또는 페르노)
■ 버번

만드는 법

1 압생트(또는 페르노)를 하이볼 잔에 넣는다. 잔 밑부분 표면이 덮일 정도만 따르고 남은 양은 버린다. **2** 다른 재료를 쉐이커에 넣어 흔들어 주고 잔에 담긴 얼음 위로 잘 따른다.

샴록 Shamrock

TIP 그린 올리브를 칵테일에 넣어 장식한다.

- 그린 크렘 드 망트 3대시
- 그린 샤르퇴르즈 3대시
- 계량컵 2잔
- 계량컵 2잔
- 칵테일 잔
- 드라이 버무스
- 아이리쉬 위스키

만드는 법

1. 모든 재료를 쉐이커에 넣고 잘 섞이도록 흔들어 준다. 칵테일 잔에 따른 후 서빙한다.

브이아이피 VIP

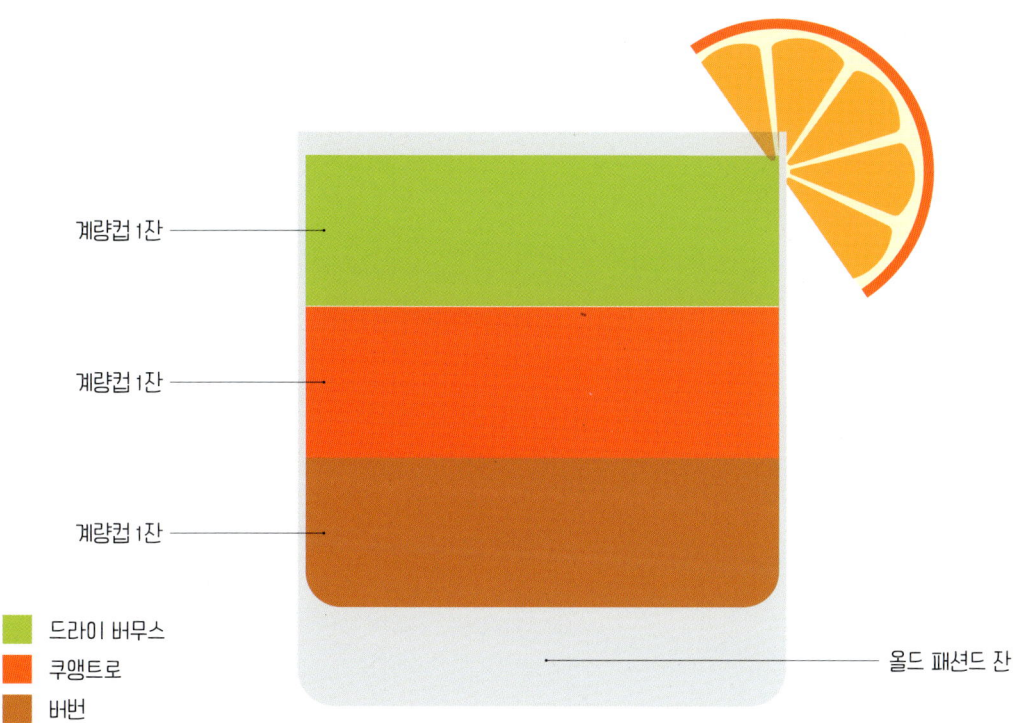

계량컵 1잔 — 드라이 버무스
계량컵 1잔 — 쿠앵트로
계량컵 1잔 — 버번

올드 패션드 잔

만드는 법

1. 모든 재료를 올드 패션드 잔에 넣는다. 오렌지 슬라이스로 장식하고 서빙한다.

위스키 맥 Whisky Mac

- 스톤 진저 와인 — 계량컵 1잔
- 스카치 위스키 — 계량컵 1잔
- 올드 패션드 잔

만드는 법

1. 스카치 위스키와 진저 와인을 올드 패션드 잔에 넣는다. 잘 휘저어 주고 서빙한다.

위즈 두들 Whizz Doodle

- 계량컵 1잔 — 더블 크림
- 계량컵 1잔 — 드라이 진
- 계량컵 1잔 — 브라운 크렘 드 카카오
- 계량컵 1잔 — 스카치 위스키
- 칵테일 잔

만드는 법

1. 모든 재료를 얼음과 함께 쉐이커에 넣고 흔들어 준다. 얼음을 걸러서 칵테일 잔에 따른다.

데킬라 Tequila

아카풀코 Acapulco

- 계량컵 3잔
- 계량컵 2잔
- 계량컵 1잔
- 계량컵 1잔
- 하이볼 잔

- 파인애플 주스
- 자몽 주스
- 골드 럼
- 골드 테킬라

만드는 법

1 모든 재료를 쉐이커에 넣고 흔들어 준 뒤, 얼음을 담은 하이볼 잔에 따라 준다. **2** 파인애플 웨지로 장식한다.

올 나잇 All night

TIP 달걀흰자를 사용하기 때문에 더 많이 흔들어 준다(40회 이상 또는 20초 정도).

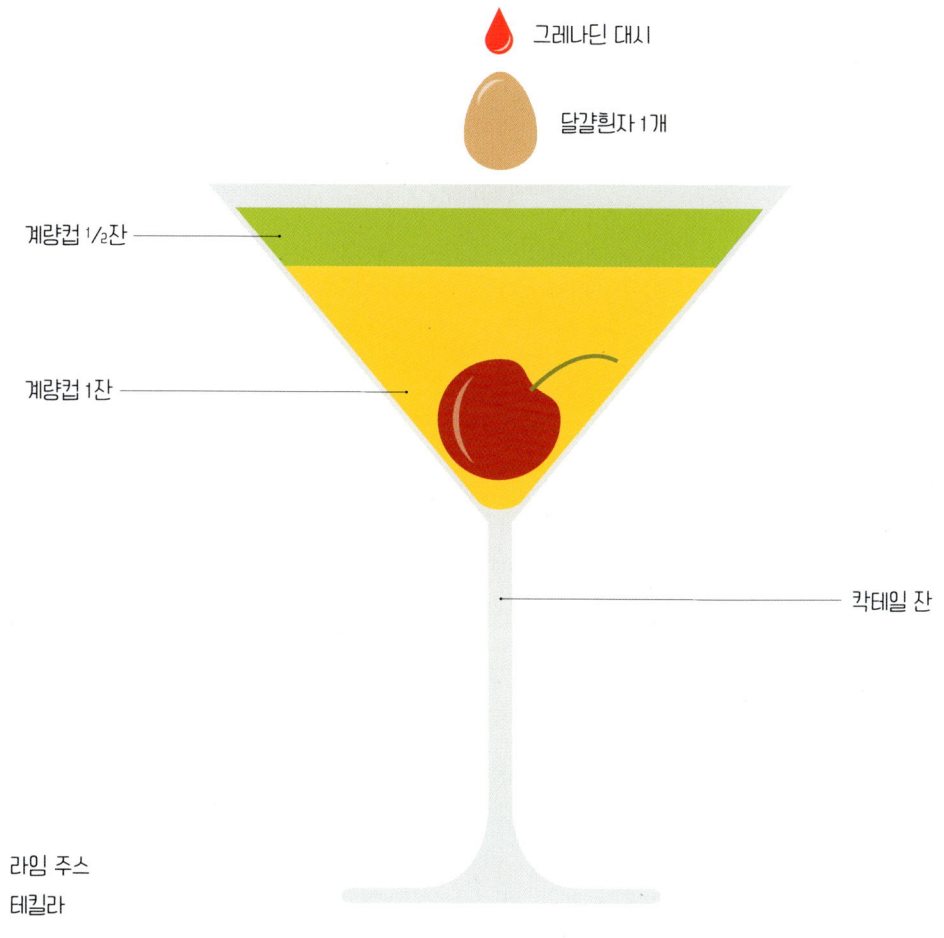

만드는 법

1. 모든 재료를 얼음과 함께 쉐이커에 넣고 흔들어 준다. 얼음을 걸러서 차가운 칵테일 잔에 따른다. 2. 마라스키노 체리로 장식한다.

차팔라 Chapala

TIP 오렌지 슬라이스로 장식한다.

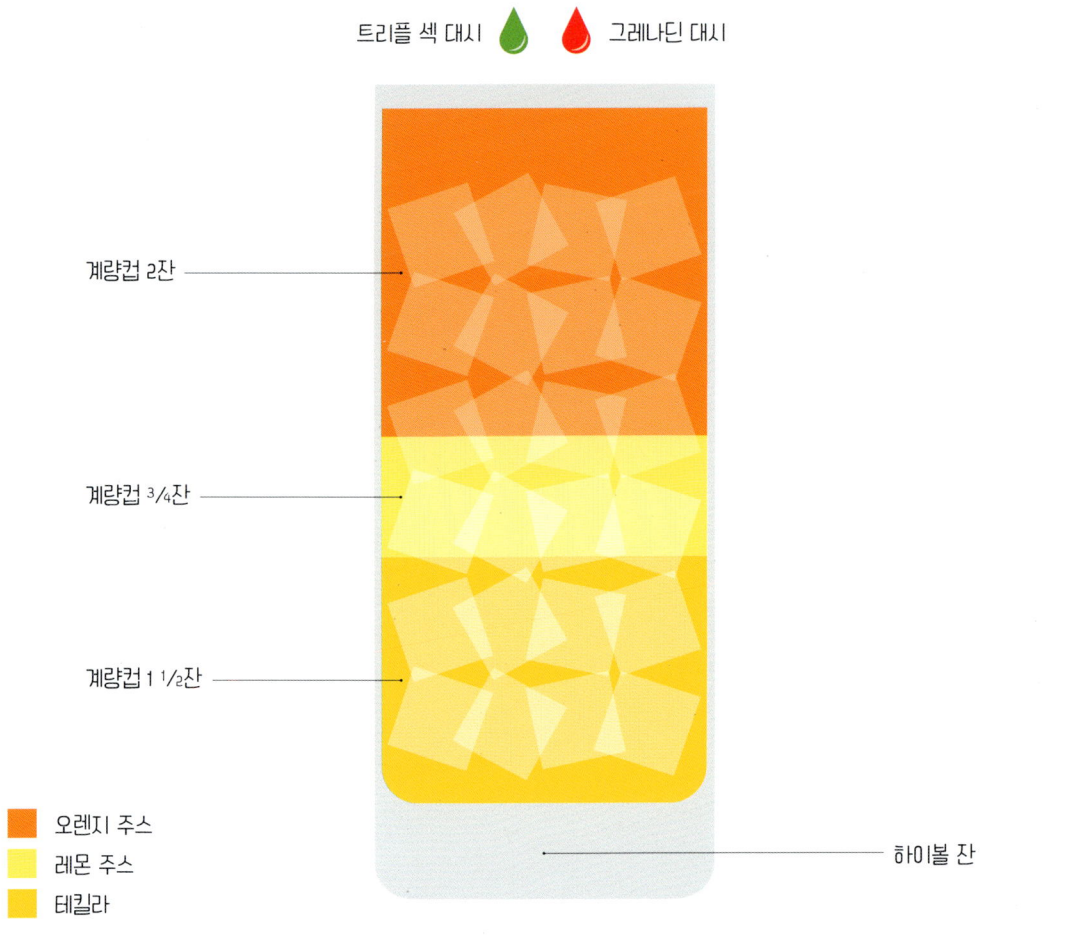

트리플 섹 대시 그레나딘 대시

계량컵 2잔
계량컵 3/4잔
계량컵 1 1/2잔

오렌지 주스
레몬 주스
테킬라

하이볼 잔

만드는 법

1 모든 재료를 얼음이 담긴 하이볼 잔에 넣고 잘 저어 준다.

클램 디거 Clam Digger

TIP 소금과 후추 각각 1꼬집 정도 넣어 줘도 된다. 클램 주스는 조개 육수의 한 종류이다.

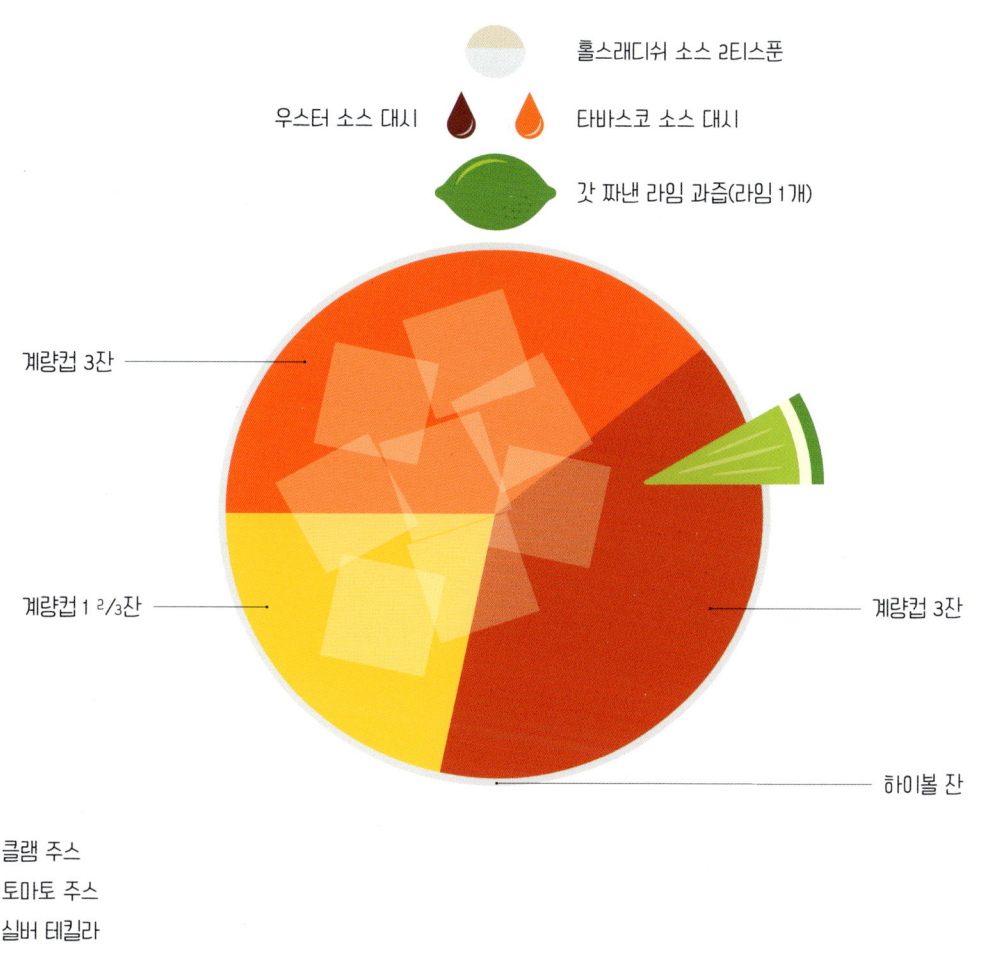

- 홀스래디쉬 소스 2티스푼
- 우스터 소스 대시
- 타바스코 소스 대시
- 갓 짜낸 라임 과즙(라임 1개)
- 계량컵 3잔
- 계량컵 1 2/3잔
- 계량컵 3잔
- 하이볼 잔

■ 클램 주스
■ 토마토 주스
■ 실버 테킬라

만드는 법

1 모든 액체 재료를 쉐이커에 넣고 흔들어 준다. 얼음이 담긴 하이볼 잔에 따른다. **2** 라임 웨지로 장식한다.

쿨 골드 Cool Gold

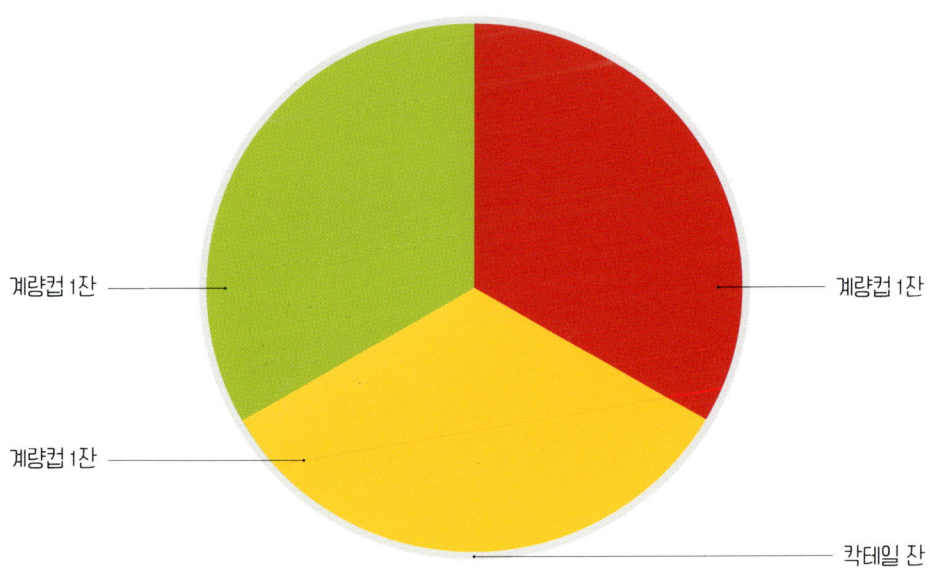

- 🟥 크랜베리 주스
- 🟩 멜론 리큐어
- 🟨 골드 테킬라

만드는 법

1 모든 재료를 쉐이커에 넣고 흔들어 준다. 칵테일 잔에 따라 준다.

엘 디아블로 El Diablo

갓 짜낸 라임 과즙(라임 1개)

진저 에일로 채우기

계량컵 1잔

계량컵 2잔

■ 진저 에일
■ 크렘 드 카시스
■ 실버 테킬라

하이볼 잔

만드는 법

1 라임 과즙을 잘게 부순 얼음이 담긴 하이볼 잔에 넣는다. **2** 테킬라와 크렘 드 카시스를 넣는다. **3** 진저 에일로 채운 후 휘저어 준다. **4** 라임 웨지를 넣고 빨대와 함께 서빙한다.

엘도라도 Eldorado

TIP 오렌지 슬라이스로 장식한다.

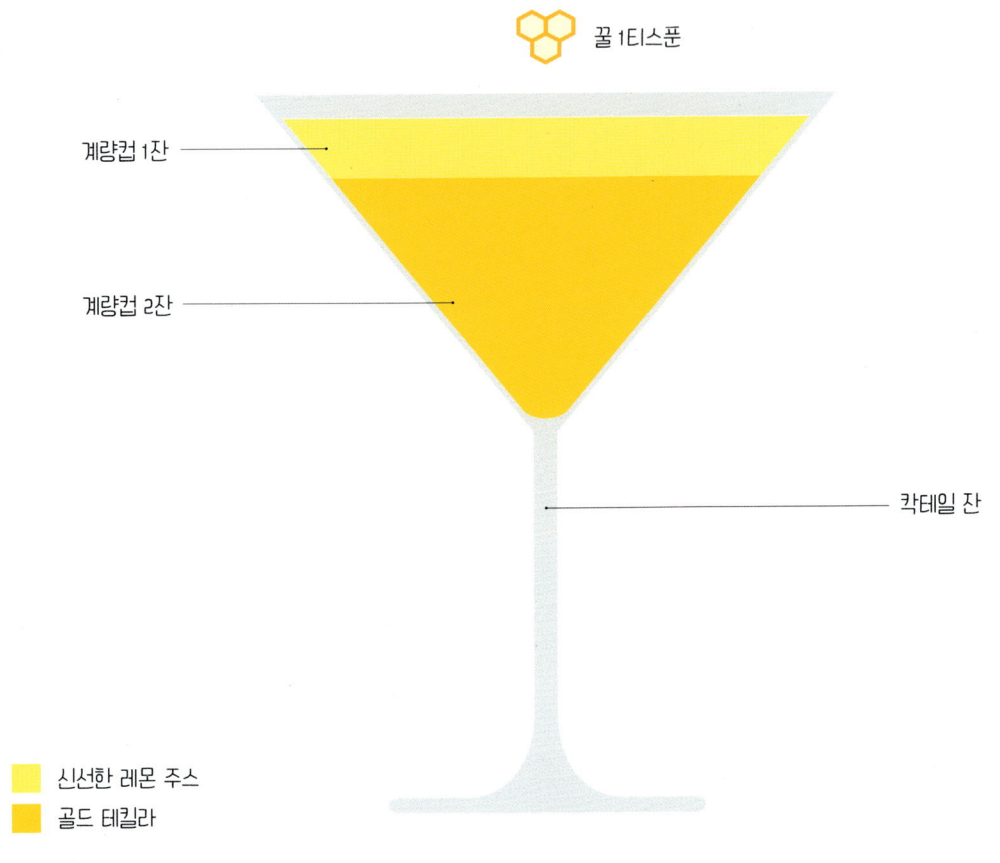

꿀 1티스푼

계량컵 1잔

계량컵 2잔

칵테일 잔

■ 신선한 레몬 주스
■ 골드 테킬라

만드는 법

1 모든 재료를 쉐이커에 넣고 흔들어 준다. 칵테일 잔에 따르고 서빙한다.

프로스트바이트 Frostbite

TIP 블루 큐라소를 넣어서 만들 수도 있다. 마라스키노 체리로 장식한다.

계량컵 1잔 — 더블 크림
계량컵 1잔 — 화이트 크렘 드 망트
계량컵 1잔 — 실버 테킬라

칵테일 잔

- 더블 크림
- 화이트 크렘 드 망트
- 실버 테킬라

만드는 법

1 모든 재료를 쉐이커에 넣고 잘 섞이도록 흔들어 준다. 칵테일 잔에 따른 후 서빙한다.

라 붐바 La Bomba

TIP 라임 휠 lime wheel 로 장식한다.

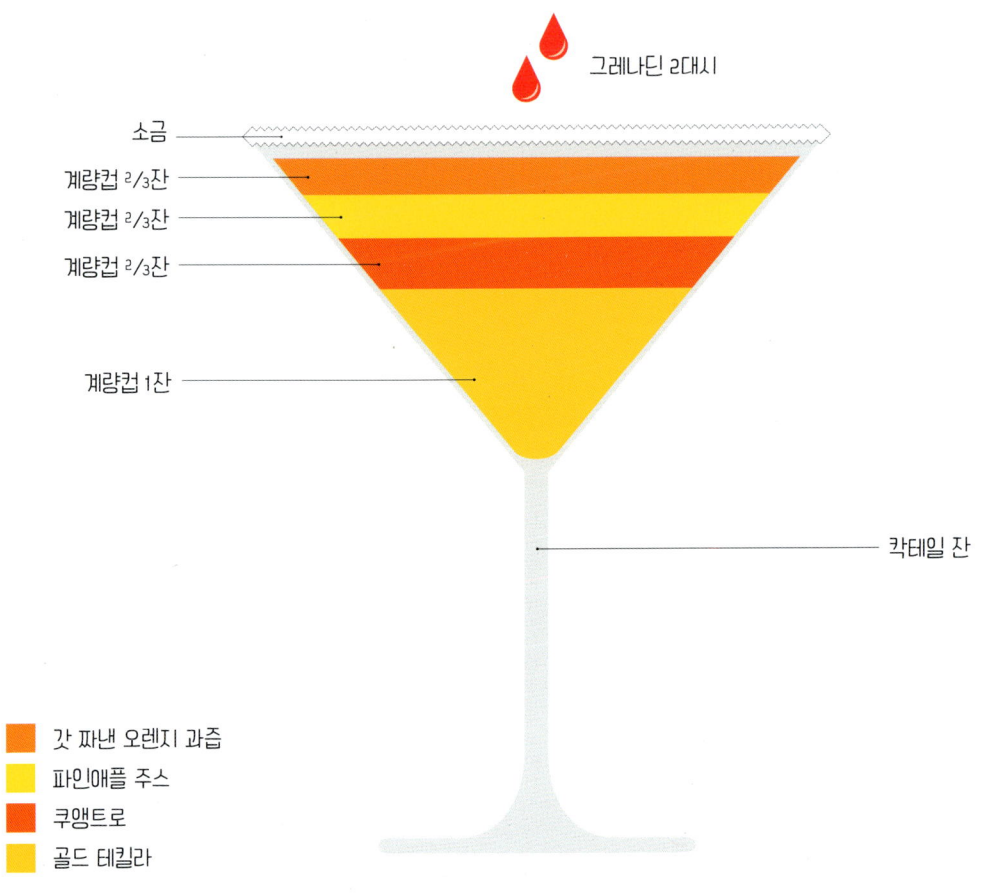

- 갓 짜낸 오렌지 과즙
- 파인애플 주스
- 쿠앵트로
- 골드 테킬라

만드는 법

1 테킬라, 쿠앵트로, 파인애플 주스, 오렌지 과즙을 쉐이커에 넣고 흔들어 준다. 림 부분에 소금이 묻은 칵테일 잔에 잘 따른다. 2 그레나딘을 넣는다.

레이저 빔 Laser Beam

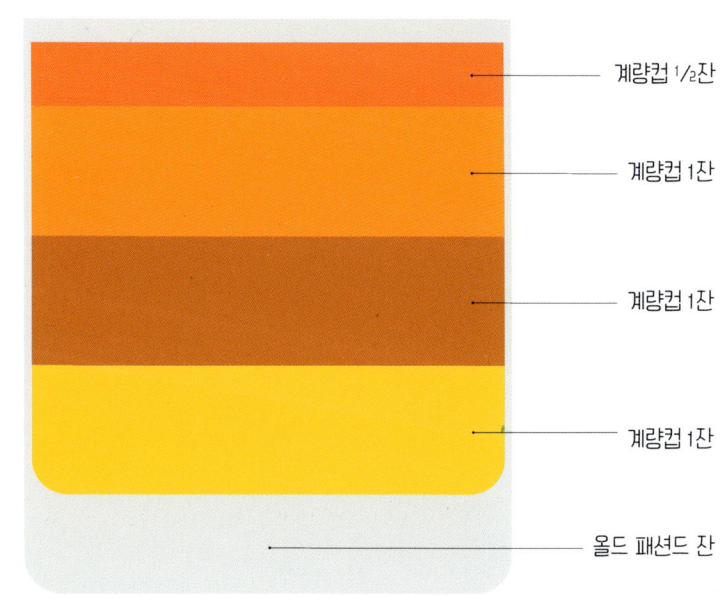

- 트리플 섹 — 계량컵 1/2잔
- 아메레토 — 계량컵 1잔
- 잭 다니엘 — 계량컵 1잔
- 테킬라 — 계량컵 1잔

올드 패션드 잔

만드는 법

1. 모든 재료를 쉐이커에 넣고 흔들어 준다. 올드 패션드 잔에 따른 후 서빙한다.

마타도르 Matador

TIP 골드 테킬라 대신에 실버 테킬라를 사용해도 된다. 라임 웨지 대신에 파인애플 웨지를 사용해도 된다.

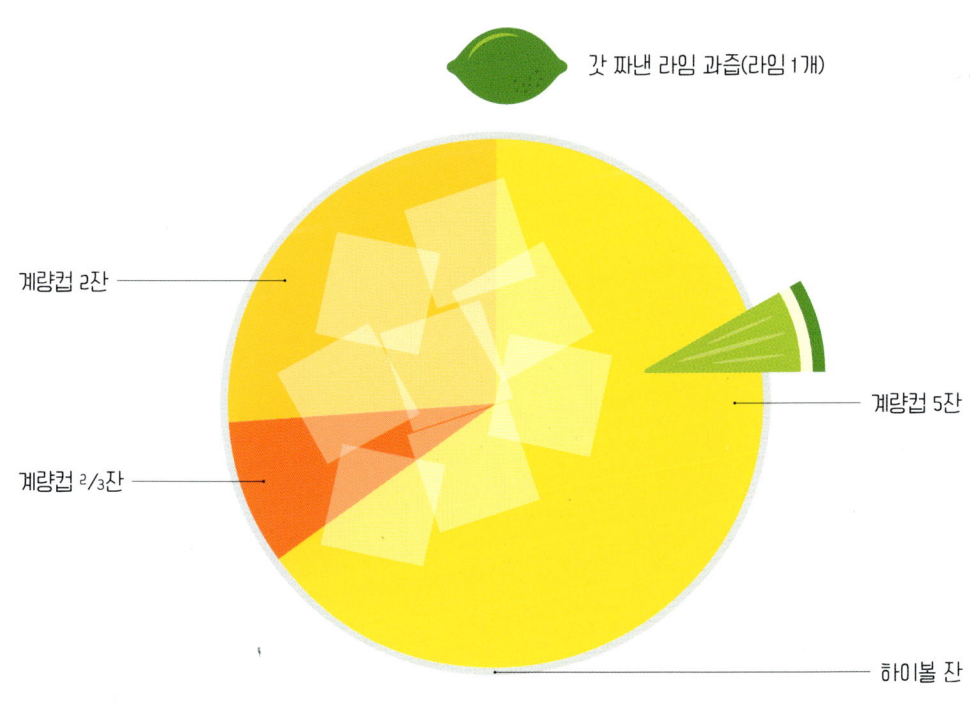

갓 짜낸 라임 과즙(라임 1개)

계량컵 2잔

계량컵 2/3잔

계량컵 5잔

하이볼 잔

- 파인애플 주스
- 트리플 섹
- 골드 테킬라

만드는 법

1 모든 액체 재료를 쉐이커에 넣고 흔들어 준다. 얼음이 담겨 있는 하이볼 잔에 따른다. **2** 라임 웨지를 넣는다.

멕시칸 뮬 Mexican Mule

TIP 테킬라 대신에 보드카를 넣으면 모스크 뮬Moscow Mule 칵테일이다. 멕시칸 뮬 조주 시 쿠앵트로 계량컵 ½잔을 넣어도 되며, 라임 웨지와 할라피뇨로 장식한다.

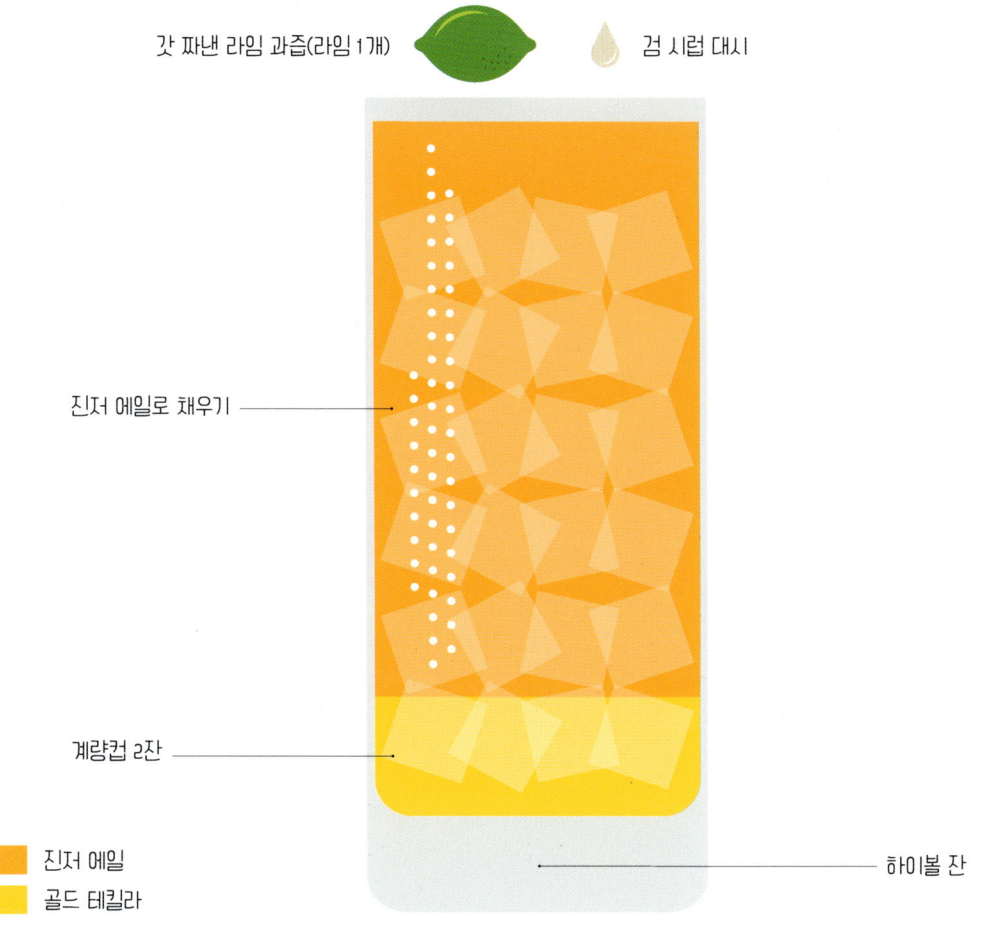

만드는 법

1 테킬라, 라임 과즙, 검 시럽을 쉐이커에 넣고 흔들어 준다. 얼음이 담긴 하이볼 잔에 따른다. **2** 그 위에 진저 에일로 채운다.

멕시카나 Mexicana

TIP 라임 웨지로 장식한다.

- 라임 주스
- 당분이 첨가되지 않은 파인애플 주스
- 테킬라

만드는 법

1 모든 재료를 쉐이커에 넣고 흔들어 준다. 얼음이 담긴 하이볼 잔에 따른다.

레드 데져트 Red Desert

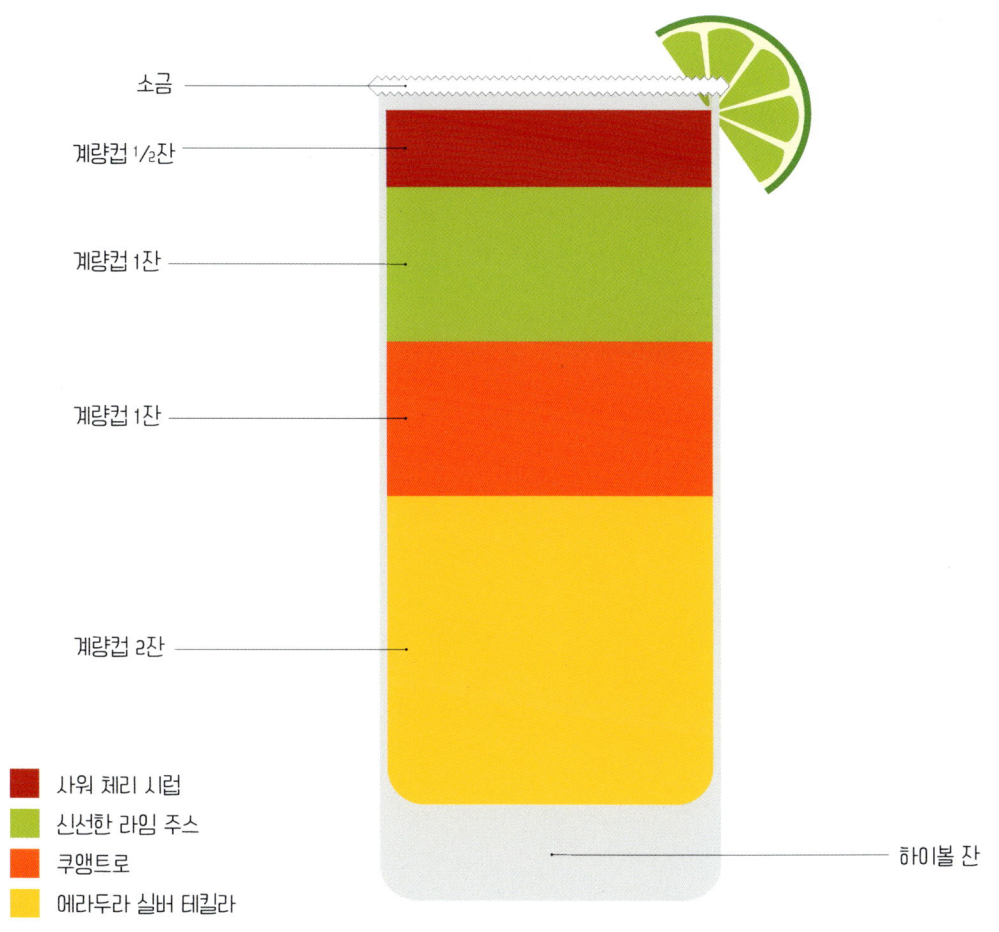

- 소금
- 계량컵 1/2잔 — 사워 체리 시럽
- 계량컵 1잔 — 신선한 라임 주스
- 계량컵 1잔 — 쿠앵트로
- 계량컵 2잔 — 에라두라 실버 테킬라
- 하이볼 잔

만드는 법

1 모든 재료를 쉐이커에 넣고 흔들어 준다. 림 부분에 소금이 묻은 하이볼 잔에 따른다. **2** 라임 웨지로 장식한다.

로잘리타 Rosalita

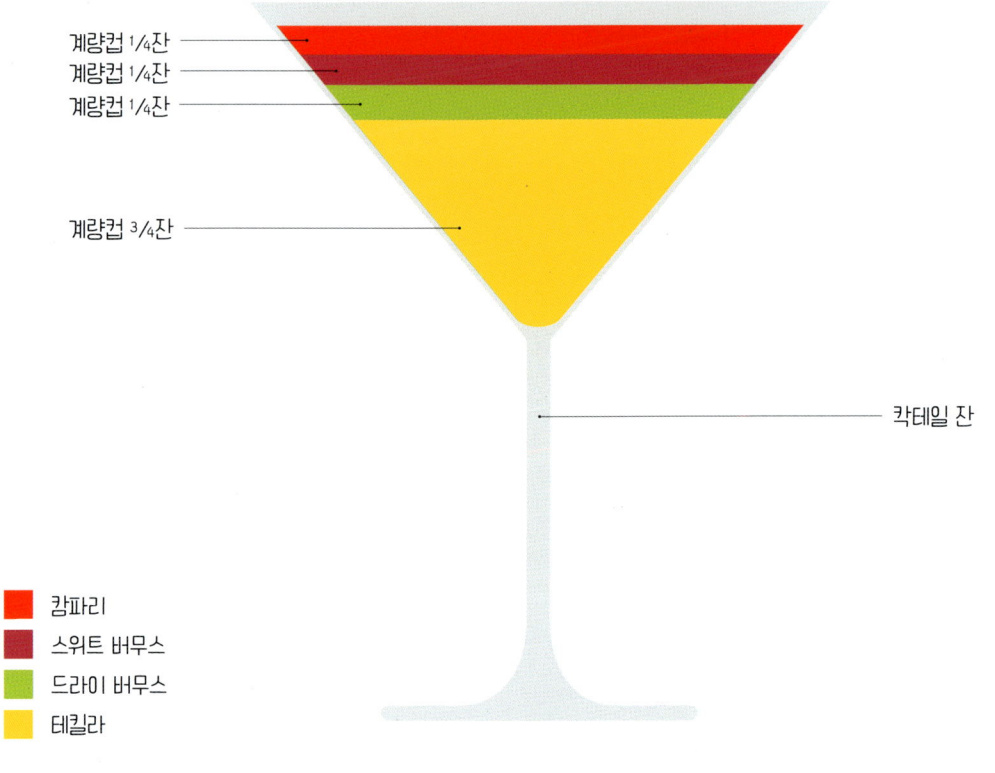

계량컵 1/4잔 — 캄파리
계량컵 1/4잔 — 스위트 버무스
계량컵 1/4잔 — 드라이 버무스
계량컵 3/4잔 — 테킬라

칵테일 잔

■ 캄파리
■ 스위트 버무스
■ 드라이 버무스
■ 테킬라

만드는 법

1 모든 재료를 쉐이커에 넣고 흔들어 준 후, 칵테일 잔에 따른다.

쇼트 퓨즈 Short Fuse

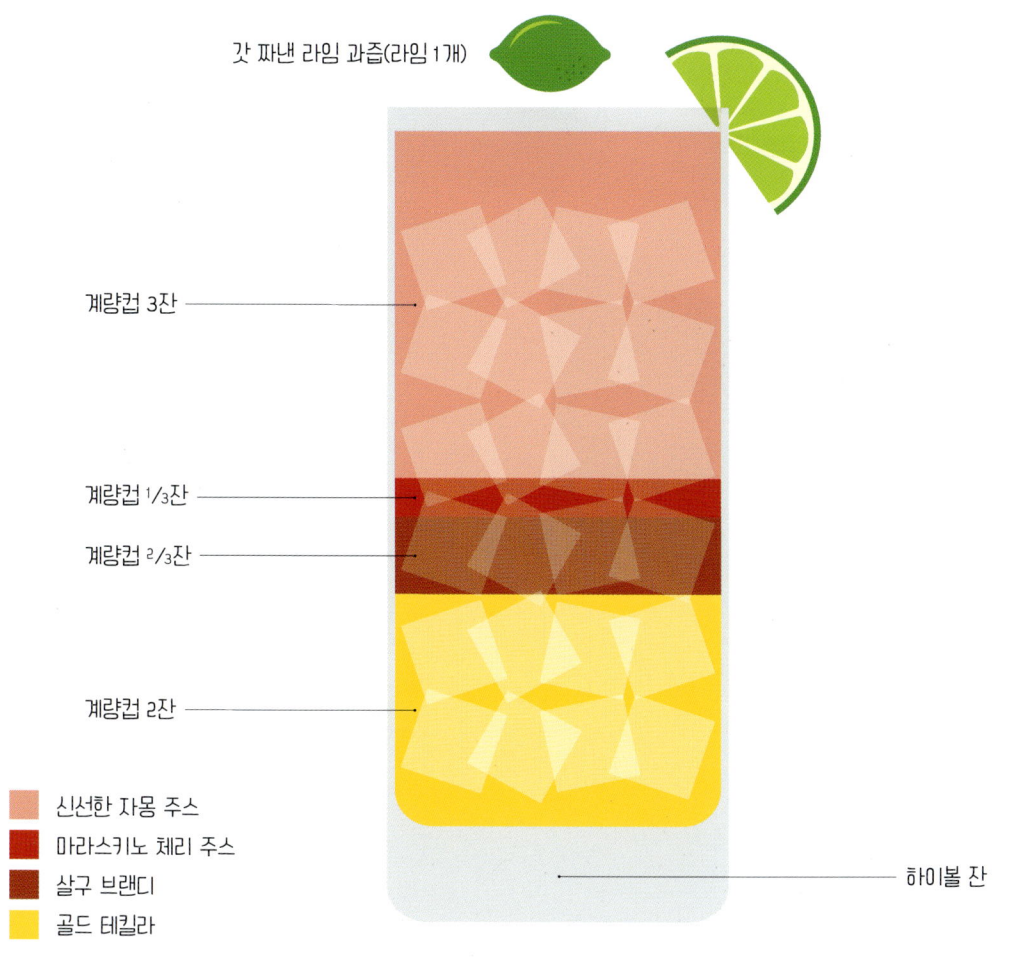

갓 짜낸 라임 과즙(라임 1개)

계량컵 3잔

계량컵 1/3잔
계량컵 2/3잔

계량컵 2잔

- 신선한 자몽 주스
- 마라스키노 체리 주스
- 살구 브랜디
- 골드 테킬라

하이볼 잔

만드는 법

1. 모든 액체 재료를 쉐이커에 넣고 흔들어 준 뒤, 얼음이 담긴 하이볼 잔에 따른다. 2. 라임 웨지를 넣는다.

실크 스타킹 Silk Stocking

TIP 라즈베리 리큐어를 추가해서 만들어도 된다.

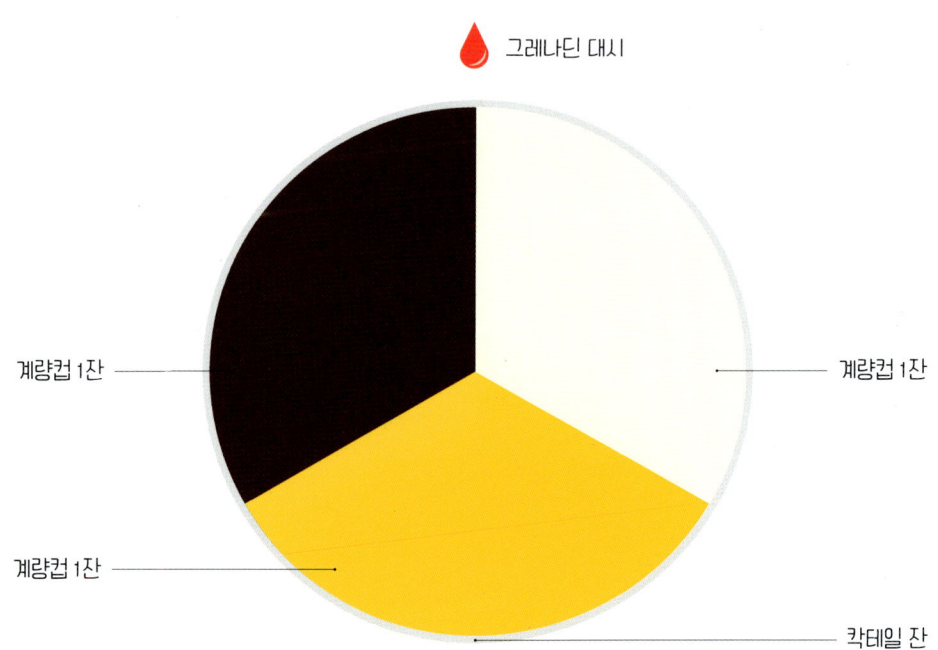

그레나딘 대시
계량컵 1잔
계량컵 1잔
계량컵 1잔
칵테일 잔

- 더블 크림
- 화이트 크렘 드 카카오
- 테킬라

만드는 법

1. 모든 재료를 쉐이커에 넣고 잘 섞이도록 흔들어 준다. 칵테일 잔에 따른 후 서빙한다.

사우스 오브 더 보더 South of the Border

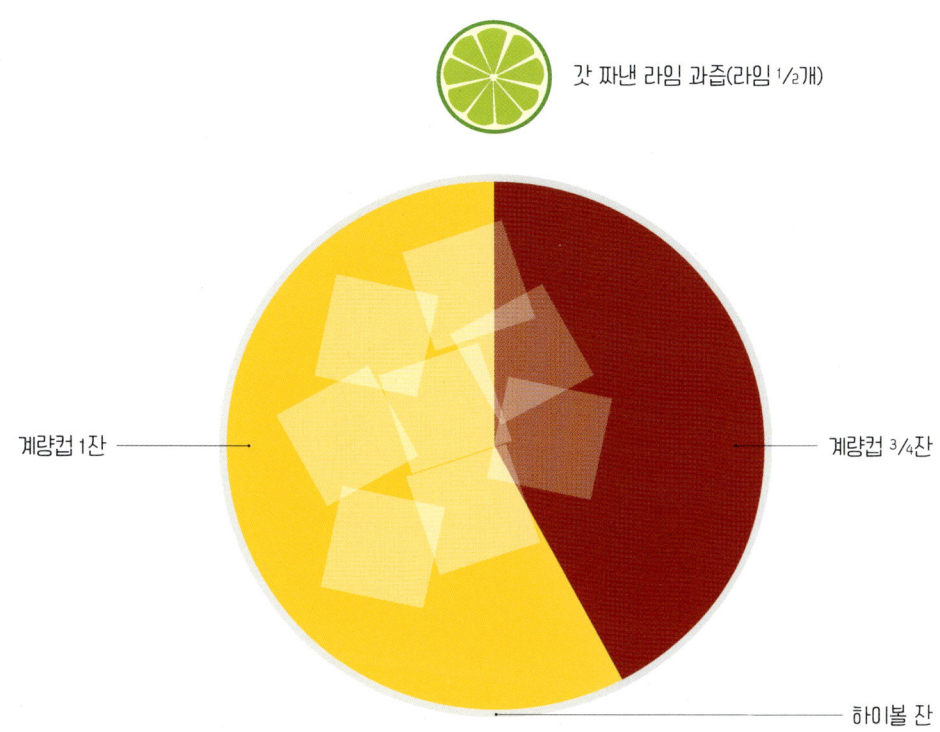

갓 짜낸 라임 과즙(라임 1/2개)

계량컵 1잔

계량컵 3/4잔

하이볼 잔

■ 칼루아
■ 테킬라

만드는 법

1 얼음이 담긴 하이볼 잔에 라임을 짜서 라임 과즙을 넣는다. 증류주(칼루아와 데킬라)를 넣기 전에 잘 저어 준다. **2** 증류주를 넣고 잘 섞이도록 저어 준다.

테킬라 선라이즈 Tequila Sunrise

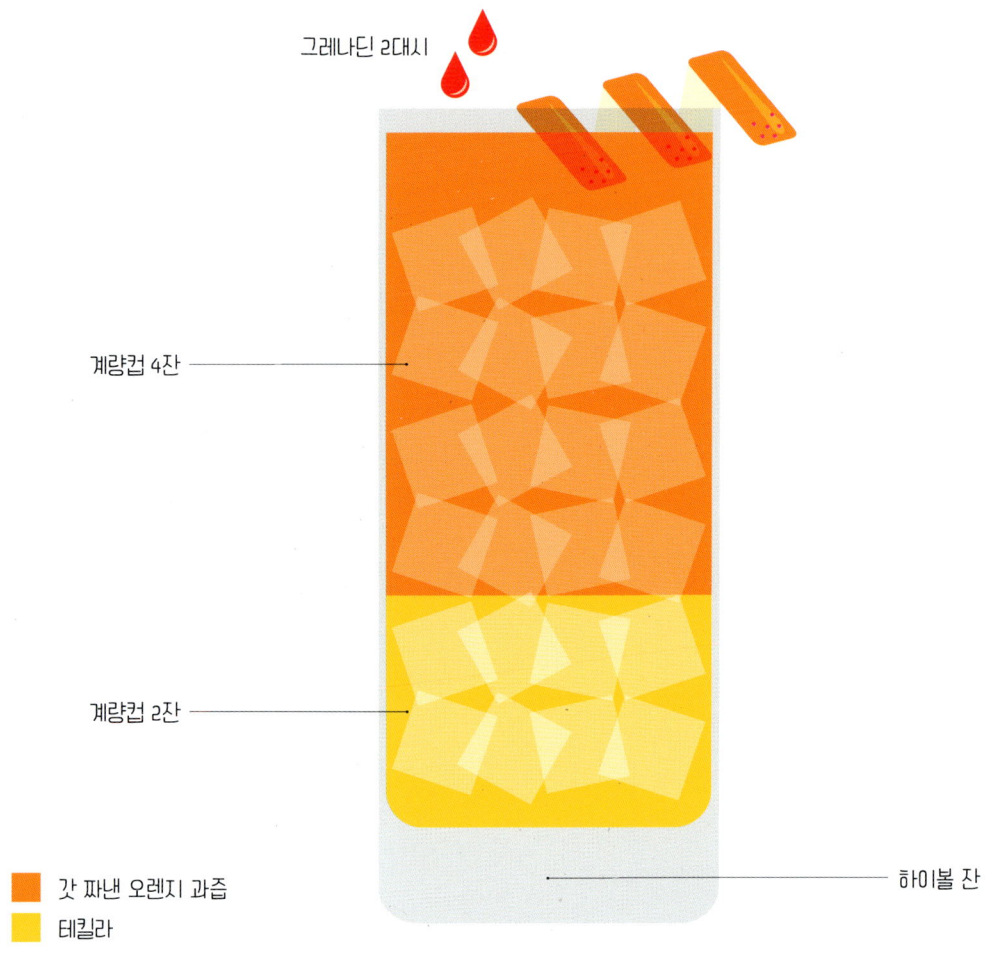

만드는 법

1 테킬라와 오렌지 과즙을 얼음이 담긴 하이볼 잔에 넣는다. **2** 잘 저어 준 후 천천히 그레나딘을 넣는다. **3** 나선형 모양의 오렌지로 장식하고 휘젓개와 함께 서빙한다.

티후아나 택시 Tijuana Taxi

TIP 오렌지 슬라이스와 체리를 함께 넣어 장식해도 된다.

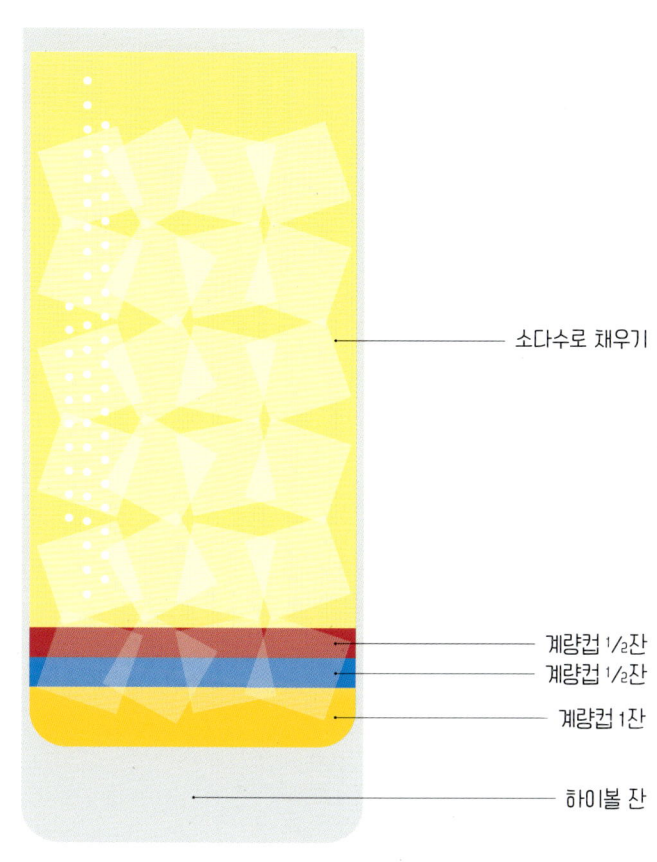

- 소다수
- 트로피컬 프루트 슈냅스
- 블루 큐라소
- 골드 테킬라

- 소다수로 채우기
- 계량컵 ½잔
- 계량컵 ½잔
- 계량컵 1잔
- 하이볼 잔

만드는 법

1 테킬라, 큐라소, 슈냅스를 얼음이 담긴 하이볼 잔에 넣는다. **2** 그 위를 소다수로 채운다.

토마호크 Tomahawk

TIP 파인애플 웨지로 장식해도 된다.

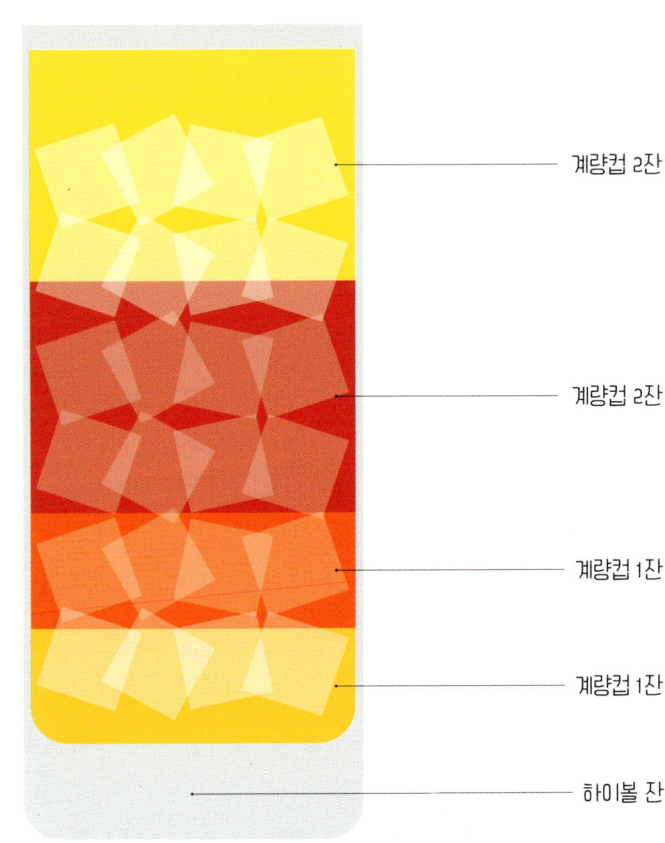

- 파인애플 주스
- 크랜베리 주스
- 트리플 섹(또는 쿠앵트로)
- 테킬라

계량컵 2잔
계량컵 2잔
계량컵 1잔
계량컵 1잔
하이볼 잔

만드는 법

1. 모든 재료를 쉐이커에 넣고 흔들어 준다. 얼음이 담긴 하이볼 잔에 따라 준다.

뱀피로 Vampiro

TIP 토마토 주스 대신 석류 주스를 넣어서 만들 수 있다.

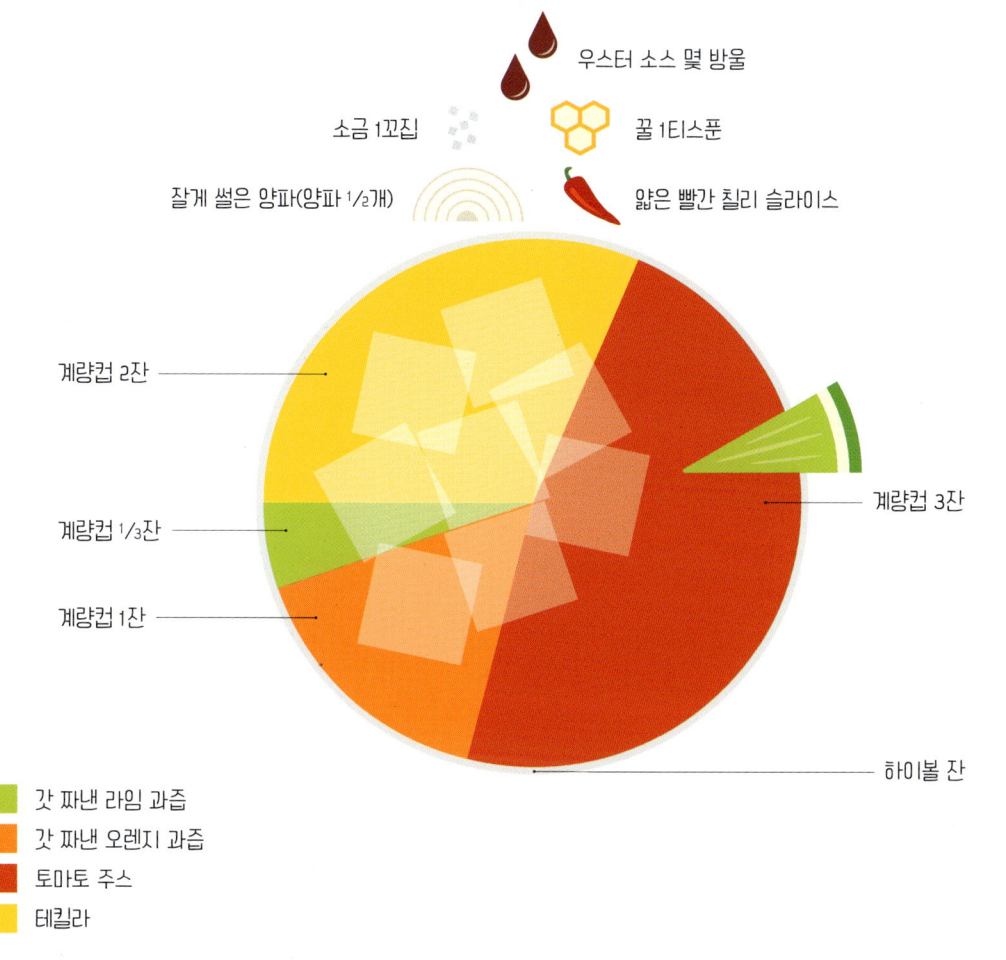

만드는 법

1 라임 웨지를 제외한 모든 재료를 쉐이커에 넣고 흔들어 준다. 얼음이 담긴 하이볼 잔에 따른다. **2** 라임 웨지로 장식한다.

스파클링 Champagne

바스틸 Bastile

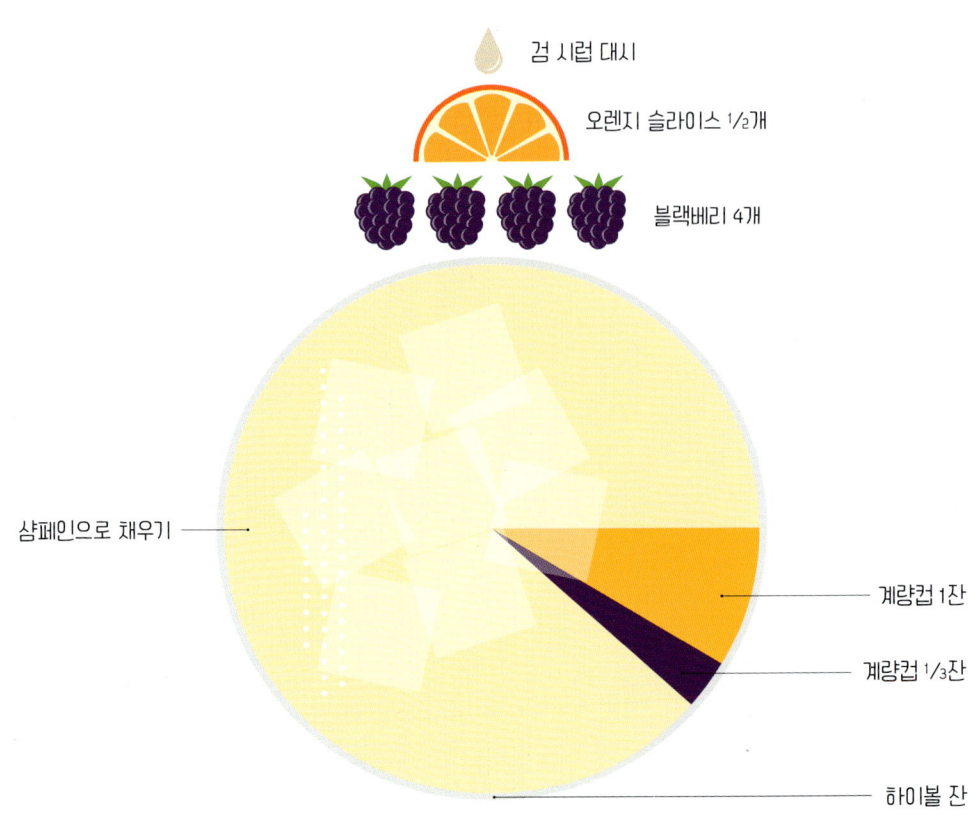

만드는 법

1 블랙베리를 검 시럽, 크렘 드 뮈르와 함께 쉐이커에 넣고 으깬다. 2 럼을 추가하고 오렌지 슬라이스 반 개를 짜서 오렌지 과즙을 넣는다. 3 큐브 얼음을 넣고 흔들어 준다. 얼음을 걸러서 잘게 부순 얼음이 담긴 하이볼 잔에 따른다. 그 위에 샴페인으로 채우고 부드럽게 휘저어 준다.

블랙 벨벳 Black Velvet

TIP 샴페인 대신에 다른 드라이한 스파클링 와인을 넣어도 된다.

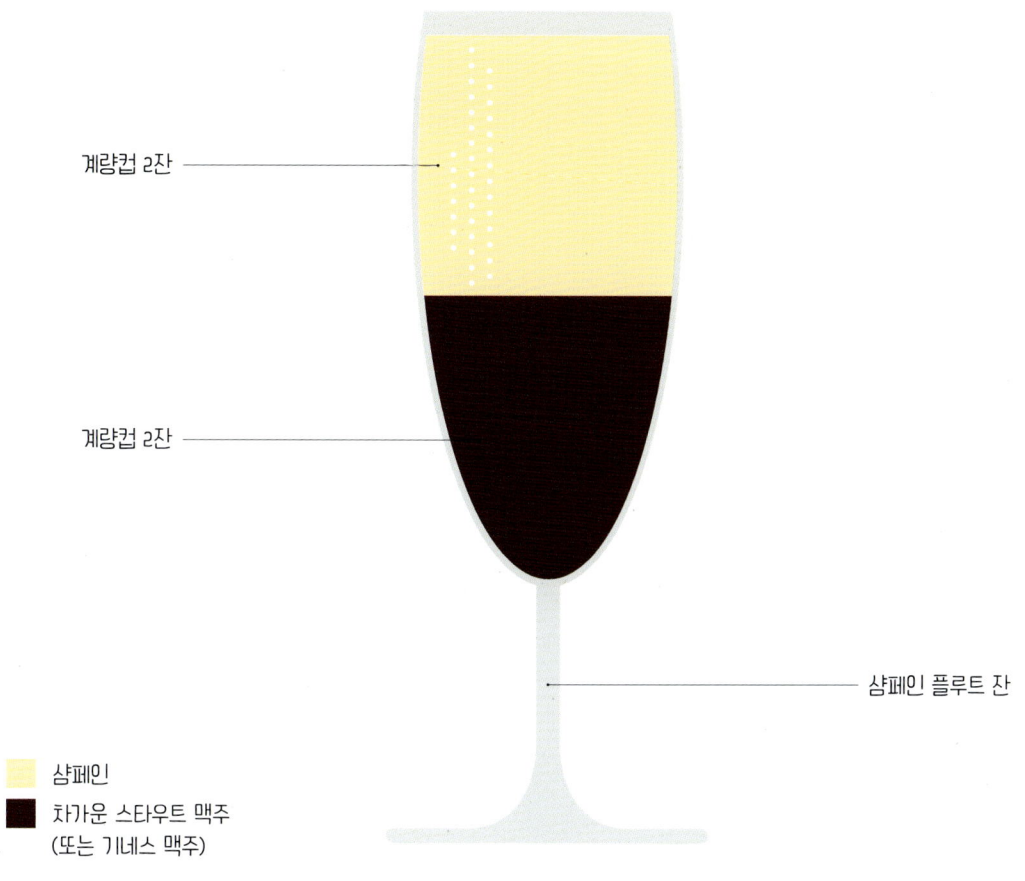

계량컵 2잔

계량컵 2잔

샴페인 플루트 잔

■ 샴페인
■ 차가운 스타우트 맥주
　(또는 기네스 맥주)

만드는 법

1 샴페인 플루트 잔에 스타우트 맥주를 먼저 넣은 후 샴페인을 넣고 서빙한다.

카사노바 Casanova

TIP 라즈베리 퓨레가 없다면 라즈베리 주스를 넣어도 된다.

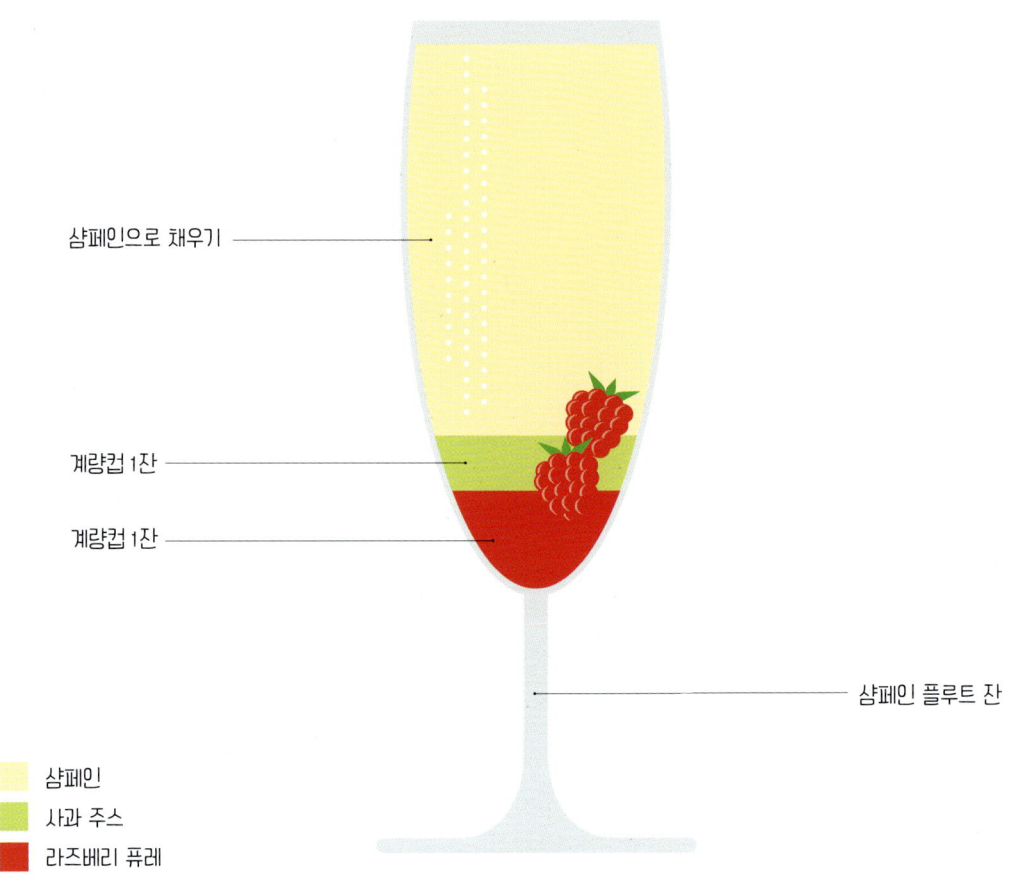

- 샴페인으로 채우기
- 계량컵 1잔
- 계량컵 1잔
- 샴페인 플루트 잔

- 샴페인
- 사과 주스
- 라즈베리 퓨레

만드는 법

1 라즈베리 퓨레를 샴페인 플루트 잔에 넣는다. **2** 사과 주스를 넣고 잘 저어 준 뒤, 그 위에 샴페인을 채우고 부드럽게 저어 준다. **3** 작은 라즈베리 2개를 넣고 서빙한다.

샴페인 코블러 Champagne Cobbler

TIP 쿠앵트로 대신에 마라스키노 리큐어를 넣어도 된다.

쿠앵트로 4대시

샴페인으로 채우기

큰 고블릿 잔

샴페인

만드는 법

1 잘게 부순 얼음을 큰 고블릿 잔에 넣는다. 잔의 ¾ 지점까지 샴페인으로 채운다. **2** 쿠앵트로를 넣은 후 잘 저어 준다. 과일과 민트로 장식한다.

샴페인 칵테일 Champagne Cocktail

TIP 마라스키노 체리와 함께 오렌지 슬라이스를 추가해서 장식해도 된다.

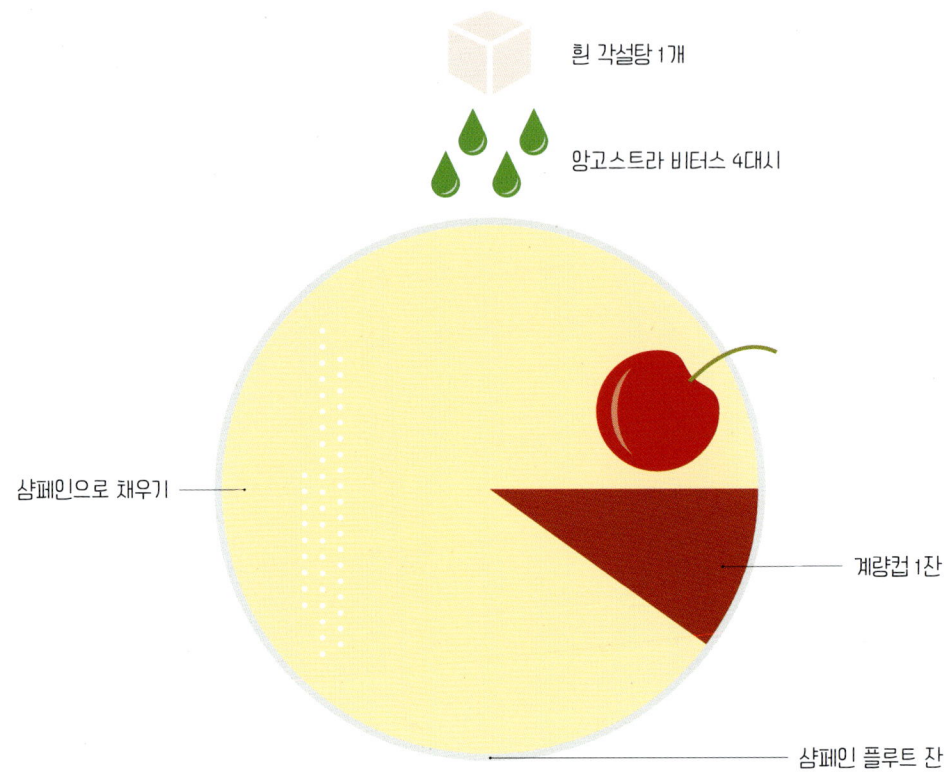

흰 각설탕 1개
앙고스트라 비터스 4대시
샴페인으로 채우기
계량컵 1잔
샴페인 플루트 잔

■ 샴페인
■ 코냑

만드는 법

❶ 각설탕을 샴페인 플루트 잔에 넣고 앙고스트라 비터스로 적신다. ❷ 코냑을 넣고 그 위에 샴페인을 넣는다. ❸ 마라스키노 체리로 장식하고 서빙한다.

샴페인 쿨러 Champagne Cooler

TIP 그랑 마니에르 대신에 트리플 섹을 사용해서 만들 수도 있다.

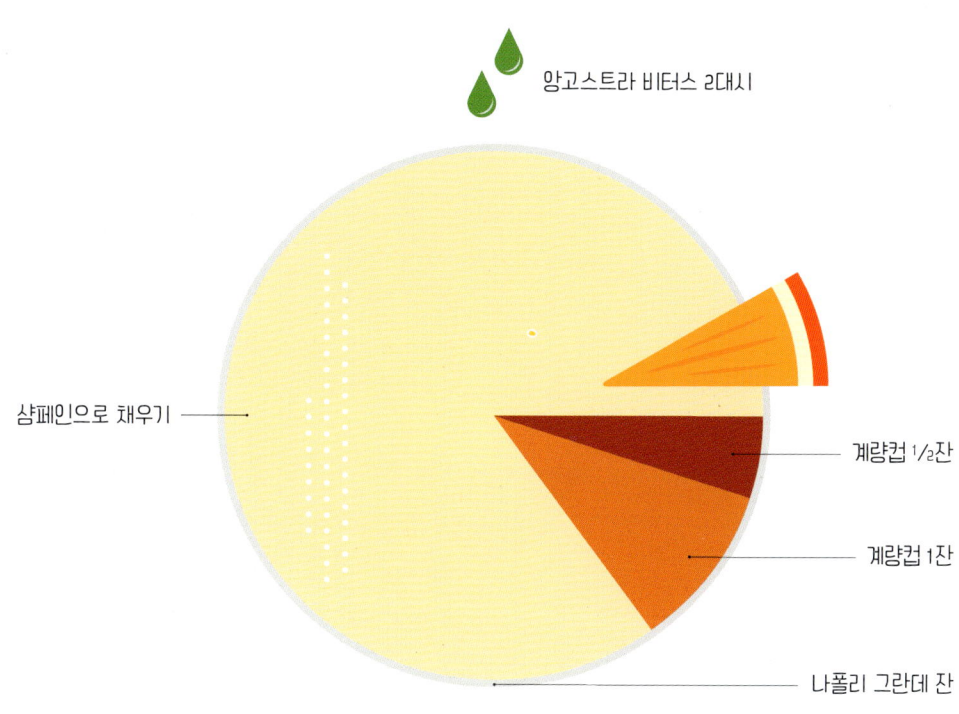

앙고스트라 비터스 2대시

샴페인으로 채우기

계량컵 1/2잔

계량컵 1잔

나폴리 그란데 잔

- 샴페인
- 코냑
- 그랑 마니에르

만드는 법

1 그랑 마니에르, 코냑, 앙고스트라 비터스를 나폴리 그란데 잔에 넣는다. **2** 그 위에 샴페인을 넣고 오렌지 슬라이스로 장식한다.

쿨 큐컴버 Cool Cucumber

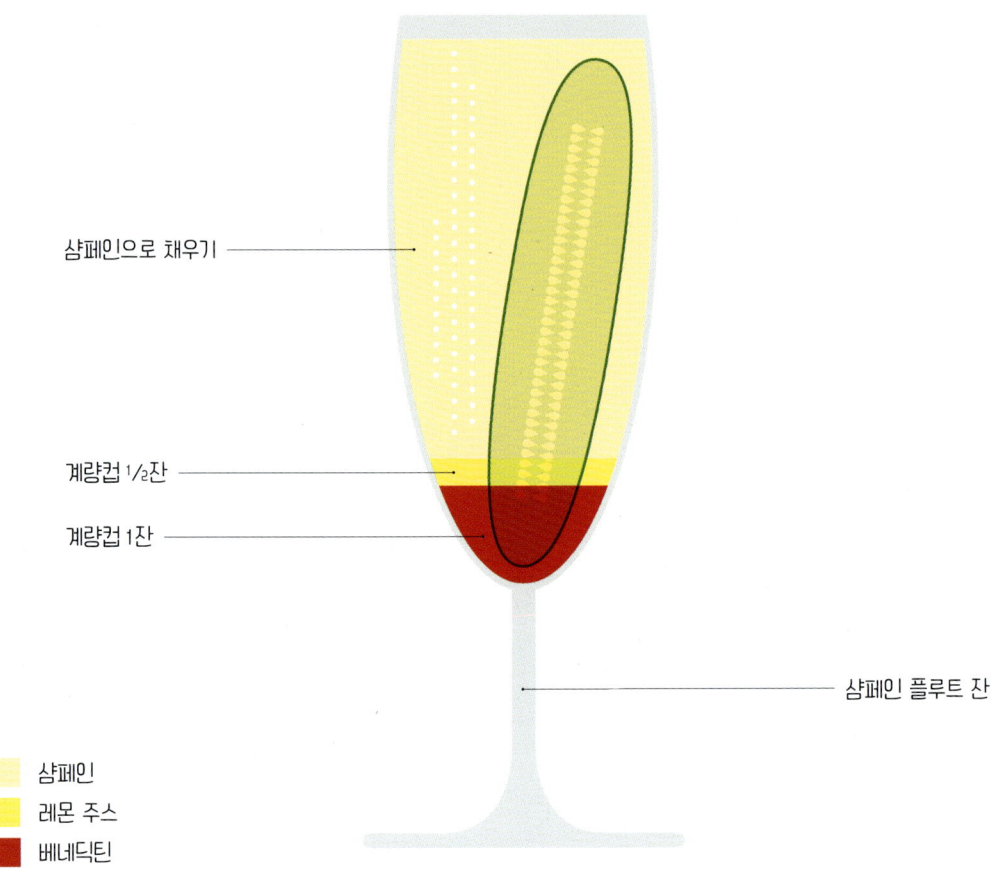

만드는 법

1 베네딕틴과 레몬 주스를 샴페인 플루트 잔에 넣는다. 그 위에 샴페인을 넣는다. 2 얇고 길쭉한 오이를 장식용으로 넣는다.

데스 인 더 애프터눈 Death in the Afternoon

TIP 페르노 대신에 압생트를 사용해서 만들 수 있다.

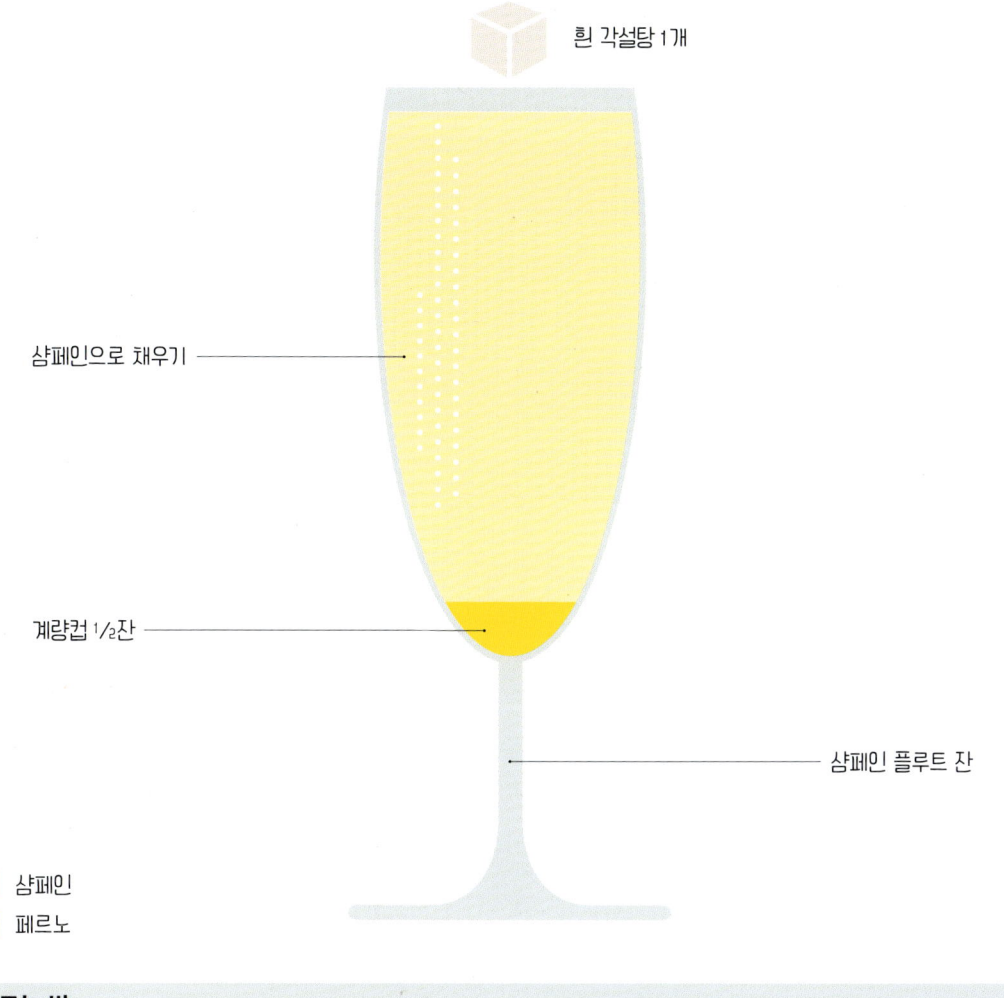

- 흰 각설탕 1개
- 샴페인으로 채우기
- 계량컵 1/2잔
- 샴페인 플루트 잔

■ 샴페인
■ 페르노

만드는 법

1 각설탕을 샴페인 플루트 잔에 넣는다. 페르노를 넣고 그 위에 샴페인으로 채운다.

프렌치 셔벗 French Sherbet

만드는 법

1. 레몬 셔벗, 키르쉬, 코냑을 샴페인 소서 잔에 넣고 휘저어 준다. 샴페인으로 채운다.

허니문 파라다이스 Honeymoon Paradise

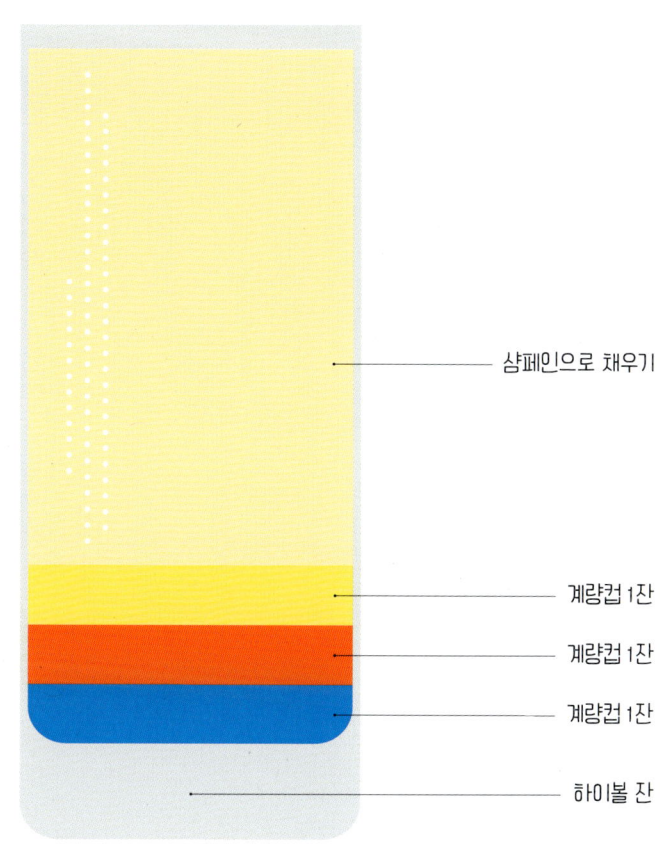

샴페인으로 채우기

계량컵 1잔

계량컵 1잔

계량컵 1잔

하이볼 잔

- 샴페인
- 신선한 레몬 주스
- 쿠앵트로
- 블루 큐라소

만드는 법

1 블루 큐라소와 쿠앵트로, 레몬 주스를 하이볼 잔에 넣는다. 그 위에 샴페인을 넣고 서빙한다.

제임스 본드 James Bond

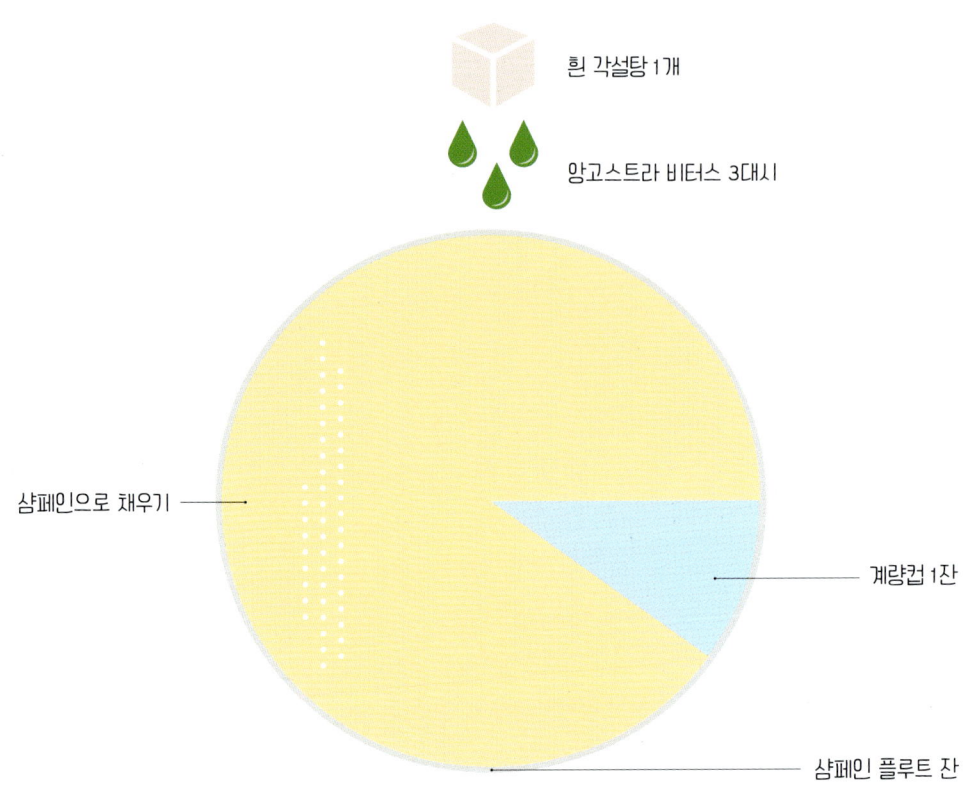

만드는 법

1 각설탕을 샴페인 플루트 잔에 넣고 앙고스트라 비터스로 적신다. 그 후 보드카를 넣는다. 2 그 위에 샴페인을 넣고 서빙한다.

키르 로얄 Kir Royale

TIP 샴페인 대신에 화이트 와인을 사용하면 전통적인 키르Kir 칵테일을 만들 수 있다.

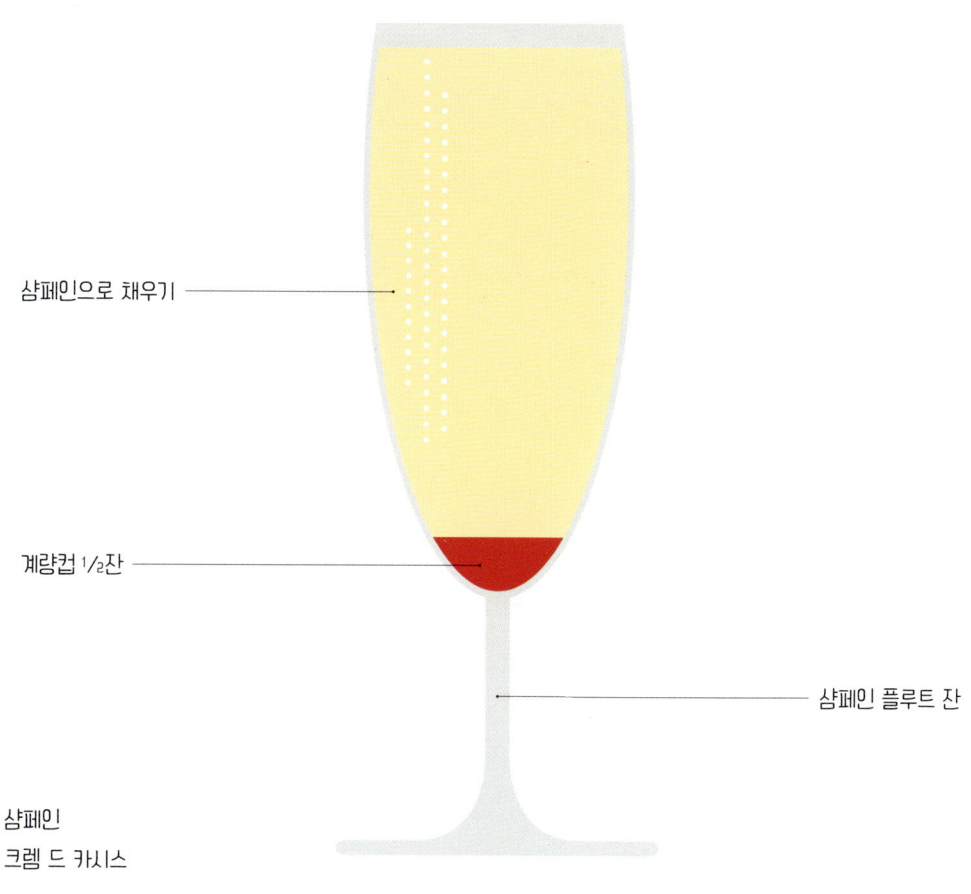

- 샴페인으로 채우기
- 계량컵 1/2잔
- 샴페인 플루트 잔

■ 샴페인
■ 크렘 드 카시스

만드는 법

1 크렘 드 카시스를 샴페인 플루트 잔에 넣는다. 샴페인을 넣고 서빙한다.

라 돌체 비타 La Dolce Vita

TIP 프로세코 스파클링 와인이 없다면 다른 드라이한 스파클링 와인을 사용해도 된다.

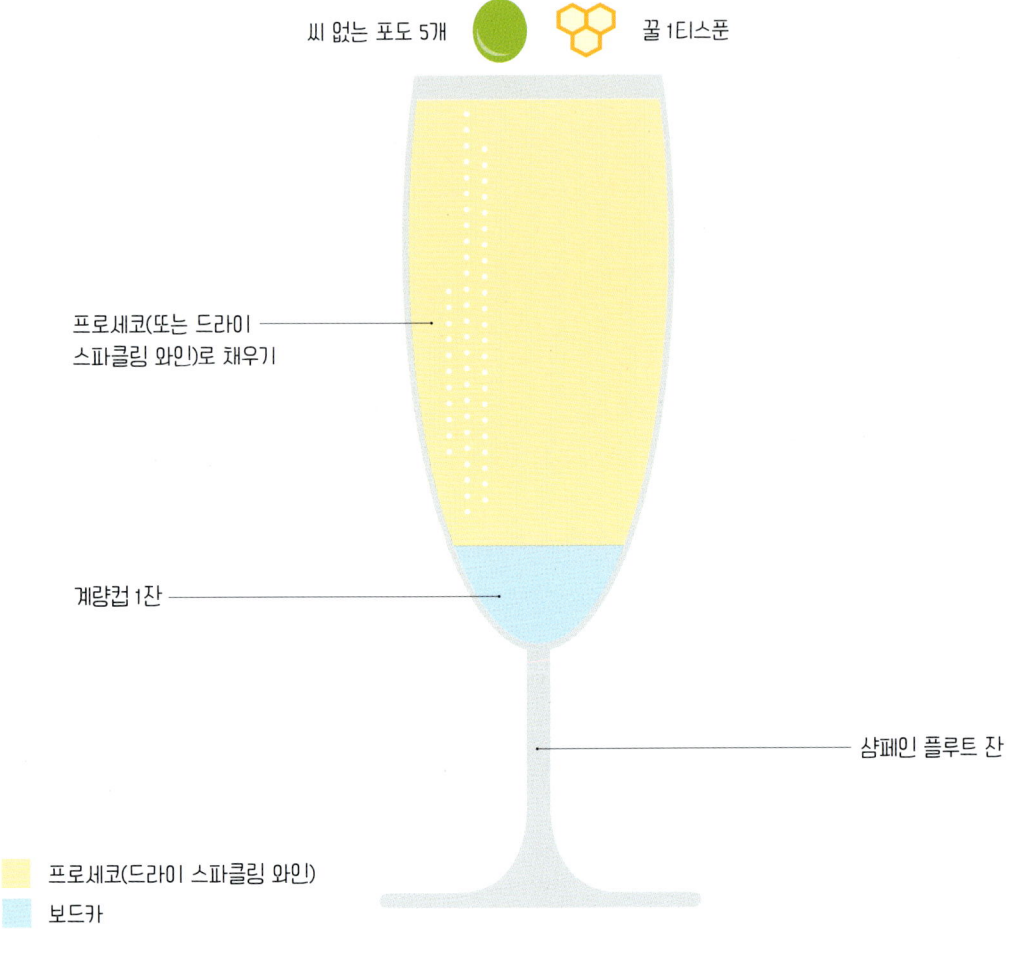

만드는 법

1 포도를 쉐이커에 넣고 으깬 후 보드카와 꿀을 넣는다. 2 잘 흔들어 주고 샴페인 플루트 잔에 따른다. 그 위에 프로세코를 넣는다.

미모사 Mimosa

TIP 그랑 마니에르 대신에 트리플 섹을 사용해도 된다.

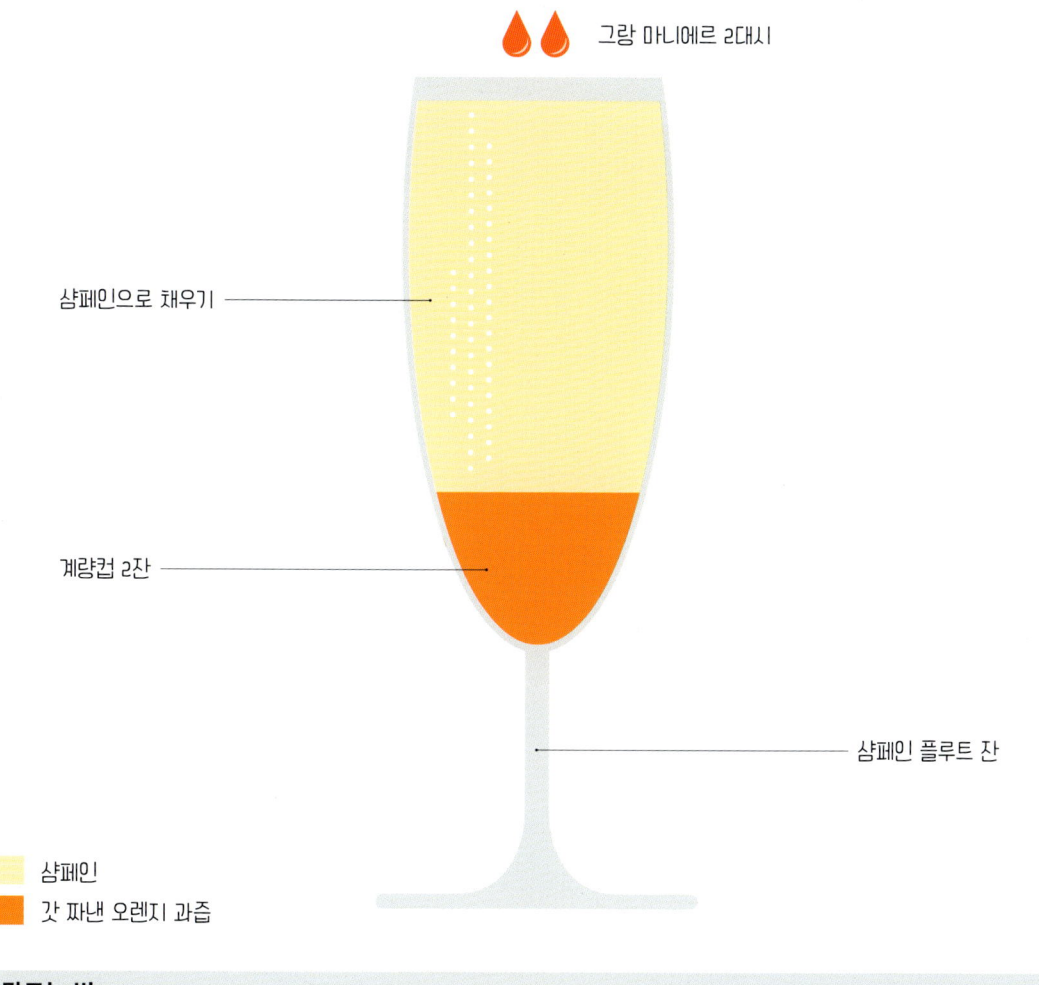

그랑 마니에르 2대시

샴페인으로 채우기

계량컵 2잔

샴페인 플루트 잔

- 샴페인
- 갓 짜낸 오렌지 과즙

만드는 법

1 오렌지 과즙을 샴페인 플루트 잔의 ¼ 지점까지 채운다. 2 그랑 마니에르를 넣고 그 위에 샴페인을 넣는다.

포인세티아 Poinsettia

TIP 크랜베리 주스를 넣어서 만들 수 있다.

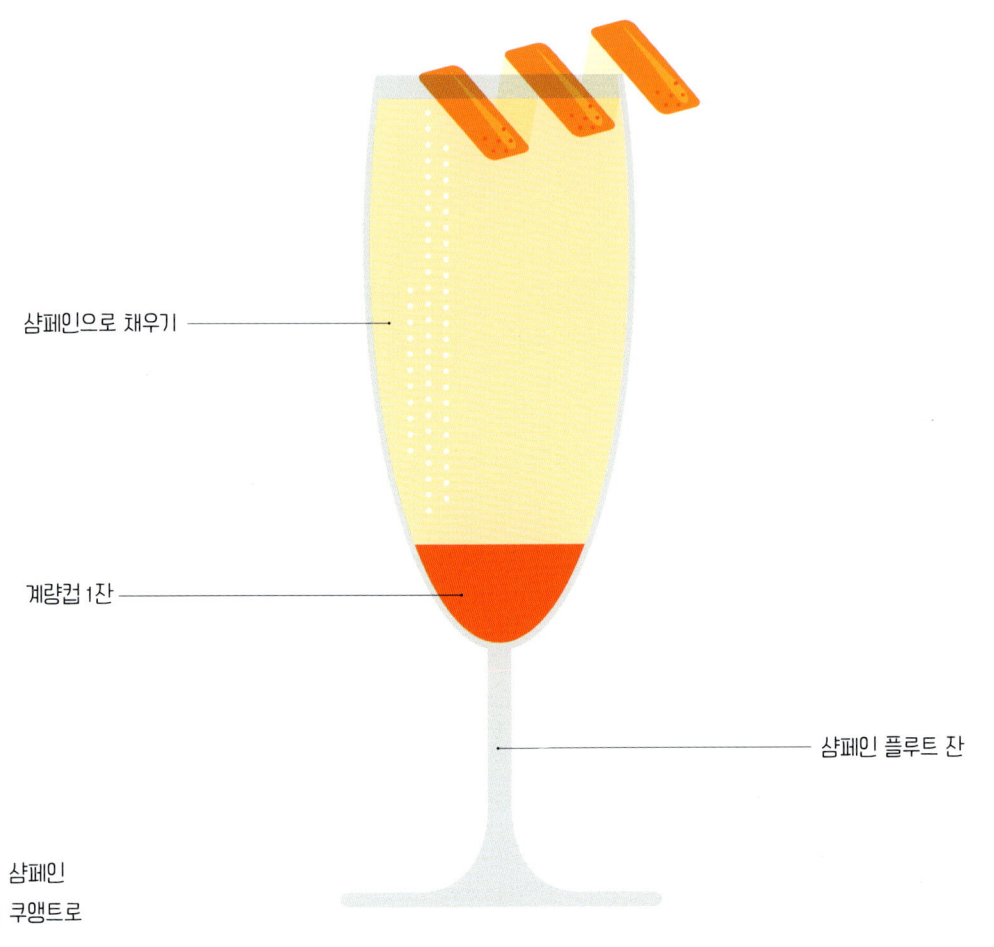

- 샴페인으로 채우기
- 계량컵 1잔
- 샴페인 플루트 잔

■ 샴페인
■ 쿠앵트로

만드는 법

1 쿠앵트로를 샴페인 플루트 잔에 넣는다. 그 위에 샴페인을 넣는다. **2** 오렌지 트위스트를 넣고 서빙한다.

라즈베리 십 Raspberry Sip

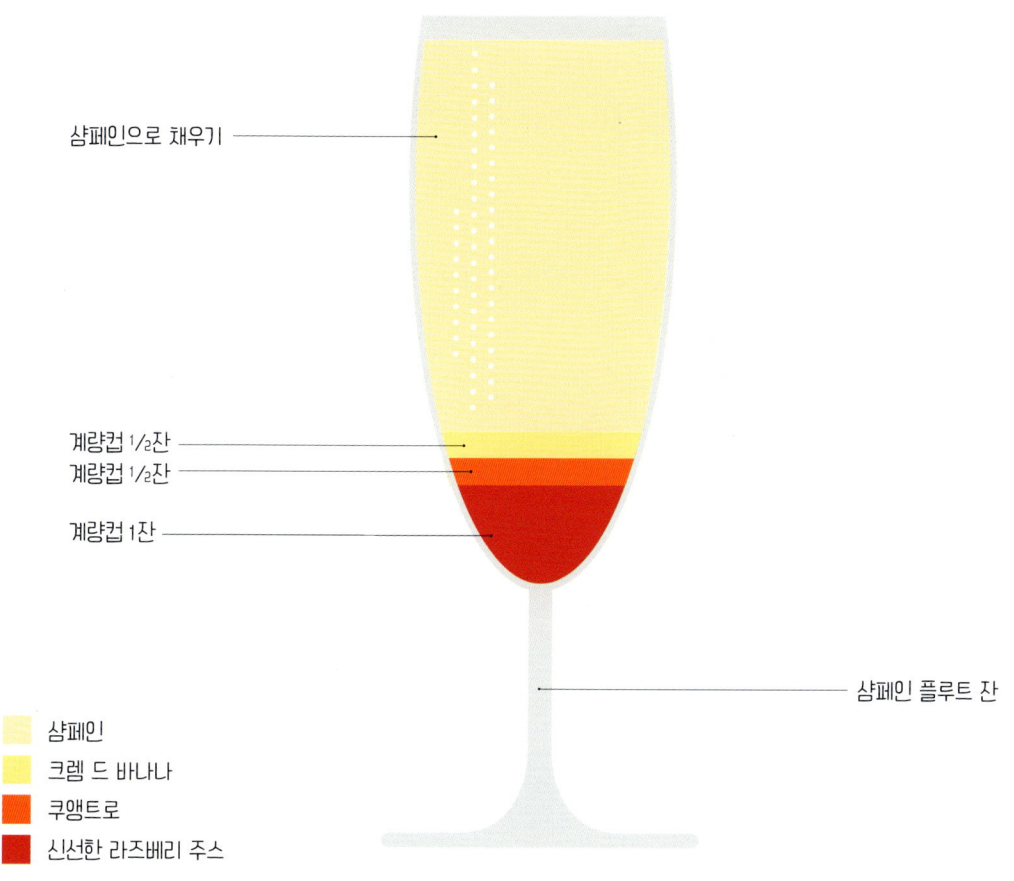

만드는 법

1️⃣ 샴페인을 제외한 재료를 얼음과 함께 쉐이커에 넣고 흔들어 준다. 2️⃣ 얼음을 걸러서 샴페인 플루트 잔에 따른 뒤, 그 위에 샴페인을 따른다.

리츠 피즈 Ritz Fizz

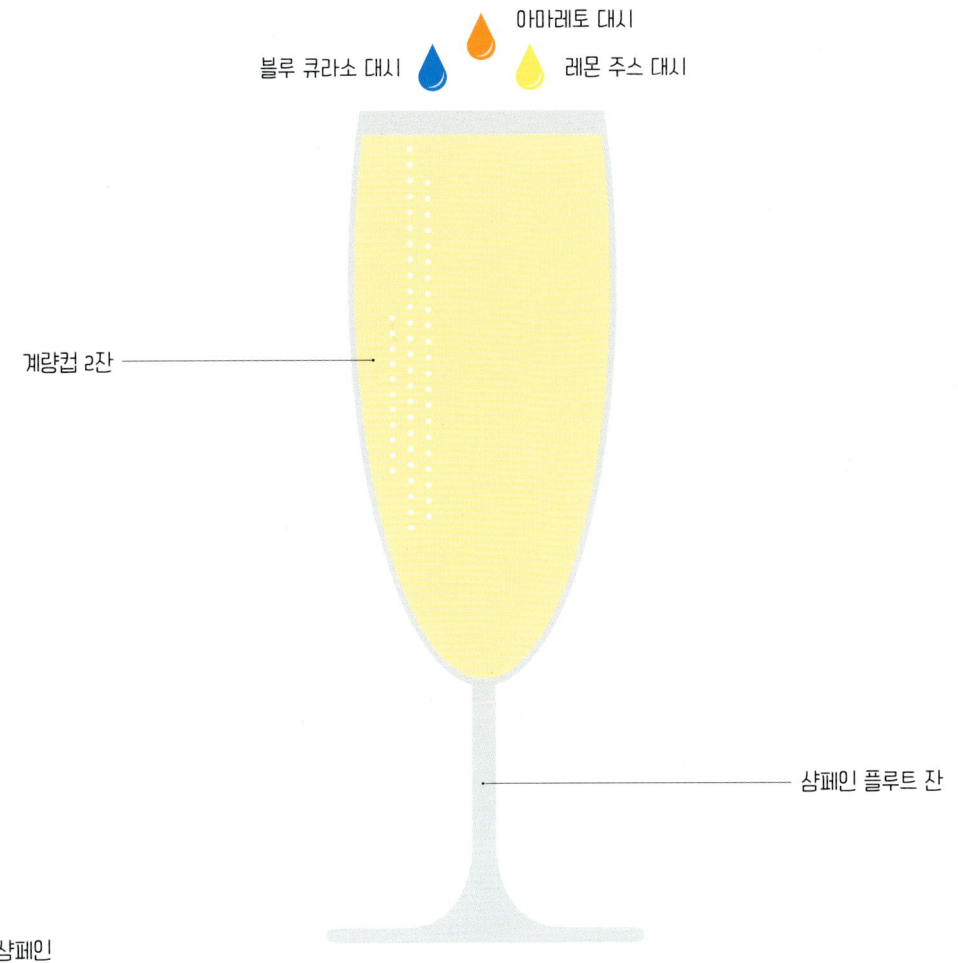

만드는 법

1 아마레토, 큐라소, 레몬 주스를 샴페인 플루트 잔에 넣는다. 그 위에 샴페인으로 채우고 서빙한다.

수아상트-네프 Soixante-Neuf

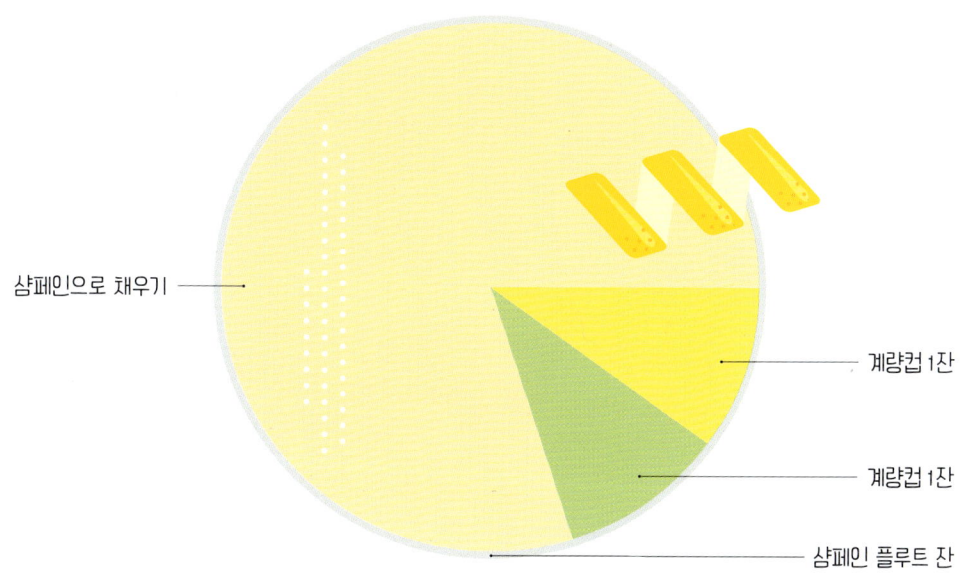

샴페인으로 채우기
계량컵 1잔
계량컵 1잔
샴페인 플루트 잔

- 샴페인
- 신선한 레몬 주스
- 진

만드는 법

1 진과 레몬 주스를 쉐이커에 넣고 흔들어 준 뒤, 샴페인 플루트 잔에 따른다. **2** 그 위에 샴페인을 넣는다. 레몬 트위스트로 장식하고 서빙한다.

스윗 서렌더 Sweet Surrender

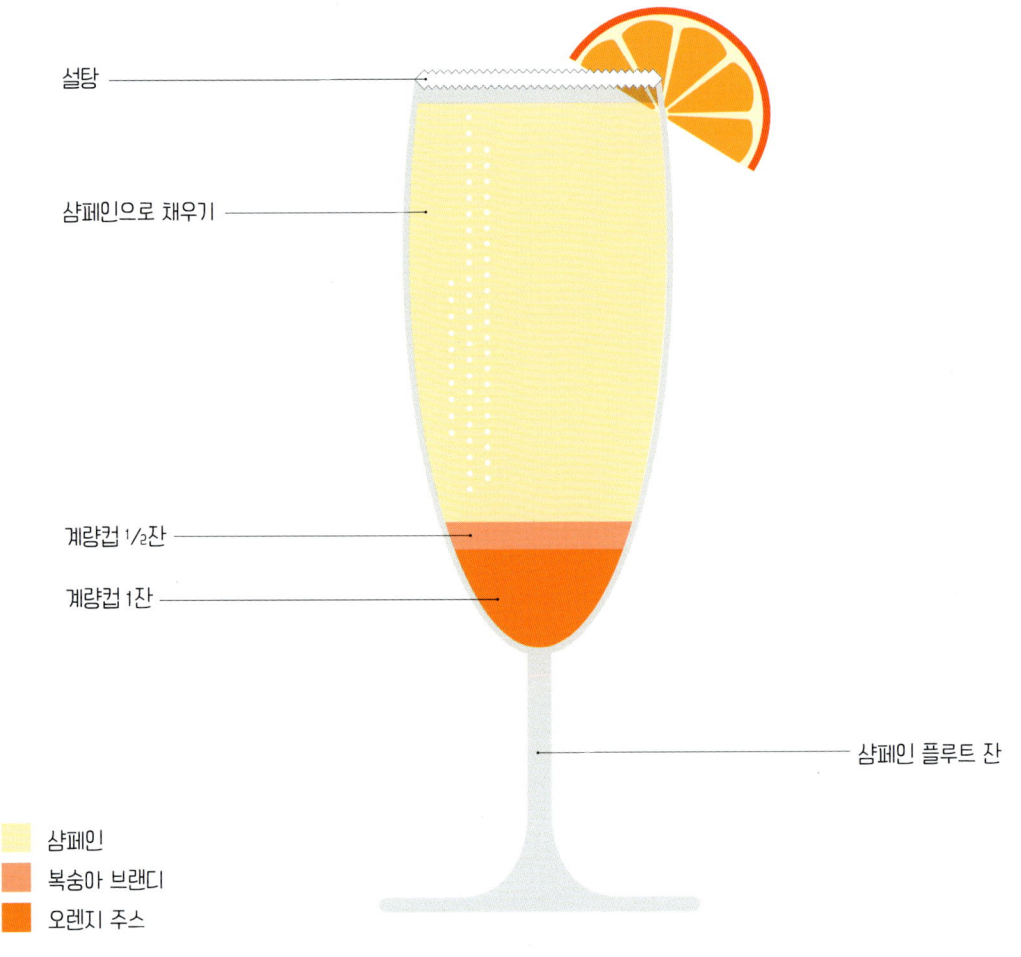

만드는 법

1 오렌지 슬라이스를 샴페인 플루트 잔 림 부분에 문질러 준 뒤, 설탕을 림 부분에 묻힌다. **2** 오렌지 주스와 복숭아 브랜디를 얼음과 함께 쉐이커에 넣은 후 잘 섞이도록 흔들어 준다. 얼음을 걸러서 잔에 따른다. **3** 그 위에 샴페인을 넣는다.

타이푼 Typhoon

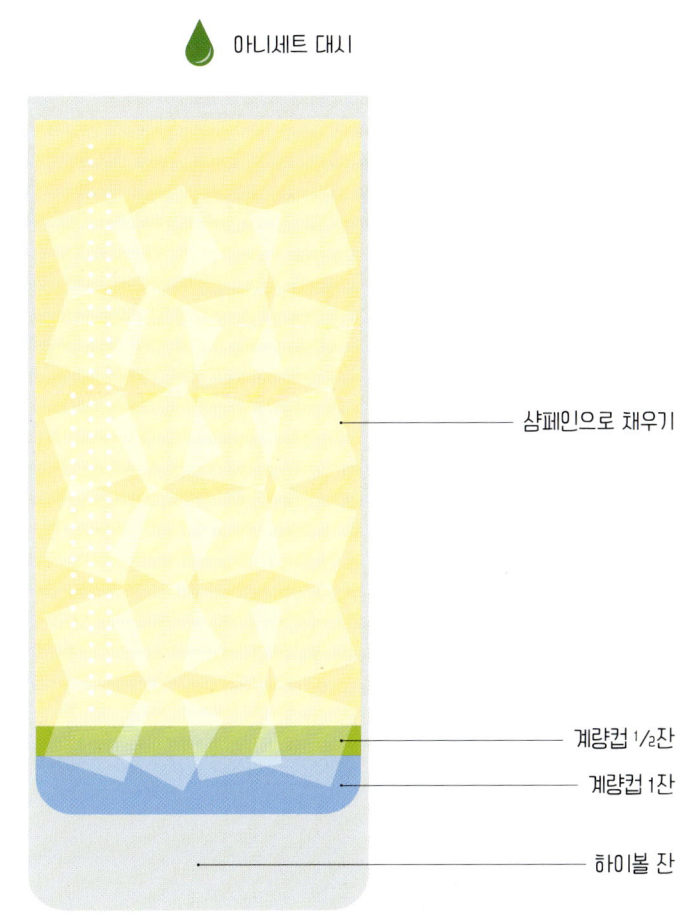

아니세트 대시

샴페인으로 채우기

계량컵 1/2잔
계량컵 1잔
하이볼 잔

■ 샴페인
■ 신선한 라임 주스
■ 진

만드는 법

1 진, 아니세트, 라임 주스를 쉐이커에 넣고 흔들어 준다. 얼음이 담겨 있는 하이볼 잔에 따른다. **2** 그 위를 샴페인으로 채운 후 서빙한다.

애프터 에잇 After Eight

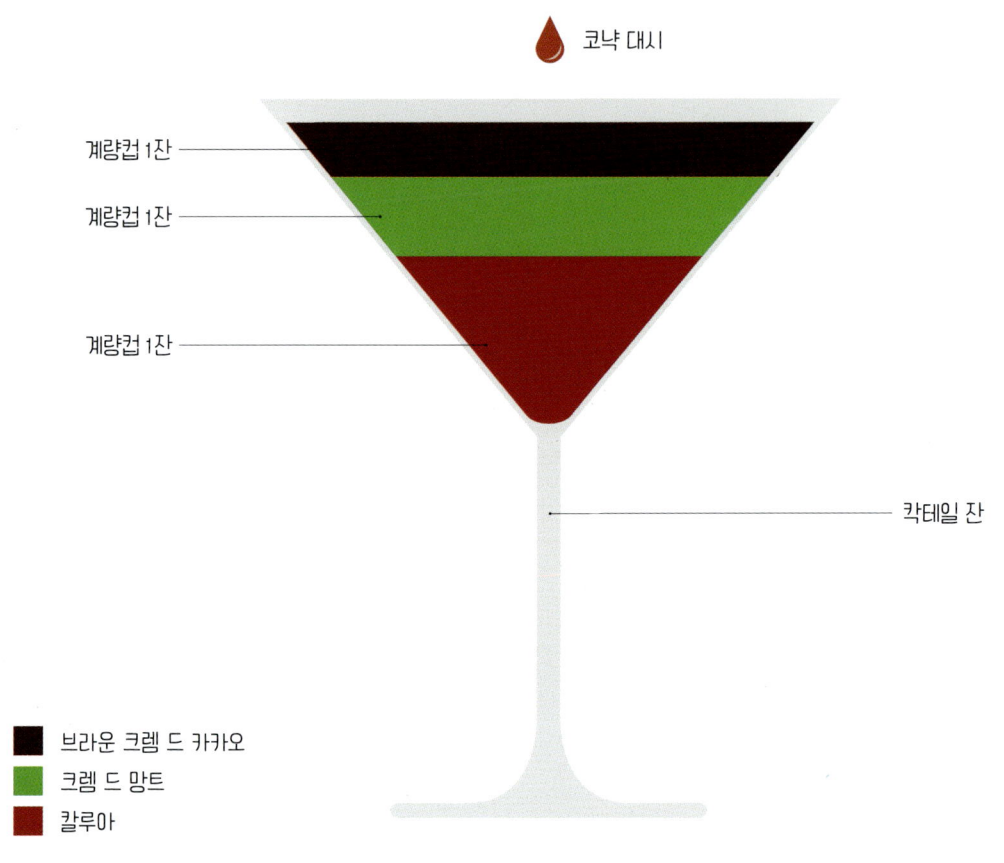

만드는 법

1 모든 재료를 쉐이커에 넣고 흔들어 준다. 칵테일 잔에 따른 후 서빙한다.

아마레토 컴포트 Amaretto Comfort

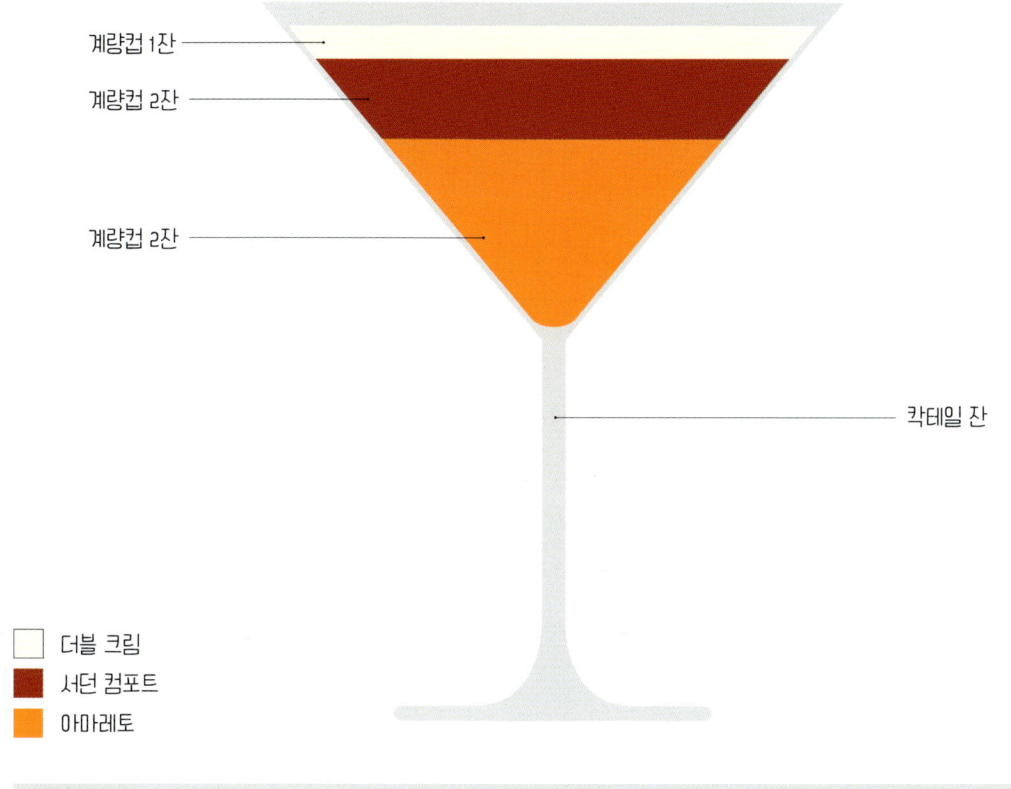

만드는 법

1 아마레토와 서던 컴포트를 넣고 잘 휘저은 후 칵테일 잔에 따른다. **2** 그 위에 크림을 띄우고 서빙한다.

아리스토크랫 Aristocrat

TIP 아이스 스쿱을 사용해서 잘게 부순 얼음 1스쿱 정도를 블렌더에 넣는다. 서양배를 사용한다.

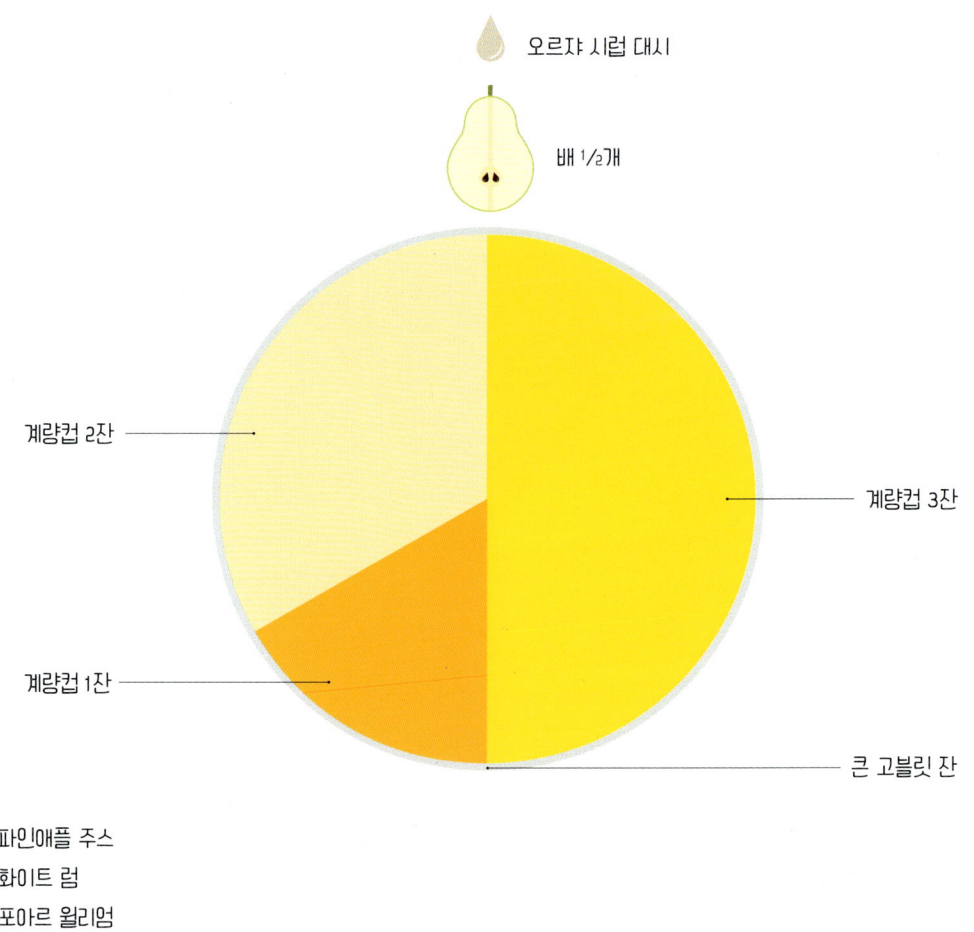

오르쟈 시럽 대시

배 1/2개

계량컵 2잔

계량컵 3잔

계량컵 1잔

큰 고블릿 잔

■ 파인애플 주스
■ 화이트 럼
■ 포아르 윌리엄

만드는 법

1 모든 재료를 블렌더에 넣고 갈아 준 뒤, 큰 고블릿 잔에 따른다.

배드 걸 Bad Girl

TIP 아이스 스쿱을 사용해서 잘게 부순 얼음 1스쿱 정도를 블렌더에 넣는다.

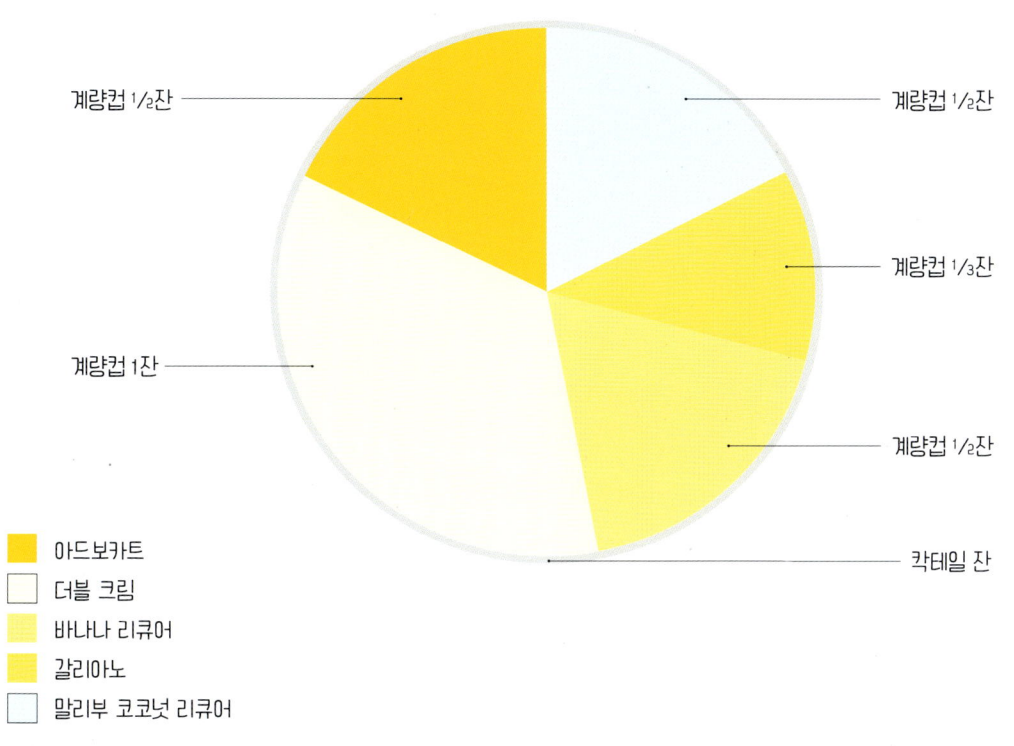

- 아드보카트
- 더블 크림
- 바나나 리큐어
- 갈리아노
- 말리부 코코넛 리큐어

만드는 법

1 모든 재료를 얼음과 함께 블렌더에 넣는다. 2 블렌더로 갈고 칵테일 잔에 따른다.

밴시 Banshee

- 계량컵 2잔 — 더블 크림
- 계량컵 1잔 — 화이트 크렘 드 카카오
- 계량컵 2잔 — 크렘 드 바나나
- 중간 사이즈 고블릿 잔

만드는 법

1 모든 재료를 얼음과 함께 쉐이커에 넣고 잘 섞이도록 흔들어 준다. 얼음을 걸러서 중간 사이즈 고블릿 잔에 따른 후 서빙한다.

비 스팅거 Bee Stinger

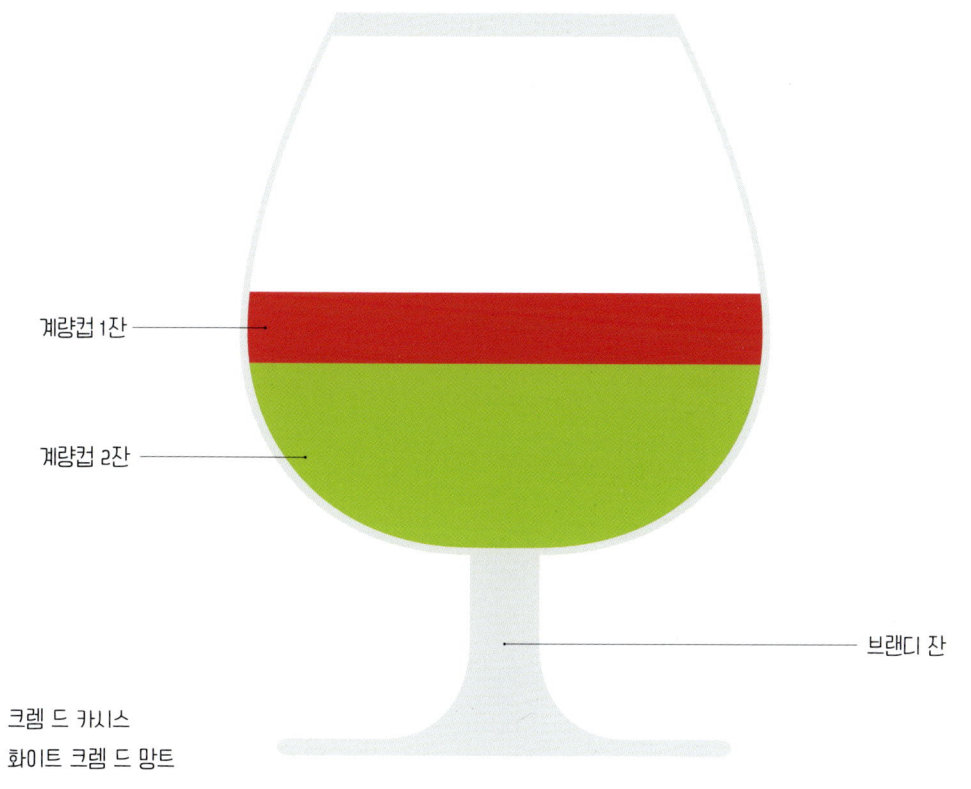

- 계량컵 1잔
- 계량컵 2잔
- 브랜디 잔
- 🟥 크렘 드 카시스
- 🟩 화이트 크렘 드 망트

만드는 법

1. 크렘 드 망트와 크렘 드 카시스를 브랜디 잔에 넣는다. 휘저어 서빙한다.

블랙 앤 탠 Black and Tan

TIP 페일 에일 맥주와 스타우트 맥주를 사용해 만든 또 다른 '블랙 앤 탠Black and Tan' 칵테일도 있다.

- 계량컵 1잔
- 계량컵 1잔
- 계량컵 2잔
- 칵테일 잔

■ 크렘 드 카시스
■ 페르노
■ 스위트 버무스

만드는 법

1 모든 재료를 쉐이커에 넣고 흔들어 준다. 칵테일 잔에 따른 후 서빙한다.

블랙잭 Blackjack

- 계량컵 1 3/4잔 — 브랜디
- 계량컵 1 1/3잔 — 아이스 커피
- 계량컵 1잔 — 키르쉬
- 칵테일 잔

만드는 법

1. 모든 재료를 얼음을 채운 믹싱 글라스에 넣은 뒤 잘 휘젓는다. 2. 얼음을 걸러서 칵테일 잔에 따라 준다.

브라이튼 록 Brighton Rock

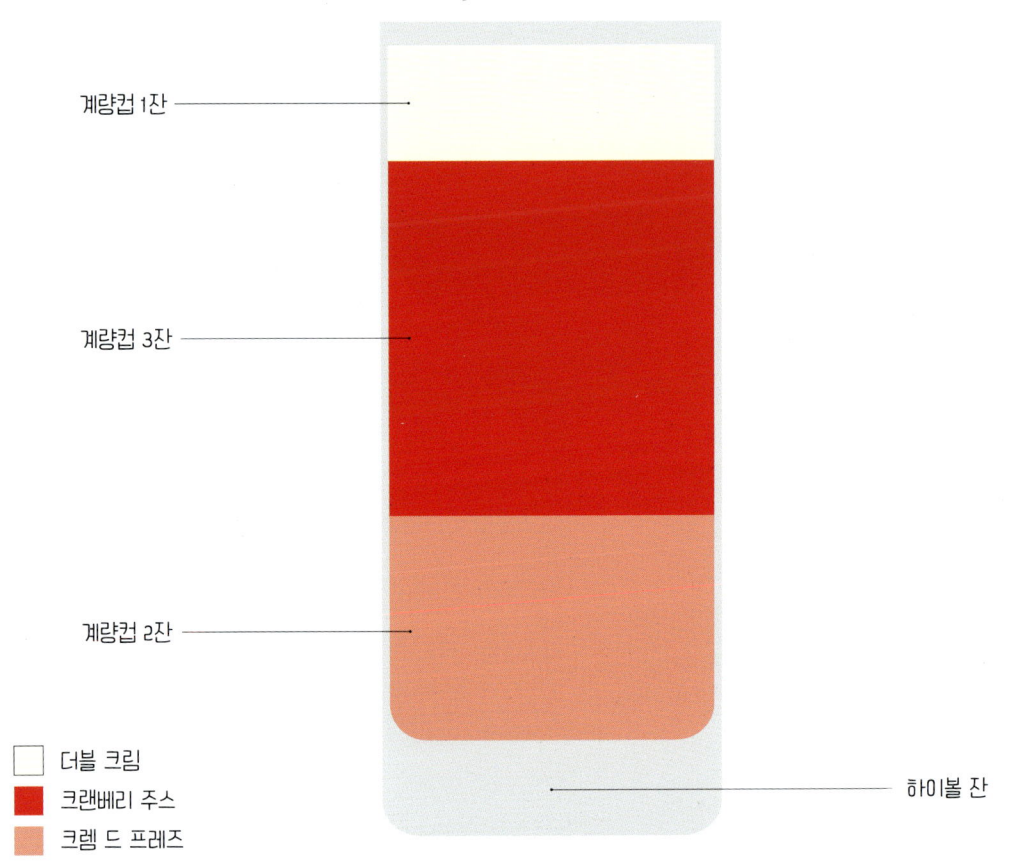

계량컵 1잔
계량컵 3잔
계량컵 2잔

□ 더블 크림
■ 크랜베리 주스
■ 크렘 드 프레즈

하이볼 잔

만드는 법

1 모든 재료를 얼음과 함께 쉐이커에 넣은 후 잘 섞이도록 흔들어 준다. 얼음을 걸러서 하이볼 잔에 따라 준다.

데스 바이 초콜릿 넘버 원 Death by Chocolate No.1

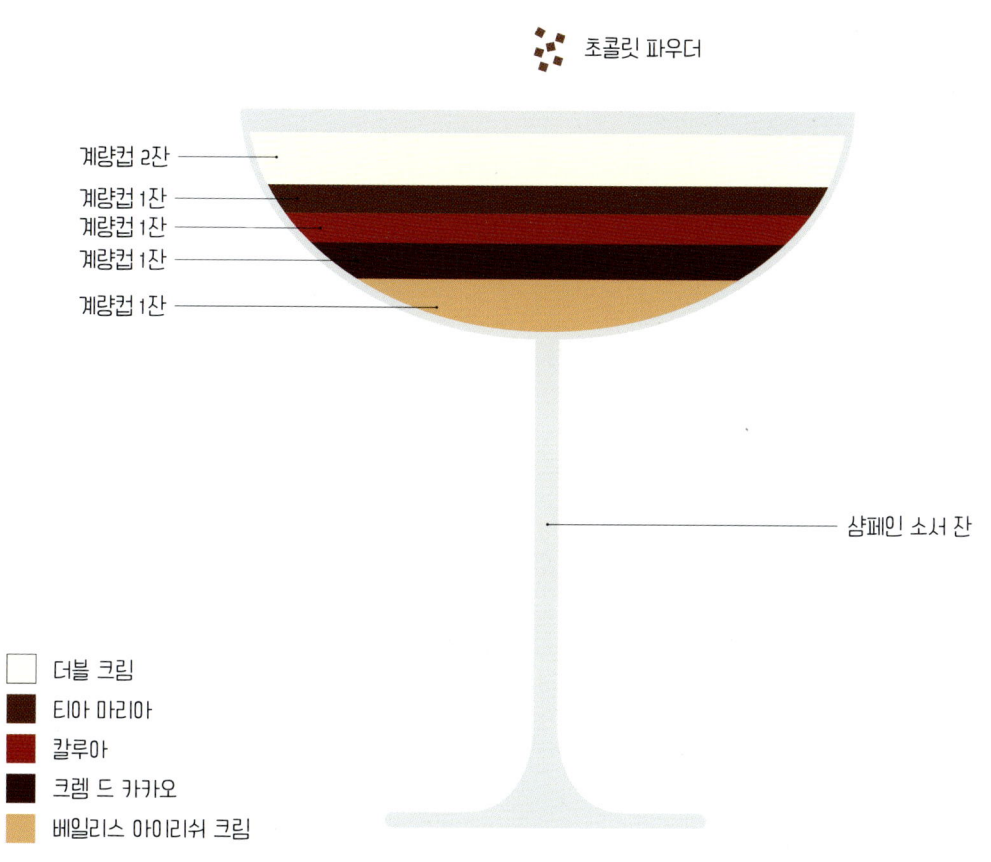

만드는 법

1 모든 재료를 얼음과 함께 쉐이커에 넣고 흔들어 준다. 얼음을 걸러서 큰 샴페인 소서 잔에 따른다. **2** 초콜릿 파우더로 장식한다.

퍼지 네이블 Fuzzy Navel

TIP 그레나딘 시럽을 조금 추가하면, 칵테일의 색감을 더 아름다워지고, 라즈베리 시럽을 넣으면 칵테일의 풍미가 향상된다.

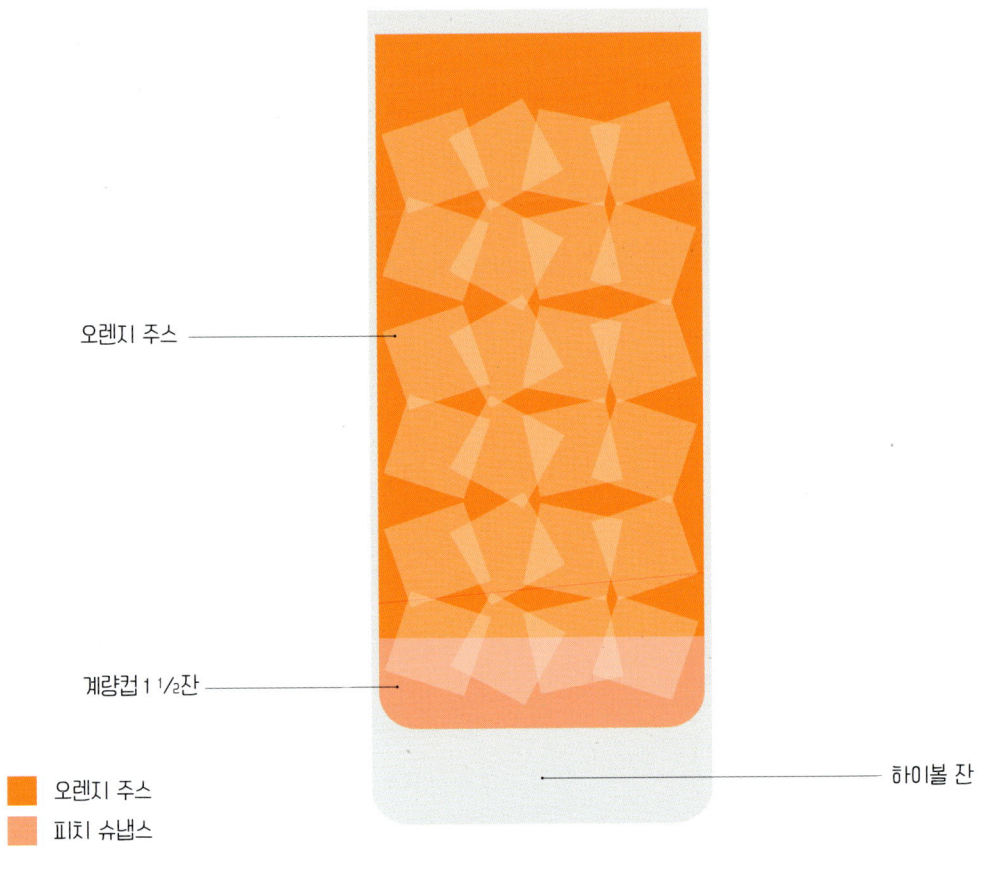

오렌지 주스

계량컵 1 1/2잔

하이볼 잔

■ 오렌지 주스
■ 피치 슈냅스

만드는 법

1 얼음을 채운 하이볼 잔에 피치 슈냅스를 넣는다. **2** 오렌지 주스로 잔을 채우고 섞이도록 잘 저어 준다.

그래스호퍼 Grasshopper

TIP 민트로 장식해도 된다.

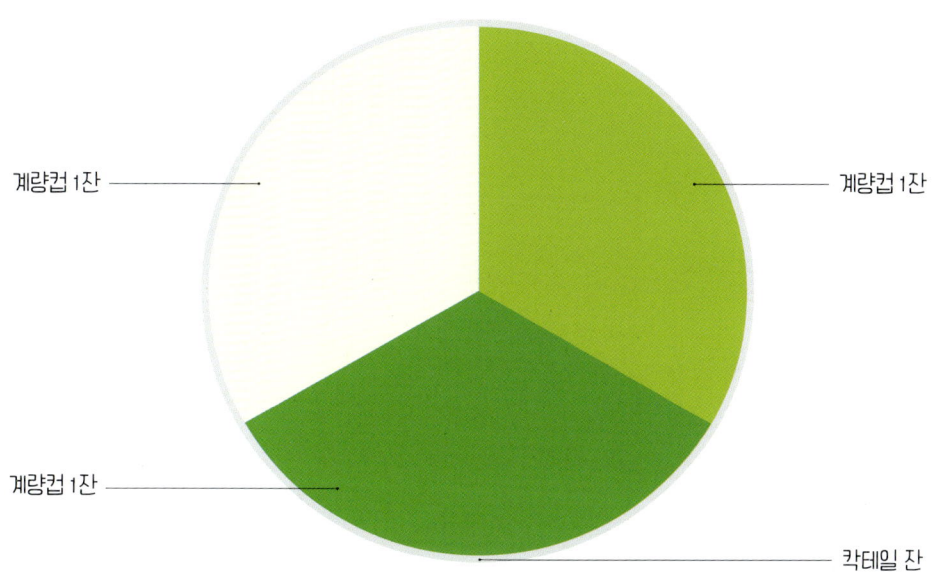

- 계량컵 1잔
- 계량컵 1잔
- 계량컵 1잔
- 칵테일 잔

□ 더블 크림
■ 화이트 크렘 드 망트
■ 크렘 드 망트

만드는 법

1 모든 재료를 얼음과 함께 쉐이커에 넣은 후 잘 섞이도록 흔들어 준다. 얼음을 걸러서 칵테일 잔에 따라 준다.

아이언 레이디 Iron Lady

- 더블 크림 — 계량컵 2잔
- 크렘 드 카시스 — 계량컵 1잔
- 누아 드 코코 — 계량컵 1잔
- 화이트 크렘 드 카카오 — 계량컵 1잔
- 하이볼 잔

만드는 법

1 모든 재료를 얼음과 함께 쉐이커에 넣고 흔들어 준다. 얼음을 걸러서 얼음을 채운 하이볼 잔에 따른다.

핑크 캐딜락 Pink Cadillac

만드는 법

1. 모든 재료를 얼음과 함께 쉐이커에 넣고 흔들어 준 뒤, 얼음을 걸러서 칵테일 잔에 따라 준다.

레드 데스 Red Death

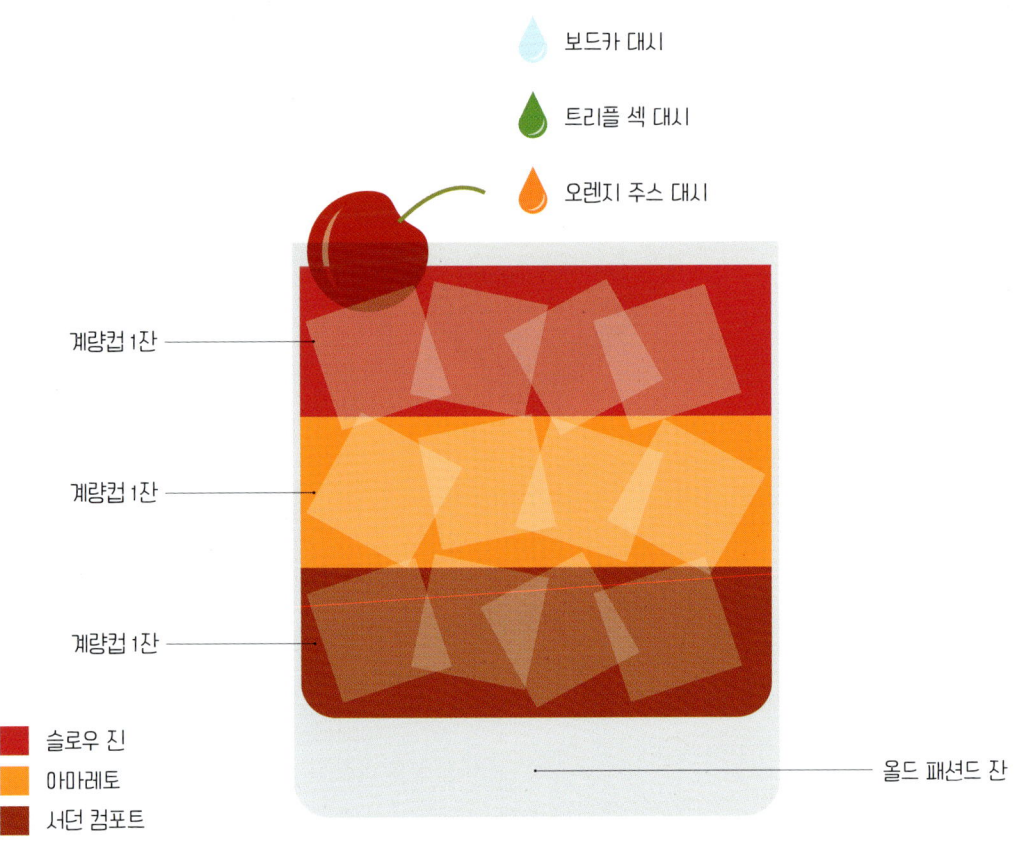

- 슬로우 진
- 아마레토
- 서던 컴포트

만드는 법

❶ 모든 재료를 얼음과 함께 쉐이커에 넣고 흔들어 준다. 얼음을 걸러서 얼음을 담은 올드 패션드 잔에 따라 준다. ❷ 마라스키노 체리로 장식한다.

스크리밍 멀티플 오르가즘 Screaming Multiple Orgasm

TIP 베일리스 아이리쉬 크림, 싱글 크림, 쿠앵트로, 갈리아노 순으로 넣어서 층을 만들어 준다.

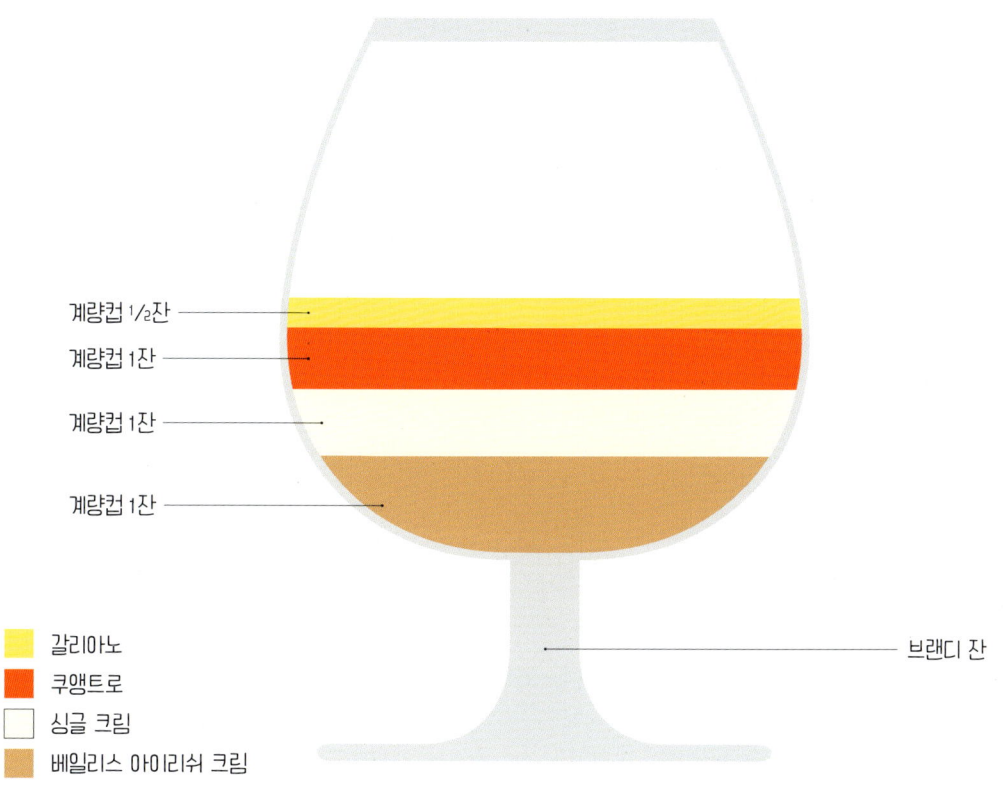

- 계량컵 1/2잔 — 갈리아노
- 계량컵 1잔 — 쿠앵트로
- 계량컵 1잔 — 싱글 크림
- 계량컵 1잔 — 베일리스 아이리쉬 크림
- 브랜디 잔

만드는 법

1. 위 그림과 같이 정확한 순서대로 재료를 브랜디 잔에 넣어 층을 나눈 뒤 서빙한다.

슈팅 스타 Shooting Star

TIP 아이스 스쿱을 사용해서 잘게 부순 얼음 1스쿱 정도를 블렌더에 넣는다.

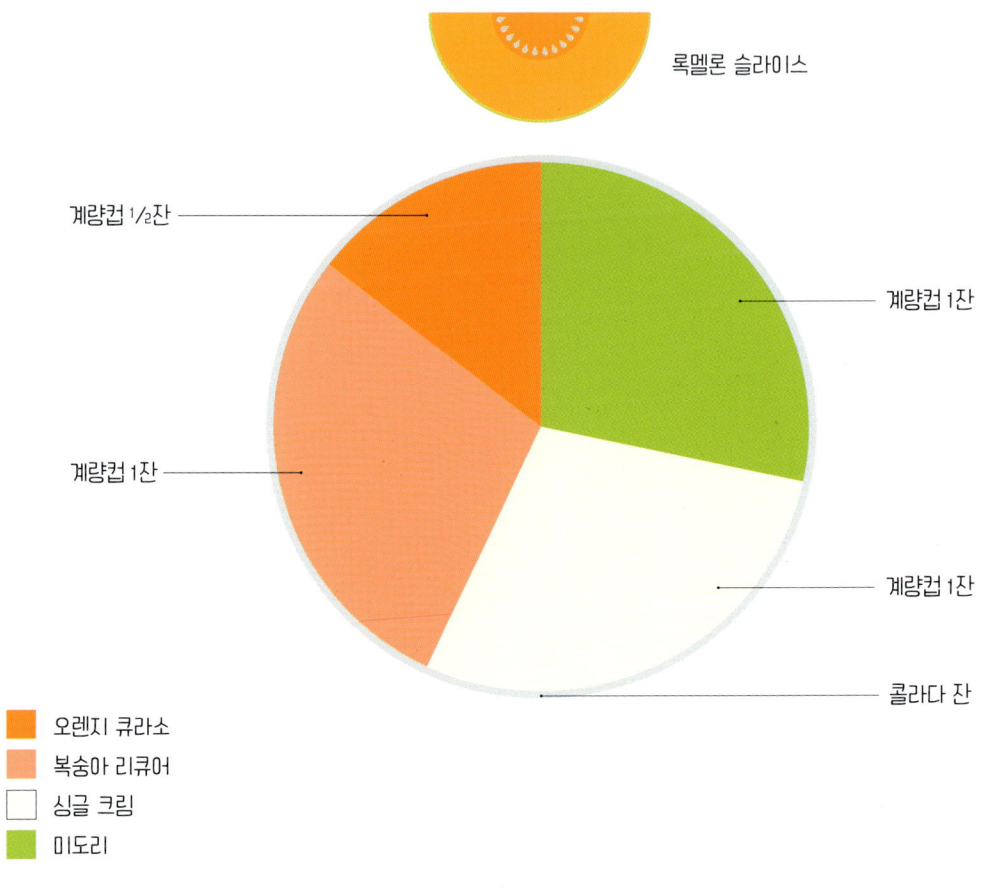

록멜론 슬라이스

계량컵 ½잔

계량컵 1잔

계량컵 1잔

계량컵 1잔

콜라다 잔

- 오렌지 큐라소
- 복숭아 리큐어
- 싱글 크림
- 미도리

만드는 법

1. 모든 재료를 블렌더에 넣고 부드러워질 때까지 갈아 준 뒤, 콜라다 잔에 따라 준다.

스완 송 Swan Song

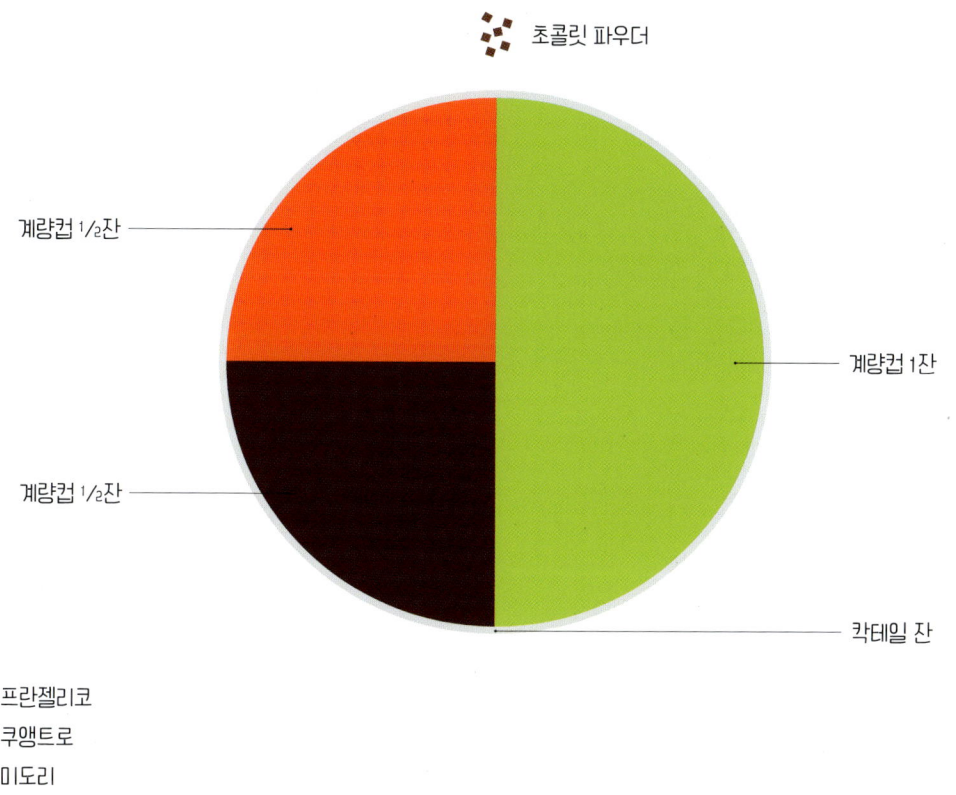

- 초콜릿 파우더
- 계량컵 ½잔
- 계량컵 ½잔
- 계량컵 1잔
- 칵테일 잔

■ 프란젤리코
■ 쿠앵트로
■ 미도리

만드는 법

1 모든 재료를 쉐이커에 넣고 잘 섞이도록 흔들어 준다. 칵테일 잔에 따른다. 2 초콜릿 파우더를 뿌려 서빙한다.

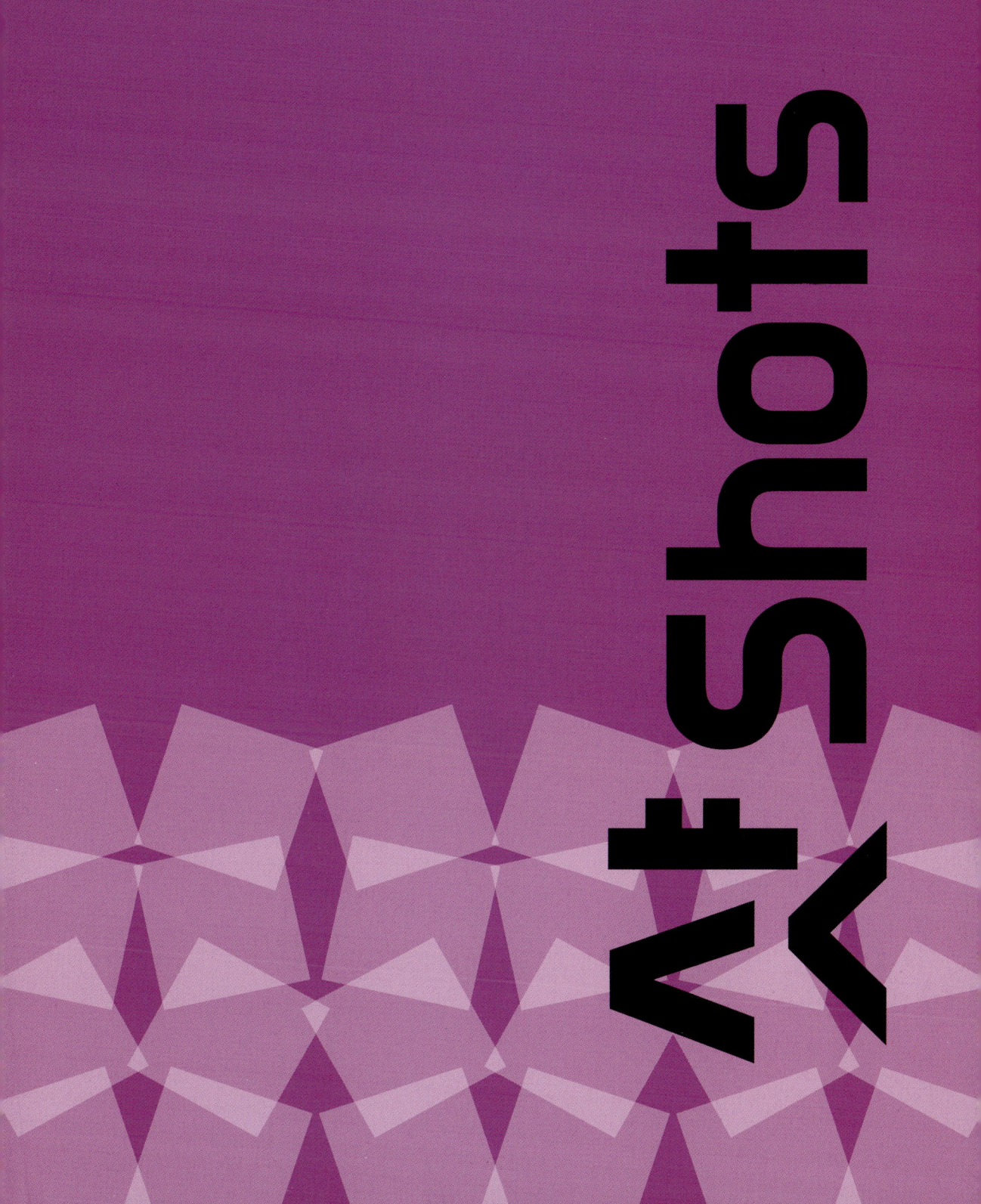

알라바마 슬래머 Alabama Slammer

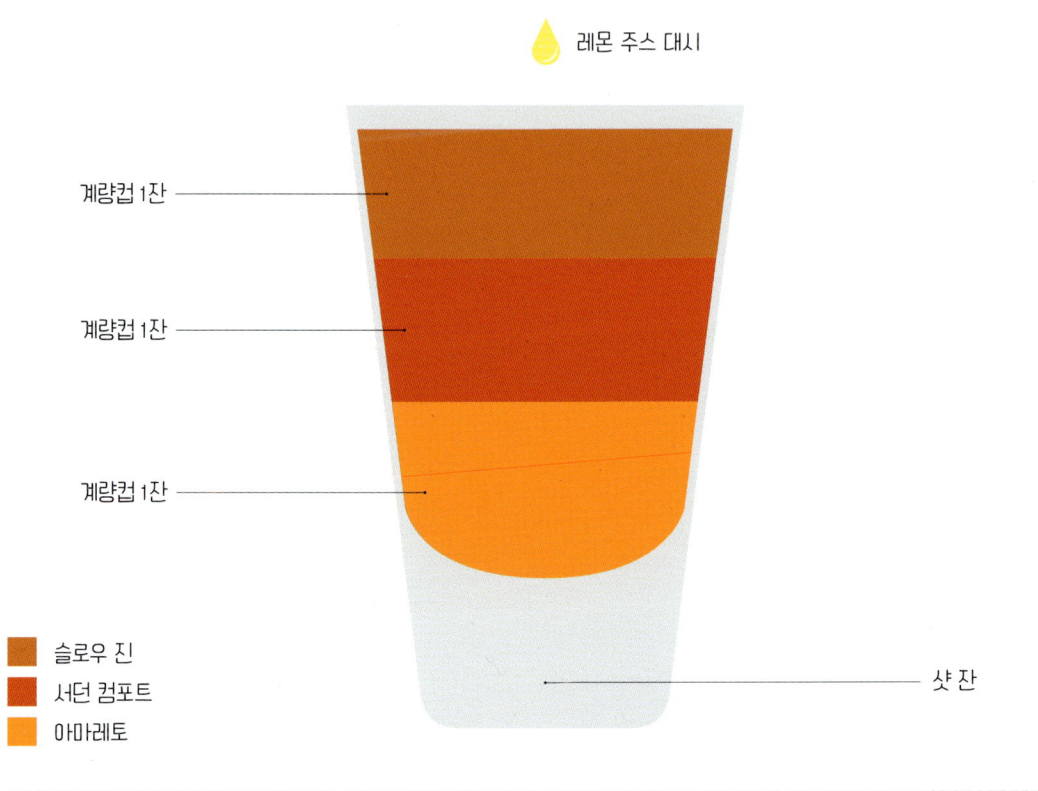

만드는 법

❶ 아마레토, 서던 컴포터, 진을 넣고 휘저어 준 후 샷 잔에 따른다. ❷ 레몬 주스를 넣은 후 서빙한다.

엔젤스 키스 넘버 원 Angel's Kiss No.1

TIP 화이트 크렘 드 카카오, 슬로우 진, 브랜디, 싱글 크림 순으로 넣어서 층을 만들어 준다.

- 싱글 크림
- 브랜디
- 슬로우 진
- 화이트 크렘 드 카카오

계량컵 1/4잔
계량컵 1/4잔
계량컵 1/4잔
계량컵 1/4잔
샷 잔

만드는 법

1. 위 그림에 나온 순서대로 각각의 재료를 넣어 샷 잔에 층을 만든 후 서빙한다.

앤젤 윙 슈터 Angel Wing Shooter

TIP 크렘 드 카카오, 베일리스 아이리쉬 크림, 브랜디 순으로 넣어서 층을 만들어 준다.

계량컵 1/2잔 — 브랜디
계량컵 1/2잔 — 베일리스 아이리쉬 크림
계량컵 1/2잔 — 크렘 드 카카오

샷 잔

만드는 법

1 위 그림에 나온 순서대로 각각의 재료를 넣어 샷 잔에 층을 만든 후 서빙한다.

비-52 B-52

TIP 티아 마리아, 베일리스 아이리쉬 크림, 쿠앵트로 순으로 넣어서 층을 만들어 준다.

계량컵 ²/₃잔 — 쿠앵트로
계량컵 ²/₃잔 — 베일리스 아이리쉬 크림
계량컵 ²/₃잔 — 티아 마리아

■ 쿠앵트로
■ 베일리스 아이리쉬 크림
■ 티아 마리아

샷 잔

만드는 법

1 위 그림에 나온 순서대로 각각의 재료를 넣어 샷 잔에 층을 만든 후 서빙한다.

블랙 잭 슈터 Black Jack Shooter

TIP 칼루아, 우조 순으로 넣어서 층을 만들어 준다.

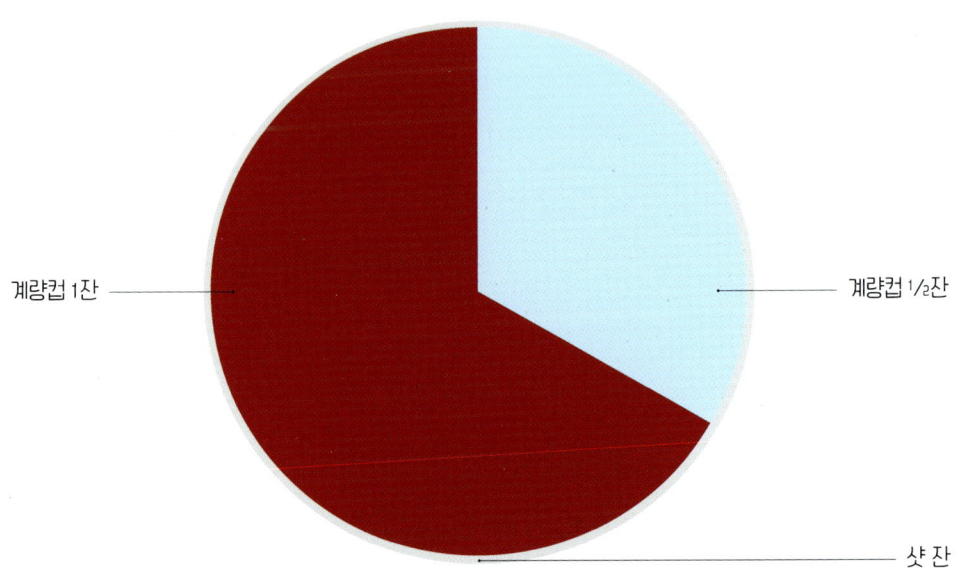

계량컵 1잔
계량컵 ½잔
샷 잔

☐ 우조
■ 칼루아

만드는 법

1 재료를 샷 잔에 넣어 층을 만든 후 서빙한다.

채스터티 벨트 슈터 Chastity Belt Shooter

TIP 티아 마리아, 베일리스 아이리쉬 크림, 프란젤리코, 싱글 크림 순으로 넣어서 층을 만들어 준다.

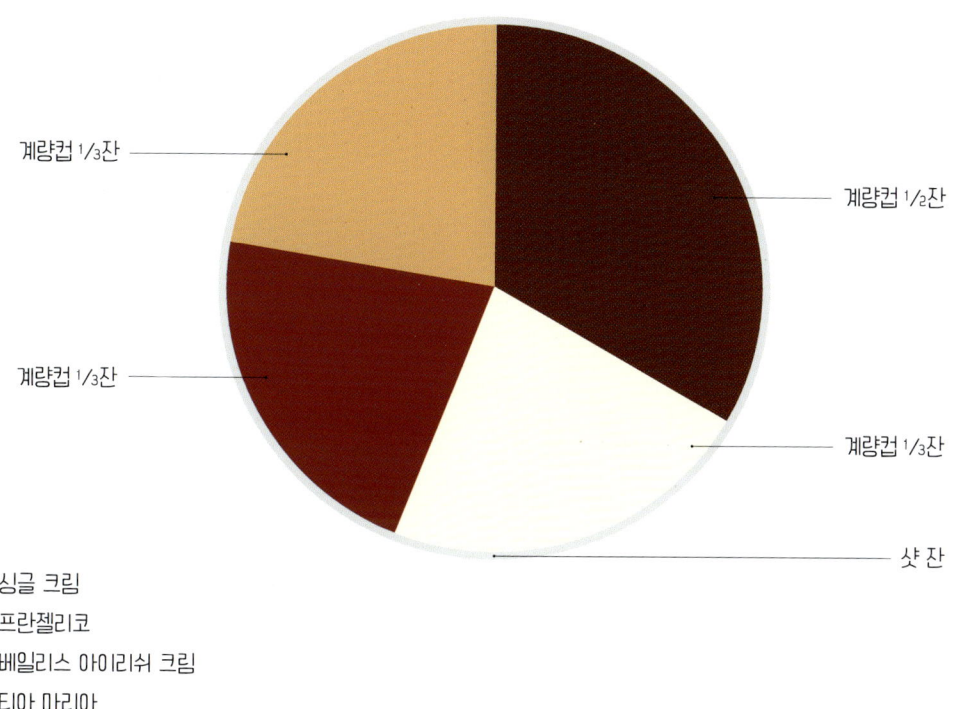

- 계량컵 1/3잔
- 계량컵 1/2잔
- 계량컵 1/3잔
- 계량컵 1/3잔
- 샷 잔

□ 싱글 크림
■ 프란젤리코
■ 베일리스 아이리쉬 크림
■ 티아 마리아

만드는 법

1 위 그림에 나온 순서대로 각각의 재료를 넣어 샷 잔에 층을 만든 후 서빙한다.

딥 스로트 슈터 Deep Throat Shooter

TIP 칼루아, 그랑 마니에르, 더블 크림 순으로 넣어서 층을 만들어 준다.

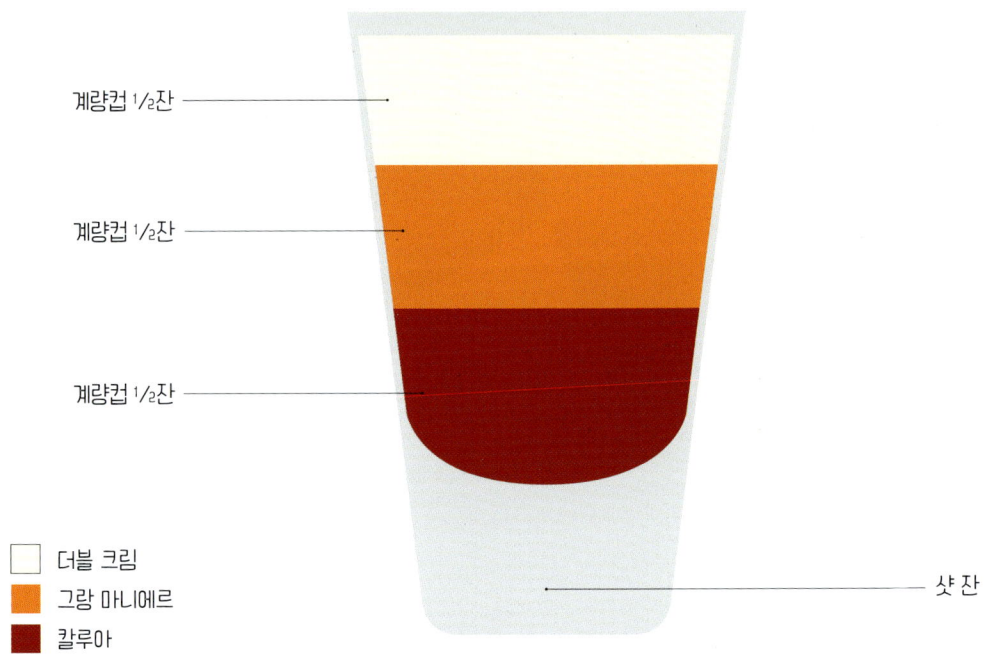

계량컵 1/2잔
계량컵 1/2잔
계량컵 1/2잔

□ 더블 크림
■ 그랑 마니에르
■ 칼루아

샷 잔

만드는 법

1 위 그림에 나온 순서대로 각각의 재료를 넣어 샷 잔에 층을 만든 후 서빙한다.

섹스 온 더 비치 Sex on the Beach

- 크랜베리 주스
- 파인애플 주스
- 보드카
- 미도리
- 샴보르

크랜베리 주스로 채우기
계량컵 1잔
계량컵 ½잔
계량컵 ½잔
계량컵 ½잔
샷 잔

만드는 법

1 모든 재료를 휘저어 준 후 샷 잔에 따른다. **2** 그 위에 크랜베리 주스를 넣은 후 서빙한다.

슬리퍼리 니플 Slippery Nipple

TIP 버터스카치 슈냅스, 베일리스 아이리쉬 크림 순으로 넣어서 층을 만들어 준다.

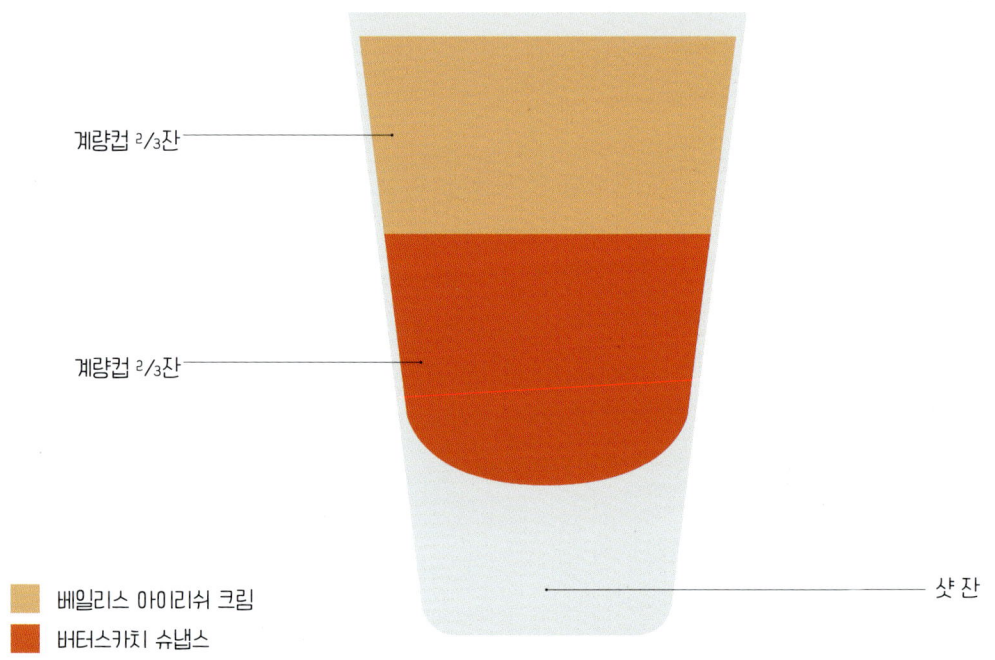

계량컵 2/3잔 — 베일리스 아이리쉬 크림

계량컵 2/3잔 — 버터스카치 슈냅스

샷 잔

만드는 법

1 버터스카치 슈냅스를 샷 잔에 따라준 후 베일리스 아이리쉬 크림을 위에 넣어 층을 만든다.

트래픽 라이트 Traffic Light

TIP 크렘 드 누아, 갈리아노, 미도리 순으로 넣어서 층을 만들어 준다.

- 계량컵 1잔 — 미도리
- 계량컵 1잔 — 갈리아노
- 계량컵 1잔 — 크렘 드 누아
- 샷 잔

만드는 법

1. 위 그림에 나온 순서대로 각각의 재료를 넣어 샷 잔에 층을 만든 후 서빙한다.

색인

칵테일 재료 색인 칵테일 이름 전체는 이 책 앞부분 칵테일 A-Z 부분을 참고하면 된다. 색인 순서는 가나다 순이 아닌 원서 순서를 따랐습니다.

A

압생트 Absinthe	169
앱솔루트 만다린 보드카 Absolut Mandarin vodka	66, 68
아드보카트 Advocaat	87, 227
아마레토 Amaretto	
갓파더 Godfather	161
레드 데스 Red Death	236
레이저 빔 Laser Beam	185
리츠 피즈 Ritz Fizz	216
벨라 도나 Bella Donna	133
아마레토 컴포트 Amaretto Comfort	223
알라바마 슬래머 Alabama Slammer	242
앙고스트라 비터스 Angostura bitters	
라스트 엠퍼러 Last Emperor	164
로브 로이 Rob Roy	167
맨해튼 Manhattan	41
발렌타인 Ballantine's	154
브랜디 칵테일 Brandy Cocktail	111
샴페인 칵테일 Champagne Cocktail	204, 205
샴페인 쿨러 Champagne Cooler	205
시카고 Chicago	115
알래스카 Alaska	80
올드 버무스 Old Vermouth	97
올드 패션드 Old-Fashioned	48
우드스탁 Woodstock	103
임페리얼 Imperial	90
제임스 본드 James Bond	210
조 콜린스 Joe Collins	65
콜로넬 피즈 Colonel Fizz	159
톰 피즈 Tom Fizz	100
피스코 사위 Pisco Sour	49
아니세트 Anisette	163, 219
사과 주스 Apple juice	74, 114, 202
애플잭 Applejack	120
애플톤 스페셜 럼 Appleton Special rum	138
살구 브랜디 Apricot brandy	96, 121, 125, 145, 165, 191
아르마냑 Armagnac	17, 19

B

베일리스 아이리쉬 크림 Baileys Irish Cream	21
데스 바이 초콜릿 Death by Chocolate	231
머드슬라이드 Mudslide	69
비-52 B-52	245
스크리밍 멀티플 오르가즘 Screaming Multiple Orgasm	237
슬리퍼리 니플 Slippery Nipple	250
앤젤 윙 슈터 Angel Wing Shooter	244
채스터티 벨트 슈터 Chastity Belt Shooter	247
바나나 Banana	142
바나나 리큐어 Banana liqueur	227
바카디 Barcardi	143
비프 부용 Beef bouillon	60
베네딕틴 Benedictine	21, 51, 108, 109, 160, 206
버번 Bourbon	12
루테넌트 Lieutenant	121
리버티 벨 Liberty Bell	165
민트 쥴렙 Mint Julep	46
밀크 펀치 Milk Punch	166
브이아이피 VIP	171
사제락 Sazerac	169
앤젤릭 Angelic	153
올드 패션드 Old-Fashioned	48
채플 힐 Chapel Hill	158
켄터키 선셋 Kentucky Sunset	163
콜로넬 피즈 Colonel Fizz	159
브랜디 Brandy	17-19, 50, 104-125, 229, 243, 244
버터스카치 슈냅스 Butterscotch schnapps	250

C

카샤사 Cachaça	37
칼바도스 Calvados	116, 125
캄파리 Campari	47, 92, 165, 190
캐나디안 클럽 위스키 Canadian Club whisky	157
캡틴 모건 럼 Captain Morgan rum	138, 143
샹보르 Chambord	63, 249
더 스윙어 The Swinger	99
라자 Raja	124
물랑 루즈 Moulin Rogue	96
바라쿠다 Barracuda	131
벨리니 Bellini	34
자쿠지 Jacuzzi	91
쥬니퍼 로얄 Juniper Royale	93
프렌치 75 French 75	88
샤르퇴르즈 Chartreuse	21, 80, 170
체리 브랜디 Cherry brandy	51, 114, 117, 155
체리 헤링 Cherry Heering	149
클램 주스 Clam juice	179
코코넛 크림 Coconut cream	128, 130, 134, 136, 142, 146, 147
커피 Coffee	132, 229
코냑 Cognac	17, 18-19
라자 Raja	124
미카도 Mikado	122
브랜디 알렉산더 Brandy Alexander	36
브랜디 칵테일 Brandy Cocktail	111
샴페인 칵테일 Champagne Cocktail	204
샴페인 쿨러 Champagne Cooler	205
아담과 이브 Adam and Eve	106
애프터 에잇 After Eight	222
에그노그 Eggnog	118
프렌치 셔벗 French Sherbet	208
프렌치 Frenchie	119
쿠앵트로 Cointreau	245
비-52 B-52	245
비트윈 더 시츠 Between the Sheets	110
블루 먼데이 Blue Monday	82
카사블랑카 Casablanca	135
샴페인 코블러 Champagne Cobbler	203
코스모폴리탄 Cosmopolitan	35
플러피 덕(인터내셔널) Fluffy Duck(international)	87
허니문 파라다이스 Honeymoon Paradise	209
자스민 Jasmine	92
라 붐바 La Bomba	184
마이 타이 넘버 원 Mai Tai No.1	43
마가리타 Margarita	44
미카도 Mikado	122

니키 핀 Nicky Finn	123
포인세티아 Poinsettia	214
라즈베리 십 Raspberry Sip	215
레드 디저트 Red Desert	189
스크리밍 멀티플 오르가즘 Screaming Multiple Orgasm	237
사이드카 Sidecar	50
싱가포르 슬링 Singapore Sling	51
스완 송 Swan Song	239
토마호크 Tomahawk	196
브이아이피 VIP	171
화이트 벨벳 White Velvet	102
콜라 Cola	137
크랜베리 주스 Cranberry juice	23
디지 길레스피 Dizzy Gillespie	138
마이 타이 넘버 원 Mai Tai No.1	43
브라이튼 록 Brighton Rock	230
섹스 온 더 비치 Sex on the Beach	249
씨 브리즈 Sea Breeze	73
씨 홀스 Sea Horse	74
우 우 Woo Woo	77
쥬니퍼 로얄 Juniper Royale	93
케이프 코더 Cape Codder	61
코스모폴리탄 Cosmopolitan	38
쿨 골드 Cool Gold	180
토마호크 Tomahawk	196
크렘 드 바나나 Crème de banane	67, 215, 225
크렘 드 카카오 Crème de cacao	
데스 바이 초콜릿 Death by Chocolate	231
밴시 Banshee	225
브랜디 알렉산더 Brandy Alexander	36
실크 스타킹 Silk Stocking	192
아이언 레이디 Iron Lady	234
애프터 에잇 After Eight	222
앤젤 윙 슈터 Angle Wing Shooter	244
앤젤릭 Angelic	153
앤젤스 키스 넘버 원 Angel's Kiss No.1	243
위즈 두들 Whizz Doodle	173
프렌치 키스 French Kiss	62
플로리디타 Floridita	140
핑크 캐딜락 Pink Cadillac	235
크렘 드 카시스 Crème de cassis	154, 181, 211, 226, 228, 234
크렘 드 망트 Crème de menthe	21, 170, 183, 222, 226, 233
크렘 드 뮈르 Crème de mure	62, 220
크렘 드 누아 Crème de noix	251
크렘 드 노약스 Crème de noyaux	122
큐라소 Curacao	70, 82, 134, 195, 209, 216, 238

D

드람브이 Drambuie	142, 168

E

달걀 Egg	118
달걀흰자 Egg white	49, 53, 84, 85, 145, 177

F

포비든 프루트 Forbidden fruit	106
프란젤리코 Franggelico	239, 247

G

갈리아노 Galliano	
검드랍 Gumdrop	162
바라쿠다 Barrachuda	131
배드 걸 Bad Girl	227
스크리밍 멀티플 오르가즘 Screaming Multiple Orgasm	237
아폴로 13 Apollo 13	
트래픽 라이트 Traffic Light	251
핑크 캐딜락 Pink Cadillac	235
하비 웰뱅거 Harvey Wallbanger	64
가니쉬 Garnishes	23
진 Gin	14-15, 78-103
김렛 Gimlet	40
롱 아일랜드 아이스티 Long Island Iced Tea	42
마티니 Martini	45
베스퍼 Vesper	75
수아상트-네프 Soixante-Neuf	217
위즈 두들 Whizz Doodle	173
타이푼 Typhoon	219
톰 콜린스 Tom Collins	52
진저 에일 Ginger ale	23, 181, 187
진저 와인 Ginger wine	172
그랑 마니에르 Grand Marnier	
딥 스로트 슈터 Deep Throat Shooter	248
라스트 엠퍼러 Last Emperor	168
립 이어 Leap Year	164
미모사 Mimosa	213
브랜디 키스 Brandy Kiss	113
샴페인 쿨러 Champagne Cooler	205
아폴로 13 Apollo 13	129
캐딜락 레이디 Cadillac Lady	85
프렌치 Frenchie	119
자몽 주스 Grapefruit juice	23, 71, 73, 121, 130, 176, 191
그레나딘 Grenadine	
네이키드 레이디 Naked Lady	145
라 붐바 La Bomba	184
마돈나 Madonna	143
멕시카나 Mexicana	188
물랑 루즈 Moulin Rogue	96
미카도 Mikado	122
바라쿠다 Barracuda	131
벨리니 Bellini	34
봄바디어 Bombardier	83
브랜디 데이지 Brandy Daisy	112
실크 스타킹 Silk Stocking	192
아메리칸 뷰티 American Beauty	107
앤젤릭 Angelic	153
엘 프레지던테 El Presidente	139
올 나잇 All Night	177
유니온 잭 Union Jack	101
잭 로즈 Jack Rose	120
좀비 Zombie	149
쥬니퍼 로얄 Juniper Royale	93
차팔라 Chapala	178
테킬라 선라이즈 Tequila Sunrise	194
플로리디타 Floridita	140
핑크 캐딜락 Pink Cadillac	235
기네스 Guinness	201

J

잭 대니얼 Jack Daniels	185

K

칼루아 Kahlua

데스 바이 초콜릿 Death by Chocolate	231	
디제 데임 Dizzy Dame	117	
머드 슬라이드 Mudslide	69	
블랙 러시안 Black Russian	59	
블랙 매직 Black Magical	58	
블랙 잭 슈터 Black Jack Shooter	246	
사우스 오브 더 보더 South of the Border	193	
애프터 에잇 After Eight	222	
화이트 러시안 White Russian	76	
키르쉬 Kirsch	208, 229	
쿰멜 Kummel	21, 94	

L

레몬 주스 Lemon juice		
네이키드 레이디 Naked Lady	145	
니키 핀 Nicky Finn	123	
레드 스내퍼 Red Snapper	98	
리츠 피즈 Ritz Fizz	216	
립 이어 Leap Year	95	
메트로폴리스 Metropolis	68	
물랑 루즈 Moulin Rogue	96	
벨리니 Bellini	34	
브랜디 데이지 Brandy Daisy	112	
브랜디 키스 Brandy Kiss	113	
블랙 매직 Black Magic(alt)	58	
블러디 메리 Bloody Mary	35	
비트윈 더 시츠 Between the Sheets	110	
사이드카 Sidecar	50	
수아상트―네프 Soixante-Neuf	217	
에비에이션 2 Aviation 2	56	
엘도라도 Eldorado	182	
우드 스탁 Woodstock	103	
위스키 사워 Whisky Sour	53	
자스민 Jasmine	92	
조 콜린스 Joe Collins	65	
차팔라 Chapala	178	
채플 힐 Chapel Hill	158	
캐나디안 셔벗 Canadian Sherbet	157	
캐딜락 레이디 Cadillac Lady	85	
코코로코 Cocoloco	136	
콜로넬 피즈 Colonel Fizz	159	
쿨 큐컴버 Cool Cucumber	206	
톰 콜린스 Tom Collins	52	
톰 피즈 Tom Fizz	100	

프렌치 75 French 75	88	
프리스코 Frisco	160	
허니문 파라다이스 Honeymoon Paradise	209	
레모네이드 Lemonade	87	
릴레 Lillet	75	
라임 코디얼 Lime cordial	40, 43	
라임 주스 Lime juice		
다이키리 Daiquiri	39	
디지 길레스피 Dizzy Gillespie	138	
레드 데저트 Red Desert	189	
롱 아일랜드 아이스티 Long Island Iced Tea	42	
마가리타 Margarita	44	
마타도르 Matador	186	
멕시카나 Mexicana	188	
멕시칸 뮬 Mexican Mule	187	
모히토 Mojito	144	
바라쿠다 Barracuda	131	
뱀피로 Vampiro	197	
봄바디어 Bombardier	83	
사우스 오브 더 보더 South of the Border	193	
쇼트 퓨즈 Short Fuse	191	
싱가포르 슬링 Singapore Sling	51	
씨 홀스 Sea Horse	74	
엘 디아블로 El Diablo	181	
엘 프레지덴테 El Presidente	139	
올 나잇 All Night	177	
잭 로즈 Jack Rose	120	
좀비 Zombie	149	
체리 피커 Cherry Picker	114	
카사블랑카 Casablanca	135	
카이피리냐 Caipirinha	37	
코스모폴리탄 Cosmopolitan	38	
쿠바 리브레 Cuba Libre	137	
클램 디거 Clam Digger	179	
타이푼 Typhoon	219	
푸시 풋 Pussy Foot	148	
플로리디타 Floridita	140	
피스코 사워 Pisco Sour	49	
허리케인 Hurricane	141	
리치 리큐어 Lychee liqueur	67	

M

말리부 Malibu	138, 227	
만다린 나폴레옹 Mandarin Napoleon	68	

마라스키노 체리 주스 Maraschino cherry juice	191	
마라스키노 리큐어 Maraschino liqueur	56, 90, 156	
멜론 리큐어 Melon liqueur	180	
미도리 Midori	70, 238, 239, 249, 251	
민트 Mint	46, 144	

N

누아 드 코코 Noix de coco	234	

O

오렌지 비터스 Orange bitters	80, 81, 135	
오렌지 주스 Orange juice	23	
디지 길레스피 Dizzy Gillespie	138	
라 붐바 La Bomba	184	
라스트 엠퍼러 Last Emperor	164	
러브 포 세일 Love for Sale	66	
레드 데스 Red Death	236	
롱 아일랜드 아이스티 Long Island Iced Tea	42	
마돈나 Madonna	143	
마이 타이 넘버 원 Mai Tai No.1	43	
미모사 Mimosa	213	
뱀피로 Vampiro	197	
봄바디어 Bombardier	83	
블러드 앤 샌드 Blood and Sand	155	
스윗 서렌더 Sweet Surrender	218	
스크류드라이버 Screwdriver	72	
싱가포르 슬링 Singapore Sling	51	
아메리칸 뷰티 American Beauty	107	
애프터눈 딜라이트 Afternoon Delight	128	
에이프릴 샤워 April Shower	108	
올드 패션드 Old-Fashioned	48	
자쿠지 Jacuzzi	91	
좀비 Zombie	149	
쥬니퍼 로얄 Juniper Royale	93	
차팔라 Chapala	178	
테킬라 선라이즈 Tequila Sunrise	194	
퍼지 네이블 Fuzzy Navel	232	
페인킬러 Painkiller	146	
푸시 풋 Pussy Foot	148	
핑크 캐딜락 Pink Cadillac	235	
하비 웰뱅거 Harvey Wallbanger	64	
허리케인 Hurricane	141	

오르쟈 시럽Orgeat syrup 224
우조Ouzo 246

P

패션 프루트 리큐어Passion fruit liqueur 66
파스티스Pastis 89
복숭아 브랜디Peach brandy 218
복숭아 리큐어Peach liqueur 238
복숭아 퓨레(또는 과즙)
Peach puree or nectar 34
피치 슈냅스Peach schnapps 77, 91, 165, 232
페르노Pernod 74, 123, 169, 207, 228
페이셔드 비터스Peychaud bitters 152, 169
파인애플 주스Pineapple juice 23
    디지 길레스피Dizzy Gillespie 138
    라 붐바La Bomba 184
    러브 포 세일Love for Sale 66
    리치 마티니Lychee Martini 67
    마돈나Madonna 146
    마이 타이 넘버 원Mai Tai No.1 43
    마타도르Matador 186
    멕시카나Mexicana 188
    바라쿠다Barracuda 131
    바이아Bahia 130
    브로드웨이Broadway 84
    블루 하와이안Blue Hawaiian 134
    섹스 온 더 비치Sex on the Beach 249
    싱가포르 슬링Singapore Sling 51
    아리스토 크랫Aristocrat 224
    아카풀코Acapulco 176
    알곤퀸Algonquin 152
    엘 프레지덴테El Presidente 139
    정글 주스Jungle Juice 142
    토마호크Tomahawk 196
    페인킬러Painkiller 146
    푸시 풋Pussy Foot 148
    프렌치 마티니French Martini 63
    피나 콜라다Pina Colada 147
    허리케인Hurricane 141
    화이트 벨벳White Velvet 102
피스코Pisco 17, 18, 49
포아르 윌리엄Poire William 224
포트Port 107
프로세코Prosecco 212

R

라즈베리Raspberry 202, 215
럼Rum 13-14, 126-149
    다이퀴리Daiquiri 39
    롱 아일랜드 아이스티
    Long Island Iced Tea 42
    마이 타이 넘버 원Mai Tai No.1 43
    바스틸Bastile 200
    비키니Bikini 57
    비트윈 더 시츠Between the Sheets 110
    아리스토 크랫Aristocrat 224
    아카풀코Acapulco 176
    에그노그Eggnog 118
    포이즌 애로우Poison Arrow 70
호밀 위스키Rye 12, 41, 152, 156, 160

S

슬로우 진Sole Gin 101, 242, 243
사워 체리 시럽Sour cherry syrup 189
사워 믹스Sour mix 133
서던 컴포트Southern Comfort 223, 236, 242
스타우트Stout 201
딸기strawberry 128
스트레가Strega 163

T

테킬라Tequila 19-20, 42, 44,
114, 136, 174-197
티아 마리아Tia Maria 157, 231, 245, 247
토마토 주스Tomato juice 23, 35, 98, 179, 197
트리플 섹Triple sec
    레드 데스Red Death 236
    레이저 빔Laser Beam 185
    롱 아일랜드 아이스티
    Long Island Iced Tea 42
    마타도르Matador 186
    시카고Chicago 115
    차팔라Chapala 178
    채플 힐Chapel Hill 158
    허리케인Hurricane 141
    토마호크Tomahawk 196
트로피컬 프루트 슈냅스Tropical fruit schnapps 195

V

버무스Vermouth
    네그로니Negroni 47
    더티 마티니Dirty Martini 86
    라스트 엠퍼러Last Emperor 164
    로브 로이Rob Roy 167
    로잘리타Rosalita 190
    립 이어Leap Year 95
    마티니Martini 45
    맨해튼Manhattan 41
    발렌타인Ballantine's 154
    브랜디 칵테일Brandy Cocktail 111
    브로드웨이Broadway 84
    브루클린Brooklyn 156
    브이아이피VIP 171
    블랙 앤 탠Black and Tan 228
    블러드 앤 샌드Blood and Sand 155
    샴록Shamrock 170
    아메리칸 뷰티American Beauty 107
    아스토리아Astoria 81
    알곤퀸Algonquin 152
    올드 버무스Old Vermouth 97
    임페리얼Imperial 90
    카이저Kaiser 94
    콥스 리바이버Corpse Reviver 84
    튤립Tulip 125
    플로리디타Floridita 140
    해리스 칵테일Harry's Cocktail 89
보드카Vodka 16-17, 54-77
    김렛Gimlet 40
    라 돌체 비타La Dolce Vita 212
    레드 데스Red Death 236
    롱 아일랜드 아이스티Long Island Iced Tea 42
    블러디 메리Bloody Mary 35
    섹스 온 더 비치Sex on the Beach 249
    제임스 본드James Bond 210
    코스모폴리탄Cosmopolitan 38
    코코로코Cocoloco 136
    플러피 덕(인터내셔널)
    Fluffy Duck(international) 87

W

위스키Whisky/whiskey 12, 53, 150-173

칵테일 인포그래픽

1판 1쇄 발행 2018년 6월 4일
1판 6쇄 발행 2025년 5월 2일

저 자 | Jordan Spence
역 자 | 박성환
발행인 | 김길수
발행처 | (주)영진닷컴
주 소 | (08512) 서울특별시 금천구 디지털로9길 32
　　　　갑을그레이트밸리 B동 10층 (주)영진닷컴
등 록 | 2007. 4. 27. 제16-4189호

ⓒ 2018. (주)영진닷컴

ISBN 978-89-314-5795-7

이 책에 실린 내용의 무단 전재 및 무단 복제를 금합니다.
파본이나 잘못된 도서는 구입하신 곳에서 교환해 드립니다.